Ingo Froböse & Peter Großmann
Der kleine Sporticus

Froböse, Ingo:
Der kleine Sporticus. - 1. Auflage. - Beltz, 2017
ISBN 978-3-407-86441-3 kt. : EUR 16.95
Populärwissenschaftlicher Elternratgeber zu den Themen Ernährung und Bewegung bei Kindern mit vielen alltagstauglichen Tipps.
IK: Eltern und Kind (StO Ratgeber)

Ngk 1
F 231.1

ckz 513.330.9
6/13

Ingo Froböse & Peter Großmann

Der kleine Sporticus

*Bewegungs- und Ernährungstipps,
die Kinder fit machen*

Die im Buch veröffentlichten Ratschläge wurden mit größter Sorgfalt und nach bestem Wissen von den Autoren erarbeitet und geprüft. Eine Garantie kann jedoch weder vom Verlag noch von den Verfassern übernommen werden. Trotz sorgfältiger inhaltlicher Kontrolle können wir auch für den Inhalt externer Links keine Haftung übernehmen. Für den Inhalt der verlinkten Seiten sind ausschließlich deren Betreiber verantwortlich. Die Haftung der Autoren bzw. des Verlages und seiner Beauftragten für Personen-, Sach- oder Vermögensschäden ist ausgeschlossen.

Das Werk einschließlich aller seiner Teile ist urheberrechtlich geschützt. Jede Verwertung ist ohne Zustimmung des Verlags unzulässig. Das gilt insbesondere für Vervielfältigungen, Übersetzungen, Mikroverfilmungen und die Einspeicherung und Verarbeitung in elektronische Systeme.

Dieses Buch ist erhältlich als
ISBN 978-3-407-86441-3 Print
ISBN 978-3-407-86477-2 E-Book (EPUB)

1. Auflage 2017

© 2017 im Beltz Verlag
in der Verlagsgruppe Beltz · Weinheim Basel
Werderstraße 10, 69469 Weinheim
Alle Rechte vorbehalten

Redaktionelle Mitarbeit: Dana Kosminski, Peter Seuß
und Dr. Ina Völker
Lektorat: Judith Roth
Umschlaggestaltung: Katja Kleinebrecht (Gestaltung),
www.stephanengelke.de (Beratung)
Umschlagabbildung: © Markus Hintzen/laif
Layout, Herstellung: Antje Birkholz
Satz: publish4you, Bad Tennstedt
Druck und Bindung: Beltz Bad Langensalza GmbH, Bad Langensalza
Printed in Germany

Weitere Informationen zu unseren Autoren und Titeln finden Sie
unter: www.beltz.de

Inhalt

In jedem steckt ein Sporticus 9

Teil 1: *Bewegung*

Viel zu viel oder viel zu wenig 13
Lernen durch Bewegung 16
Online ohne Reue 19
Das Bewegungsparadox 25
Immer mit der Ruhe 29

Jeder Körper ist anders 32
   Kinder sind keine Erwachsenen 32
   ... und Jungen sind keine Mädchen 35

Sport ist viel mehr als Körperertüchtigung 40
   Bewegung als Entwicklungsmotor 40
   Sprache, Konzentration und Stressbewältigung 43
   Charakter und Selbstachtung 46
   Sinne und Emotionen 49
   Geistige Leistungen 52
   Soziale Kompetenzen 55

Welche Sportart passt zu welcher Entwicklungsphase? 57
   Von Badminton bis Volleyball 62
   No-Go-Sportarten für Kinder – auch wenn Papa es will! 73

Motivationstricks für Eltern 74
   Was Hänschen nicht lernt, lernt Hans nimmermehr? 74

Gesundheit ist das falsche Argument 75
Eltern als Vorbilder 79
Tipps, um den Bewegungsdrang zu fördern 84

Kleine Spitzensportler 87
Erbgut oder Erbschlecht? 88
Auf die Umgebung kommt es an 91
Tipps für Eltern sportlicher Kinder 93

Gesund durch Sport 95
Die Natur als Trainingsplatz 97
Blutige Knie gehören dazu 98
Körper und Geist in Bewegung 100
Sport und ADHS 103
Gesunder Schlaf durch Bewegung 106
Ausgleich zum langen Sitzen in der Schule 107

Sport als Lehrer 110
Wenn Papa am Spielfeldrand steht 110
Der Umgang mit dem Trainer 112
Bewegung für die Kleinen 113
Sport in der Schule 117
Sport im Verein 124
Informeller Sport 126

Das Schlecht-Wetter-Programm
für die ganze Familie 129
Haltung und Koordination 130
Kraft aufbauen 133
Für die Ausdauer 136
Förderung der Feinmotorik 141
Bewusste Entschleunigung 142

Teil 2: *Ernährung*

Bloß keine Panik! 147
   Pummelchen oder Bohnenstange 147
   Die Gesundheit von Kindern 151
   Wie Ernährungsverhalten entsteht 155
   Kinder essen intuitiv 157
   Die wichtigsten Bausteine der Ernährung
      von Jugendlichen 164
   Rohkost-Verweigerer und jugendliche Veganer 166

Wer Fettzellen sät, wird Übergewicht ernten 170
   Die süßen Verführer 173
   Vitamine & Co – die Dosis macht das Gift! 177
   Dickes Kind – und nun? 179

Sorgenthema Nr. 1: Zucker 184
   Schokolade – verführerisch, aber nicht ungefährlich! 184
   Hitzige Debatte 186
   Zucker hat viele Namen 191
   Wie Zucker auf den Organismus wirkt 197
   Smoothies statt Softdrinks? 202
   Alternativen zu Zucker 204
   Tipps für weniger Zuckerkonsum 208

Die Milch macht's? 213
   Wenn Milch krank macht 215
   Milch ist nicht gleich Milch 217

Fette – die andere Seite des Bösen? 220
   Aus evolutionärer Sicht kam das Fett
      vor dem Zucker 221
   Die »guten« und die »schlechten« Fette 224
   Auf die Mischung kommt es an 230
   Low-Fat und Low-Carb – Segen oder Teufelszeug? 233

Was Fertigprodukte so alles anrichten 238
  E-Nummern, die Eltern kennen sollten 243

Frühstücken wie ein Kaiser 251
  Was Schulkinder brauchen 253
  Schnelle Tipps für ein gutes Frühstück 256

Die wichtigsten Tipps
zum Thema Ernährung 257

In jedem steckt ein Sporticus

Rasant kommt er auf dem Buchcover angeflogen, der kleine Sporticus mit frechem Blick und perfekter Haltung: Bahn frei, jetzt komm ich! Aber keine Angst. Ihr Sporticus zuhause muss nicht perfekt sein. Er wächst langsam in seine Rolle hinein. Deshalb steht ja auch das »klein« davor. Nicht jeder wird eine Sportskanone werden. Aber es wäre schön, wenn Sie als Eltern besser verstehen, worauf es bei Kindern ankommt. Sie können zusammen mit Ihrem Kind den Grundstein dafür legen, dass Bewegung und gute Ernährung ohne Zeigefinger im Alltag dazugehören. Ein Leben lang.

Eltern haben es heutzutage nicht leicht. Wir wissen, wovon wir reden. Wir haben nämlich beide eine Menge mit Kindern und Jugendlichen zu tun, beruflich wie privat. Die richtigen Entscheidungen in der Erziehung zu treffen auf der Grundlage der Fülle von Ratschlägen, die uns die vielen Informationsquellen bieten, fällt als Lehrer wie als Vater schwer. Ein Dilemma, in dem auch viele Eltern stecken: Welchem Ratgeber vertraue ich? Wer im Internet hat Recht? Oder frage ich doch lieber meine beste Freundin, deren Sohn schon mit vier Torschützenkönig im Fußballverein ist und deren pubertierende Tochter genau weiß, wie viele Kalorien in einem Glas Nutella stecken?

Wir wissen alle: Bewegung ist ein Muss und Ernährung sollte gesund und nahrhaft sein. Das führt dann bestenfalls auch zu einer stabilen Gesundheit. Aber wie kriegen wir das hin in einer sich rasend schnell verändernden Zeit, in der man viel über alles lesen kann, aber nicht immer alles versteht?

Wir möchten Ihnen Mut machen: Es ist tatsächlich gar nicht schwer, einen Überblick zu bekommen, was die Gesundheit von Kindern ausmacht. Dieses Buch soll Ihnen dabei helfen. Wir zeigen Ihnen, wo Sie das Gaspedal durchtreten sollten und wann die Bremse nötig ist. Wir filtern für Sie aus der Flut von Informationen das Wesentliche heraus. Wir möchten Ihre Kompetenzen erweitern, Ihnen Denkanstöße geben und Sie über aktuelle Themen und Untersuchungen rund um Bewegung, Ernährung und Gesundheit informieren. Und natürlich geben wir Ihnen jede Menge konkreter Tipps an die Hand. Damit Sie gelassen bleiben, wenn der Vater von nebenan fragt, warum denn Ihr Kind noch immer nicht läuft. Denn dann können Sie – wissenschaftlich abgesichert – darauf verweisen, dass Kinder eben nicht alle gleich sind, sondern sich individuell und in ihrem eigenen Tempo entwickeln. Nicht jedes Defizit in einer bestimmten Lebensphase ist gleich eine Katastrophe. Aber in jedem Kind steckt ein Sporticus – im »Pummelchen« genauso wie im »Sofahocker«. Dasselbe gilt für Eltern.

Wir möchten Sie sensibel dafür machen, wann die Probleme wirklich auftauchen und wo und wie man gegensteuern kann und muss. Natürlich berühren wir dabei auch generelle Erziehungsthemen, denn der Sport ist ein Spiegel der Gesellschaft. Alle Phänomene der heutigen Zeit tauchen darin auf: Stress und Druck, Fördern und Fordern, Konsum und Kommerz.

Wir wünschen Ihnen einen entspannten Umgang mit Ihren Kindern. Für den gilt es einiges zu beachten, denn Kinder sind eben keine »kleinen Erwachsenen«, das möchten wir schon an dieser Stelle betonen. Unser Credo lautet: Sportlichkeit und Ernährung prägen uns ein Leben lang. Und in der Kindheit werden die Grundlagen dafür gelegt.

Teil 1
Bewegung

Viel zu viel oder viel zu wenig

»Wenn ich an Sport denke, denke ich an die Begeisterung, die er hervorruft, an brennende Herzen. Man kann die Gesinnung von neuen Generationen positiv beeinflussen und dadurch friedensstiftend wirken. Die pubertierenden Rotzlöffel werden ja oft vergessen, weil sie so unbequem sind. Wenn wir denen aber etwas geben, was ihre Persönlichkeit stärkt, ihr Selbstwertgefühl hebt und ihre soziale Kompetenz entwickelt, dann können sie auch zu einem neuen Wertesystem kommen.«

Titus Dittmann, Pionier der Skateboard-Szene

Das moderne Leben mit Kindern provoziert Widersprüche geradezu. Kinder benötigen Vielfalt, bekommen aber Spezialisierung. Es steht jede Menge Essen jederzeit zur Verfügung. Zumindest in den reichen Industrieländern. Aber verbessert sich dadurch dessen Qualität? Und ist es nicht so, dass wir immer mobiler werden, die ganze Welt bereisen können, aber dennoch unter Bewegungsarmut leiden? Dass Eltern wie Kinder zwar Facebook haben, aber oft nicht mehr wissen, was echte Freunde sind? Dass Kinder im Kindergarten und in der Schule immer früher mit Wissen gefüttert werden, die Lebenskompetenz aber oft genug kläglich unterentwickelt bleibt?

Nicht wenige Experten schließen daraus, dass Kinder zu viel Stress haben, und beklagen die fehlende Muße. Wir möchten zu bedenken geben: Was aber ist mit positivem Stress – wenn wir gefordert werden und es auch noch mögen? Das bleibt vielleicht auf der Strecke, wenn wir nur noch nach Entspannung suchen. Und wie sollen wir entspannen können, wenn uns die Angst umtreibt, dass unserem Kind etwas passiert sein könnte, sobald wir mal ein paar Minuten keinen Kontakt zu ihm haben?

Immer weniger Unfälle passieren auf der Straße, aber wir lassen die Kinder nicht mehr vor die Tür. Während 1970 noch 91 Prozent der Erstklässler ihren Schulweg ohne Erwachsene meisterten, waren es schon im Jahr 2000 nur noch 17 Prozent. Im Jahr 2012 wurden 20 Prozent der Kinder mit dem Auto zur Schule gefahren. Tendenz natürlich steigend. Eine fatale Entwicklung, denn anscheinend ist gerade dies ein neues Unfallrisiko. Eine Studie des ADAC macht deutlich: Es kommen mehr Kinder im Auto ihrer Eltern zu Schaden als solche, die zu Fuß unterwegs sind. Dafür ist unter anderem das selbstverschuldete Verkehrschaos vor den Schulen verantwortlich. Kennen Sie vermutlich selbst. Die Kinder kommen zu spät, weil der Stau vor der Schule zu groß ist. Demnächst wird vermutlich im Radio eine spezielle Rubrik für Schulstaus eingeführt. »Achtung vor der XY-Grundschule: Stau bei der Anfahrt! Sie brauchen bis zu 10 Minuten länger.«

Spaß beiseite. Eltern haben oft nur die kurzfristigen, nicht aber die langfristigen Risiken im Blick. Experten raten zu mehr Selbstständigkeit. Wenn Kinder nie ein Problem selbst bewältigen müssen, erwerben sie keine Kompetenzen, um alleine klarzukommen und vielleicht im Notfall Hilfe zu organisieren. Vielleicht fehlt uns tatsächlich inzwischen das Vertrauen, dass wir uns auf unsere Kinder verlassen können.

Wie erlangen Kinder aber diese Grundkompetenzen, die gerade in kritischen Situationen entscheidend sein können? Wir müssen zulassen, dass sie sich von klein auf bewegen und sich auch an ihre Grenzen heranwagen dürfen. Wenn man gelernt hat, auf einem Baumstamm zu balancieren, ist dieses erlernte Körpergefühl auch in anderen, ähnlichen Situationen nützlich. Zum Beispiel um nicht mit dem Fahrrad umzufallen, da man das Gleichgewicht dann weniger schnell verliert. »Bewegte« Kinder scheinen laut Studien eher vor Verletzungen geschützt, weil sie Stürze besser abfangen können und die Fähigkeit besitzen, sich zu orientieren. Schon vor einigen Jahren haben Forschungsergebnisse der Bundesarbeitsgemeinschaft »Mehr Sicherheit für Kinder e.v.« einen eindeutigen Zusammenhang zwischen Wahrnehmung, Motorik und Unfallrisiken festgestellt. Oder einfacher gesagt: Je bewegungserfahrener ein Kind ist, desto weniger unfallgefährdet scheint es zu sein. Und das, obwohl das Sporttreiben als solches natürlich ein Unfallrisiko in sich birgt. Aber die meisten Unfälle geschehen nicht bei hochkomplexen Bewegungsabläufen, sondern tatsächlich bei sehr leichten motorischen Handlungen mit geringem oder sehr geringem Schwierigkeitsgrad. Also verringert sich das Unfallrisiko durch Sport drastisch. Sport fördert, richtig eingesetzt, das Selbstvertrauen und das Gespür für den Körper. Kinder mit positivem Selbstbild und einem ausgeprägten Körpergefühl verletzen sich deutlich weniger. »Sich trauen schafft Selbstvertrauen« oder auch »Fallen lernt man nur durch Fallen« sind Sinnsprüche mit einem hohen Wahrheitsgehalt.

Die Forschung zeigt leider auch, dass immer weniger Kinder Rad fahren und schwimmen können. Und wenn doch, dann oftmals eher schlecht. Das liegt auch am Image, das bestimmte Arten von Fortbewegung bei uns inzwischen haben. Durch ein Übermaß an Behütung und Sicherheitsdenken spielen das Zufußgehen und das Radfahren hier eine immer kleinere Rolle. Autofahren ist eben zu normal geworden. Leider finden das auch immer mehr Kinder, obwohl sie vielleicht doch gerne mal Rad fahren würden, wenn man sie denn ließe. Die Eltern aber denken an Verkehrsunfälle, Diebstähle und körperliche Gewalt und nicht an die dadurch selbstständiger werdenden Kinder. In den USA gibt es in bestimmten Schichten schon gar keine freie Fortbewegung mehr. Eine Austauschschülerin erzählte mir, dass sie in Texas von ihren Gasteltern zur 500 Meter entfernten Schule mit dem Auto gefahren wurde. Und dass dort niemand zu Fuß geht. Im Gegenteil: Menschen, die zu Fuß durch eine

Siedlung gehen, werden häufig für potenzielle Einbrecher gehalten – so ungewöhnlich ist der Anblick dort. Vielleicht ein extremes Beispiel. Aber wir sind leider auch schon auf dem Weg dorthin.

Den Alltag besser meistern durch Bewegung: Das ist kein Irrglaube, sondern Realität. Unterschätzen Sie nicht die Kompetenz Ihrer Kinder. Sie haben ein gutes Gefühl, was sie verantworten können und was nicht. Begegnungen mit möglichen Gefahrenquellen haben eine elementare Bedeutung und sind gerade in der heutigen Zeit lebensnotwendig.

Hier schon mal ein Hinweis: Sie sind in diesem Zusammenhang als Vorbild gefordert! Denn sogenannte Helikopter-Eltern fördern eben nicht selbstständiges Handeln und Denken, sondern organisieren eher eine Welt, die es später so gar nicht gibt. Wäre doch schön, wenn Sie Ihrem Kind ein Vorbild sein könnten im Umgang mit schwierigen Situationen, Emotionen und Konflikten – und nicht ständig als dessen Stellvertreter agierten! Psychiater und Psychologen bemängeln schon jetzt, dass viele Kinder inzwischen durch mangelnde Leistungsbereitschaft, fehlende Problemlösungsfähigkeit und Kompromissunwilligkeit auffallen. Dies führe zu vermehrter Behandlung mit Ergotherapie, Logopädie und Psychotherapie. Mehr Selbstständigkeit und Risikobereitschaft und weniger Hubschrauber könnten also ein besserer Weg sein. Ein Ausweg!

Lernen durch Bewegung

Über das Erlernen gezielter und gesteuerter Bewegung schon im Kindesalter werden erste wichtige Strukturen in unserem Gehirn angelegt. Sie stellen Verbindungen zwischen Nervenzellen her, die vorher nicht existierten. So entsteht Kommunikation im Hirn zwischen verschiedenen Bereichen. Und diese neugeschaffenen Kommunikationswege sind die Voraussetzung für Denken allgemein. Bewegung ist also ein Baumeister für unsere Intelligenz. Forscher untersuchten im Jahre 2007 2279 Kindergartenkinder im Alter zwischen 3 und 6 Jahren. Ziel war es, herauszufinden, wie sich Sport und Bewegung auf die Entwicklung auswirken. Das Fazit: Sport treibende Kinder sind tatsächlich sowohl was den Umfang ihres Wortschatzes angeht als auch beim Erlernen des Lesens, Rechnens und Schreibens deutlich weiter fortgeschritten in der Entwicklung als Kinder, die sich selten bewegen. Es ist auch gut nachvollziehbar, dass Kinder, die sich gezielt bewegen können, sich auch ein Abbild des Raumes schaffen können, indem sie sich bewegen. Eine Raumvorstellung entsteht durch Bewegungserfahrung. Was ist links, was ist rechts von mir? Wo ist oben, wo unten? Wie weit ist es entfernt? Wenn Kinder sich im Raum wahrnehmen, zum Beispiel beim Klettern, speichern sie diese Erfahrungen ab. Auch in der Mathematik geht es um das Ordnen und Umordnen von Mengen in einem vorgestellten, innerlichen Raum. Körperschema und Raumvorstellung bilden eine Grundlage dafür. Auch das Lesen und Schreiben wird durch Bewegungserfahrungen ermöglicht und verstärkt. Die Orientierung auf einer ebenen, zweidimensionalen Papierfläche, das Wiedererkennen von Buchstaben ist nur möglich, wenn diese grundlegende Orientierung durch Bewegungserfahrungen vorhanden ist.

Kinder entdecken und begreifen ihre Welt also über die Bewegung. Und ganz viele wichtige Bewegungserfahrungen unterstützen das Denken. Motorik ist der Ursprung allen Lernens. Ein Punkt, den wir festhalten sollten. Denn der Chinesisch-Kurs im Kindergarten wird erst danach möglich – ob er nötig ist, entscheiden Sie. Das andere sollte zur Grundausstattung dazugehören. Sportwissenschaftler Klaus Bös sagt deutlich: »Wir brauchen den Körper, weil wir mit dem Körper unsere Persönlichkeit ausdrücken.« Und wir wollen doch alle Kinder mit Persönlichkeit. Verhalten prägt sich früh aus und bleibt dann, wenn alles gut geht, ein Leben lang stabil.

Und so ganz nebenbei würden wir uns wünschen, dass unsere Kinder auch Entscheidungen treffen, die richtig sind. Auch hier scheinen »bewegte« Kinder deutliche Vorteile zu haben. So jedenfalls urteilen Sozialpsychologen. Intuitiv das Richtige tun, dies wird durch die Ausbildung von Aufmerksamkeit und Konzentration unterstützt. Wenn Kinder also lernen, sich zu konzentrieren, zum Beispiel in einer bestimmten Sportart, werden sie auch bei Entscheidungsaufgaben eher die Aufmerksamkeit halten können.

Fast zwangsläufig scheint das Wissen, dass kindliche Bewegungsformen positive kognitive Prozesse in Gang setzen, auch findige Trendentwickler zu inspirieren. Denn das Krabbeln, also eine Fortbewegungsart von Babys, die deren Welt vergrößert, ist nun in den Fitnessstudios angekommen. »Crawling« ist der englische Begriff oder »Krabble!«, wie das Buch des österreichischen Physiotherapeuten und Tanzlehrer Johannes Randolf heißt. Er preist das Krabbeln als dreidimensionales Bewegungswunder und somit als idealen Workout. Und tatsächlich ist in Los Angeles schon das Fieber ausgebrochen. Stars wie Gisele Bündchen und Alessandra Ambrosio schwören drauf. US-Medien schreiben vom »best workout ever«. Leider wird das ziemlich häufig proklamiert ... Erst im Jahr zuvor wurde Crunning sehr gelobt, eine Mischung aus Crawling und Running – und verschwand dann schnell wieder. Aber zurück: Crawling sieht albern aus, trainiert aber Arme, Beine, Bauch und Po. Das ist alles. Und warum erwähnen wir es dann? Weil es selten ist, dass kindliche Formen der Bewegung später einmal von Erwachsenen ausgeübt werden. Und weil Crawling in Reinform natürlich auch für das Baby ein echter Workout ist und auch die Muskeln der Kleinen trainiert. Warum also soll Mama nicht auch selbst davon profitieren? Und so ganz nebenbei noch den Trendsettern auf den Leim gehen. Denn natürlich gibt es das alles längst, es hieß nur bisher anders.

Online ohne Reue

Fakt ist, da werden Sie uns zustimmen, dass es inzwischen immer weniger Spiel- und Bewegungsräume gibt, weniger Spielpartner, dafür aber immer mehr ängstliche Eltern und Medien, die den Kindern Erfahrungen aus zweiter Hand vermitteln. Zugucken, ohne zu machen. Und vieles scheint pathologisch. Entweder Kinder scheinen fast depressiv, haben auf nichts Bock, oder sie wirken krankhaft hyperaktiv (ADHS), weil sie zu unruhig sind. Dass beide Ausdrucksformen auch eher normal sein könnten, diese Meinung hört man selten. Vor allem aber ist nicht alles eine Einbahnstraße. Schauen wir uns mal das Dilemma mit dem Computer an. Die Zahlen lesen sich schrecklich: 40 Prozent der Kinder verbringen täglich mehr als eine Stunde am Tag an elektronischen Geräten. Tendenz steigend. Bei den 12- bis 19-Jährigen sind 80 Prozent täglich online. Mehr als eine Stunde, versteht sich. Die Zahlen stammen von der Bundeszentrale für gesundheitliche Aufklärung. Das legt den Grundstein für den Nachwuchs von bisher 56 000 Menschen, die von Computer und Smartphone nicht mehr loskommen. Vor allem Jungs haben anscheinend Probleme. Jeder zwölfte männliche Heranwachsende in Deutschland ist inzwischen computerspielsüchtig. Das belegte eine Studie der DAK. Zwar sei das Spiel am Computer auch Teil der Alltagskultur und nicht jeder Spieler habe Probleme, aber gerade die 12- bis 17-Jährigen seien besonders anfällig für einen Kontrollverlust und dessen Folgen. Kennen Sie das Phänomen aus dem eigenen Kinderzimmer? Die große Frage der Eltern ist, ob gleich die Welt untergeht, wenn die Faszination der virtuellen Welt überhandnimmt.

Es gibt nämlich auch hoffnungsfrohe Ergebnisse. Anscheinend kann der These, dass Jugendliche Medienfreaks zwangsläufig Körperwracks oder mediatisierte, isolierte Stubenhocker seien, widersprochen werden. Das jedenfalls behaupten Forscherinnen vom Institut für Soziologie und Genderforschung an der Deutschen Sporthochschule in Köln. »Die Ergebnisse zum Zusammenhang zwischen sportlichen und internetbezogenen Freizeitaktivitäten zeigen, dass Internetnutzung und sportliche Aktivitäten sich weder eindeutig verstärken noch verdrängen, sondern weitgehend nebeneinander oder ineinander verwoben existieren«, resümieren die Forscherinnen.

Vielmehr scheint die Sportaktivität relativ unabhängig von den medialen Aktivitäten der Jugendlichen zu sein. Gibt es keine spannenden Freizeitoptionen, ist die Neigung zur Internetnutzung offenkundig groß, sobald aber Alternativen verfügbar sind, verliert das Netz mit seinen vielen Angeboten an Attraktivität. Es ist also eher so, dass der Sport das Potenzial hat, mediale Aktivitäten der Jugendlichen zu verdrängen.

Und so ganz nebenbei ist das Zocken am Computer auch noch Sport. So nennt es sich zumindest, wenn junge Menschen gegeneinander auf großen Bühnen »daddeln«: E-Sports. Von vielen belächelt, aber längst wissenschaftlich untersucht.

Der Kampf an den Tasten ist ein großer Wachstumsmarkt. Im Jahr 2016 wurde weltweit mehr als eine halbe Milliarde Euro umgesetzt. Die Zahl der E-Sport-Spieler in Asien wird auf 350 Millionen geschätzt. In Deutschland wächst der Markt ebenfalls rasant, auch die Bundesligisten Schalke 04 und VfL Wolfsburg stellen eigene E-Sport-Teams. Große Turniere mit Spielen wie League of Legends oder FIFA 17 füllen mittlerweile Arenen, während online Hunderttausende die Spiele verfolgen. Und weil der Trend auch der »Friend« des Internationalen Olympischen Komitees ist, ist es nicht unwahrscheinlich, dass E-Sports eines Tages olympisch werden. Bei den Asienspielen 2022 in China hat das Asiatische Olympische Komitee diese Variante sportlichen Kräftemessens jedenfalls zur offiziellen Demonstrationssportart ernannt. Nebenbei bemerkt, weil wir gerade über boomende Märkte geschrieben haben: Die Initiative des OCA geht auf eine Partnerschaft mit Alisports zurück, einer Tochterfirma des chinesischen Kommunikationsriesen Alibaba, der auch Großsponsor des Internationalen Olympischen Komitees (IOC) ist. Insofern ist alles wie immer auch eine Frage von Absatzmärkten und Vermarktungspotenzial. Aber das führt zu weit.

Bleiben wir bei Ihnen zu Hause im Kinderzimmer. Wenn Sie sich mal wieder über den Medienkonsum Ihres Kindes ärgern, überraschen Sie doch mal mit folgender Nachfrage: Ist das schon Sport oder kann das weg?

Es muss sowieso nicht immer schlimm, gar in einer Sucht, enden. Denn es gibt durchaus Fähigkeiten, die auch der Computer unterstützt. Die Experten sind sich einig: Kindgerechte Software kann Kombinationsfähigkeit, Gedächtnis, Wahrnehmung und logisches Denken fördern und so die Intelligenz steigern. Psychologen der Uni Würzburg fanden bei Vergleichsuntersuchungen heraus, dass Kinder, die mit Denkspielen am Computer gefördert wurden, ihr logisches Denken und auch ihre Intelligenz verbesserten. Und zwar umso mehr, wenn sie beim Spiel ein Ziel verfolgten und ihre Motivation nicht nachließ, weil das Computerspiel ständig Rückmeldungen über den Leistungsstand gab. Ist das ein Widerspruch zu den Süchtigen von oben? Nein, nur die andere Seite der Medaille.

Natürlich macht man im virtuellen Raum keine Körpererfahrung. Die »intuitive Physik« bleibt aus. Wo der Ball hinspringt, wenn man ihn an eine Wand wirft, lernt man nur an der Wand selber. Aber es ist tatsächlich möglich, Sportmuffel auf den Weg zu bringen. Und auch Tennis, Tanz und Bowling an der Spielekonsole verbrauchen Kalorien – wenige, aber immerhin. US-Wissenschaftler attestieren positive Wirkungen auf Geist und Körper. Schließlich werden schon länger computerbasierte Fahrradspiele in Rehakliniken für übergewichtige Kinder eingesetzt. Und in den Vereinigten Staaten, wo annähernd 20 Prozent der Kinder und Jugendlichen übergewichtig sind, gehören Tanzspiele an der Spielekonsole zu Hause und sogar im Sportunterricht zum Kampf gegen die sich verbreitende Fettleibigkeit.

Auch beim Thema Ernährung und TV/Computer muss man genau hinschauen. Das europäische Projekt »Helena« untersuchte die Ernährung von 12- bis 17-Jährigen, also der Zielgruppe, die uns in dieser Hinsicht aus den Fingern zu gleiten droht. Ergebnisse zeigen, das Fernseher und Computer uns leider in jungen Jahren zu Fressmonstern werden lassen. Kinder und Jugendliche nahmen nämlich umso mehr Softdrinks und Snacks zu sich, je mehr Zeit sie täglich sitzend vor dem Fernseher und Computer verbrachten. Gleichzeitig nahm, welch Wunder, der Konsum von Obst rapide ab. Das ist jetzt nichts Verwunderliches, sagen Sie? Stimmt, aber das Sitzen alleine macht es eben nicht aus. Es ist eher die Berieselung. Und die Passivität. Denn sitzen die Kinder genauso lange, nutzen dabei aber die Spielkonsole, so konsumieren sie laut Studie nur noch die Hälfte dessen, was sie vor dem Fernseher brauchten. Noch günstiger fällt die Bilanz allerdings aus, wenn sie anstatt Playstation zu spielen am Schreibtisch in die Schulbücher schauen.

Alle Chancen nutzen! Das ist unserer Meinung nach das sinnvollste Motto. Wer heute Kinder zu mehr Bewegung motivieren will, sollte den Nutzen von Online-Medien nicht ignorieren. Der Trend Geocaching, also die Schatzsuche mit Hilfe eines GPS, ist ein gutes Beispiel. Die einen regen sich auf, dass Kinder und Jugendliche mit dem Smartphone jetzt auch noch durch den Wald laufen, die anderen klatschen begeistert in die Hände: Ja! Nun laufen sie wenigstens! Eine Diskussion, die mit viel Ideologie geführt wird. »Hier wird ein Spiel mit Bewegung verknüpft«, sagen die einen. »Aber Schnitzeljagd geht auch ohne Elektronik«, meinen die anderen. Klar! Aber der digitale Anreiz funktioniert einfach. Also: Daumen hoch!

Im Übrigen sind Playstation und Smartphone nicht allein schuld am Bewegungsmangel. Experten für motorische Entwicklung geben auch den Eltern eine Teilschuld. Früher war zwar nicht alles besser, aber anders. »Kinder eroberten sich ihre Umgebung in konzentrischen Kreisen«, betont Frank Obst von der Bundesarbeitsgemeinschaft für Haltungs- und Bewegungsförderung. Sie spielten demnach erst in der Nähe des Elternhauses, dann in der Nachbarschaft und erkundeten danach den ganzen Ort. Heute sei dies anders, so Obst. Die Kinder leben auf Inseln, die Wohnung, Schule, Sportverein oder Freunde heißen. Die Brücken zwischen diesen Inseln allerdings seien bedeutungslos und inhaltsleer, weil sie nicht mehr erlebt werden – Mama und Papa fahren ihre Kinder ja überall mit dem Auto vor.

Ein sehr schönes Beispiel dafür, wie widersprüchlich und dennoch logisch die Dinge rund um den Sport heute sein können, liefert Jason Paul, 25 Jahre alt. Ein Superstar in einer Sportart, die es ohne Computer und veränderte Lebens- und Umweltbedingungen gar nicht geben würde. Jason ist Freerunner und Parkourläufer. Einer der besten der Welt. In einem Artikel der Frankfurter Allgemeinen Sonntagszeitung wurde er unlängst porträtiert. Für alle, die jetzt die Stirn runzeln über diese Sportarten, die nichts mit Fußball und ähnlich Etabliertem zu tun haben, sei kurz erklärt: Freerunner und Parkourläufer tun das, was wir früher vor vierzig Jahren auch gemacht haben: Laufen, Klettern, Springen, Hüpfen. Nur haben wir dafür das Waldstück hinter dem Haus benutzt. Weil da eine Mauer drum war, mussten wir erst darüberklettern, sind dann zu unserem Lieblingsbaum gelaufen und unterwegs noch über diesen kleinen Bach gesprungen. So weit, so gut. Und weil es eben Naturerfahrung in dieser Form immer seltener gibt, überträgt der moderne Sportler sie in die Stadt. Und nimmt dort alles als Hindernis, was sich ihm bietet. Die Stadt als Parcours. Wie soll man das nennen? Aus der Not eine Tugend machen?

Neue Bewegungsformen entstehen aus dem Bedürfnis, sich in seinem Nahbereich zu bewegen. Im Sportunterricht und beim Kinderturnen werden als Hindernisse oft Kästen und Matten aufgestellt, um einen Parcours als Herausforderung zu erstellen. Man kann aber auch das nehmen, was da ist: Mauern, Haltestellen, Teppichstangen, Geländer. So sagt Jason Paul: »Im Freerunning gibt es kein Regelbuch. Es gibt keinen, der sagt, das darfst du nicht, das ist nicht erlaubt. Du kannst machen, was du willst. Geländer, Mauern, Wände, das alles will uns einschränken, das sind Hindernisse, aber uns dient es zur Entfaltung.«

Eindrucksvoll beschreibt Paul, was wir früher auch gedacht haben, wenn wir draußen herumgestreunt sind, unbeobachtet, immer auf der Suche nach einem Abenteuer – das alte Gefühl im modernen Gewand!

Und es ist wirklich erstaunlich, wenn man erfährt, wie der Computer hier eine Rolle gespielt hat. Denn Jason Paul war 14, als er begann, frei zu laufen. Vorher aber, sagt er, sei er unsportlich gewesen, war mehr in den Computer und in Videospiele verliebt. In der virtuellen Welt ist er geklettert und gesprungen. Er hat auch realen Sport gemacht, aber keinen, der ihn motiviert hat. Doch dann sah er ein Parkourvideo und das weckte seine Leidenschaft. Der Computer-Kletterer und -Springer wurde plötzlich ein motivierter Sportler, war weg vom Bildschirm und gelangte in die Realität. Was für eine Geschichte! Ohne Umweltveränderung keine neue »alte« Sportart, ohne Computer kein neuer Superstar im Freerunning. So können die Dinge auch laufen. Auch heute ist nichts nur schlecht oder nur gut. Manchmal befruchten sich die Dinge auch gegenseitig. Druck hilft hier nicht weiter. Wie sagt Jason Paul: »Das Wichtigste ist Zeit. Zeit, um Dinge zu verfolgen, die einen anziehen. Zeit, um Gelegenheiten zu nutzen, die sich eröffnen.«

Die lange Leine als Entwicklungsmöglichkeit – das passt zur Diskussion um Überforderung und Stress.

Das Bewegungsparadox

Wo fängt Stress an, wo Überforderung? Eine Frage, die in der Erziehung ständig gestellt wird. Laut einer Studie der Universität Bielefeld leidet jeder fünfte Jugendliche unter deutlichem Stress. 90 Prozent der Eltern aber glauben nicht, dass sie ihr Kind überfordern. Im Gegenteil: 40 Prozent machen sich Sorgen, dass sie ihr Kind nicht gut genug fördern. Kein Wunder, dass diese Tendenzen natürlich auch im Sport auftauchen.

Ein Beispiel, das viele schockierte, kommt aus dem österreichischen Linz. An einem Marathonlauf konnten dort auch 3- und 4-jährige Kinder teilnehmen. Aber nicht über 42 km, sondern für sie wurde eine Strecke von 40 m reserviert. Das Ziel: Spaß am Sport entwickeln! Doch nicht alle Kinder hatten Spaß und wurden dennoch von ihren Eltern ins Ziel geschleift, obwohl sie weinten und augenscheinlich nicht mehr laufen wollten. Ein Blogger kommentierte, diese Eltern seien dem Irrglauben erlegen, dass man den Kindern einen Gefallen tue, wenn man ihnen auf diese Weise einbläue: Nie aufgeben, durchhalten! Eine Lektion fürs Leben auf 40 m. Eine Kolumnistin von Spiegel Online machte sich ebenfalls ihre Gedanken darüber. Sie interpretierte diese Situation zusammengefasst so: Wenn man Kindern schon früh beibringt, dass sie selbst bei einem Spaß-Event am Wochenende nicht gut genug sind, dann ist der Grundstein für den Hass auf den eigenen Körper schon gelegt. Und sie sind damit angekommen in einer Gesellschaft, in der kaum mehr jemand ein gesundes Verhältnis zu seinem eigenen Körper hat.

Zwischen Frühballett und Hochbegabtenförderung wird das Kind zum Projekt. Geplant und verplant. Es darf auf keinen Fall im Sportunterricht als Letzter gewählt werden und wird vermutlich auf die Bundesjugendspiele mit einem Nachhilfelehrer vorbereitet.

Die einen werden gestresst, ohne dass sie es wollen. Andererseits gibt es Eltern, die die Bundesjugendspiele am liebsten abschaffen würden, damit ihre Kinder nicht traumatisiert werden, sollten sie schlecht abschneiden. Übertrieben dargestellt ist das nicht, vielleicht überspitzt. Der Körperkult verbreitet sich mehr und mehr, tatsächlich aber wird die Gesellschaft insgesamt immer dicker. Zwei Extreme, die sich bemerkbar machen. Dabei haben Sport und Bewegung neben anderen bedeutsamen Komponenten ja auch ein wichtiges Ziel. Richtig eingesetzt, kann nämlich deutlich Stress abgebaut werden.

Wie wird überhaupt Sport getrieben von Kindern und Jugendlichen? Zwar geben 95 Prozent der 4- bis 17-Jährigen an, Sport zu treiben, mehr als die Hälfte davon im Verein, manchmal sogar in mehreren. Doch dann kommt das Aber: Nur jeder Zehnte trainiert dreimal pro Woche. Wissenschaftlerinnen wie Elke Opper bemängeln, dass zusätzlich im Alltag immer weniger Bewegung stattfindet und dazu eine Stunde Vereinssport kein Ausgleich ist. Auch sei die Intensität der Bewegung zu gering. Grundschullehrer hören immer häufiger, dass Kinder bei schönem Wetter draußen keinen Sport treiben wollen. Der Grund: Es könnte sein, dass sie ins Schwitzen kommen. In der Tat lässt sich an dieser Aussage eine Tendenz ablesen. Denn nur 21 Prozent der Kinder engagieren sich beim Sport so, dass sie ins Schwitzen kommen. Dabei zeigt Bewegung erst richtig Wirkung, wenn wir uns ein bisschen erhitzen, also auch anstrengen. Scheint also eher chillig zu sein, deren Sport – klingt so gar nicht nach Stress.

Noch nie waren so viele Kinder so früh in Sportvereinen, noch nie hatte Sport einen so großen Stellenwert bei Kindern und Jugendlichen wie in diesen Zeiten. Selbst die Forschung sieht als ein wesentliches Kennzeichen moderner Kindheit ihre ausgeprägte Sportlichkeit. Wie aber passt das zusammen mit den Befunden, das 10 Prozent der Kinder stark übergewichtig sind, sich die Fettleibigkeitsrate in den letzten 20 Jahren verdreifacht hat und 50 Prozent der 11- bis 14-Jährigen Haltungsschäden aufweisen? Ein Widerspruch zwischen vermeintlich erhöhter sportlicher Aktivität von Kindern und ihrer offensichtlich schlechter werdenden körperlichen Verfassung besteht nur scheinbar. Denn, wie oben schon vermutet: Die Daten weisen auf eine sich immer weiter verbreiternde Diskrepanz zwischen sehr aktiven und inaktiven Kindern. Also können sich Stress und Überforderung nur da zeigen, wo man sehr aktive Kinder hat, zum Beispiel auch im Leistungssport? Oder haben inaktive Kinder Stress mit den Eltern, weil sie keine Lust haben auf Sport? Alles scheint möglich. Und nicht alles ist den Eltern anzulasten.

Im März 2017 tagte in Karlsruhe der Kongress »Wie bringen wir Kinder in Schwung?«. Experten tauschten sich dort aus und hatten eine positive Nachricht zu verkünden: Neuen Analysen zufolge bewegen sich Kinder anscheinend wieder etwas mehr, die Zahl der »dicken« Erstklässler geht leicht zurück. Erste Präventionsmaßnahmen scheinen zu greifen. Doch leider ist das auch schon die einzige frohe Botschaft. Denn es wurde auch festgestellt, dass leider immer mehr Kinder motorisch auffällig sind. Die Gesellschaft wird also immer sportlicher und trotzdem war Bewegungsmangel noch nie zuvor ein so großes Problem wie heute. Wissenschaftler nennen das »Bewegungsparadox«. Dem enormen Angebot an organisiertem Sport in Vereinen und Clubs steht der fatale Rückgang an unorganisiertem Sport entgegen. Spielen im Wald, Fußball auf der Straße – alltägliche Bewegungsräume gehen verloren und das kann auch Schule nicht ausgleichen. Zwar nimmt das Angebot an Sport durch Vereine zu. Aber natürlich spezialisiert und mit der Suche nach Talenten in Fußball, Handball, Leichtathletik etc.

Fakt ist auch: Der Sport leidet unter der Schule. Der Fokus liegt eindeutig auf Französisch, Mathe und Deutsch, seit der PISA-Diskussion verliert Sport mehr und mehr an Bedeutung zugunsten der Hauptfächer. In Grundschulen werden die Stunden heruntergefahren. Sportlehrer sind nicht gut genug ausgebildet. Bei Ausfall einer Sportstunde beklagt sich kaum ein Elternteil. Und weil die Ganztagsschule die Termine am Nachmittag einschränkt, bleibt wenig Platz für Hobbys. Und wenn in einer durchgetakteten Welt ohne Freiräume Tennis-Eltern ihre Zöglinge dreimal die Woche zum Training fahren, kann das überfordern. Dann verursacht Sport tatsächlich Stress. Zu viel Training mit zu hoher Intensität ohne ausreichende Pausen macht es möglich. Obwohl es den Anschein hat, das Kind täte alles mit Lust und Spaß. Aber auch Kinder merken genau, wenn sie Erwartungen nicht erfüllen können. Die der Eltern, aber auch die an sich selbst. Und reagieren mit Stresssymptomen. Einfach formuliert lautet die Botschaft an dieser Stelle: Sport ist mehr als Wettkampf, mehr als siegen müssen, mehr als Schmerzen haben.

Sport ist nämlich eigentlich eine ideale Möglichkeit, Stress abzubauen. Und Verhaltensauffälligkeiten zu verbessern. So kommen Forscher am Institut für Sportwissenschaft und Motologie der Uni Marburg nach Durchsicht vieler Studien zu dem Schluss, dass Kinder mit ADHS, also der Aufmerksamkeitsdefizit-Hyperaktivitätsstörung, durch Sport ein verbessertes Sozialverhalten und höhere Denkleistungen erreichen können. Treiben diese Kinder zudem noch draußen und in Kleingruppen Sport, so lassen sich deutliche Steigerungen in den Bereichen Selbstbewusstsein, Selbstwertgefühl und soziale Kompetenz erreichen. Was wiederum zu einem positiveren Verhalten in Familie und Schule führen kann. Ganz zu schweigen von der Verbesserung motorischer Probleme, die bei Kindern und Jugendlichen mit ADHS verstärkt auftreten.

Und noch einmal zum Stress. Neurowissenschaftler von der Deutschen Sporthochschule Köln betonen, dass Überlastung psychischer und körperlicher Art zu Stress führt. Auch bei Kindern schon. Dabei war Stress ursprünglich in der Menschheitsgeschichte ein gutes Mittel, überhaupt in Bewegung zu kommen. Wenn der Bär auftauchte, gab es nur zwei Möglichkeiten: fliehen oder kämpfen. Und das setzte Hormone frei und uns damit unter Stress. Wenn es schiefging, ein letztes Mal. Wenn es gut lief, wurden die Stresshormone abgebaut und damit auch die Reaktionen des Körpers normalisiert. Alles wurde wieder ins Gleichgewicht gebracht. Wir bewegten uns, wenn wir es mussten, und sparten unsere Kräfte für entscheidende Situationen. Heute allerdings bleiben wir eher sitzen. Kommt ja auch kein Bär mehr. Und wie der Löwe vor sich hin döst, lieber keine Energie verschwendet, damit er vorbereitet ist auf den Fall der Fälle, lassen wir lieber die Füße auf dem Tisch. Nur dass die Faulheit beim Löwen sein Überleben sichert – unsere Faulheit heute dagegen eher unser Überleben gefährdet. Wir müssen unsere Kinder eher zu Bewegung antreiben, damit so etwas wie Stress entsteht. Der muss ja auch nicht immer schlecht sein. Positiver Stress nämlich befeuert uns, macht uns stark. Bewegung kann das leisten. Denn wenn wir es richtig machen, bauen Kinder mit Bewegung eine Art Stresspuffer auf und fangen damit die negativen Folgen von chronischem Stress auf die Gesundheit ab. Hormone, die bei stetigem Stress sonst weiter im Körper zirkulieren würden und uns krank machen können, werden abgebaut. Ein weiteres Indiz dafür, was Sport bei Kindern leisten kann: belasten, um zu entlasten! Und das am besten mit Vielfalt und nicht mit Spezialisierung.

Immer mit der Ruhe

Sich in unterschiedlichen Sportarten erproben zu können, ist für Kinder besser als eine frühe Spezialisierung. Studien aus den USA belegen, dass kleine Sportler, die im Alter von 6 bis 13 Jahren in mehreren Sportarten aktiv waren, später bessere sportliche Ergebnisse erzielen als diejenigen, die in frühen Jahren nur bei einer Sportart geblieben sind. Der Hauptgrund ist einleuchtend: Vielseitigkeit bildet mehr athletische Fähigkeiten aus und macht flexibler. Bei Spezialisierung hingegen droht Langeweile, eine erhöhte Verletzungsanfälligkeit und auch der mentale »Sport-Burnout«. Also: Auch wenn Papa am liebsten den Kleinen täglich zum Fußballtraining bringen würde, damit er mal ein bejubelter Profi wird – die Chancen stehen dafür rein statistisch eher schlecht, und so verringert er sie eher noch. Denn nun sind wir wieder beim Thema Stress angelangt: Der Druck durch hohe Erwartungen führt vielfach zum Scheitern und damit zum Ausstieg aus einer sportlichen Karriere. Gerade das wollen wir bei Kindern aber nicht, sie sollen mit Freude bei der Sache bleiben. Und das geht unter anderem durch Vielfalt.

Sowieso gilt für die Bewegung Ähnliches wie für alle anderen Entwicklungsschritte: Nicht alle Kinder sind gleich. Das ist auch spitze so! Nicht auszudenken, wenn es anders wäre. Wie langweilig, wenn alles exakt auf Termin in den ewig gleichen Bahnen liefe! Schon mit dem Geburtstermin geht es los: Welches Kind kommt schon genau am errechneten Tag? Und so geht es weiter. Der Kinderarzt Remo Largo hält schon lange ein Plädoyer dafür, dass Entwicklungsschritte ein großes Zeitfenster haben und Eltern sich nicht verunsichern lassen sollen. Das fällt oft schwer, da alle anderen ja meinen, dass es bald so weit sein müsse mit dem Krabbeln, Laufen oder Sprechen. Laut Largo hat jedes Kind für jeden Entwicklungsschritt seinen individuell bestimmten Zeitpunkt, an dem es innerlich bereit ist, diesen Schritt zu machen, und dies dann mit seinem Verhalten auch anzeigt. Und deshalb sei es wichtig, sich an den Bedürfnissen des Kindes zu orientieren. Das allerdings passt nun so gar nicht mehr zu den heutigen Strategien. Alles muss schnell gehen, hat effizient zu sein. Aufschub bedeutet Stillstand. Und der ist kaum auszuhalten in einer Zeit, wo man alles sofort bekommen kann. Resultatorientiert. Ich kenne das aus eigener Erfahrung auch aus dem Bereich Bewegung: Schwimmen und Radfahren sollen Kinder ja schnell lernen, aber wie unterschiedlich die Prozesse ablaufen, zeigten mir meine Töchter. Die eine fuhr sehr früh mit Stützrädern sofort los, wollte sie aber nicht abmachen. Also lernten wir zweimal. Mit Stützrädern und dann einige Tage auf dem Schulhof ohne. Natürlich mit den üblichen Unstimmigkeiten, Tränen und gutem Zureden. Ach ja, und mit Schürfwunden. Es fehlten ja die Stützräder. Die andere hingegen wollte gar nicht Fahrrad fahren. Auch nicht mit Stützrädern. Aber fast zum gleichen Zeitpunkt, als die andere erstmals wackelig losfuhr, setzte sie sich auf ihr Fahrrad und fuhr ebenfalls wackelig los – ohne Stützräder. Zwei Kinder, zwei Wege. Zweimal Stress. Der Eltern mit den Kindern. Und umgekehrt. Und eigentlich unnötig. Wäre man in der Lage gewesen, die Entscheidungen der Kinder zu akzeptieren und abzuwarten, wäre es sicher für alle entspannter abgelaufen. Sie kennen bestimmt ähnliche Fälle. Heute muss alles schnell gehen: Babys sollen schnell trocken werden, schnell von der Brust weg ... Ganz klein schon ganz groß sein. Aber es sind Kinder, die kindliche Bedürfnisse haben. Und die müssen und können nicht den Bedürfnissen der Eltern entsprechen.

Jeder Körper ist anders

Kinder sind keine Erwachsenen

Auch wenn die Einsicht manchmal schwerfällt: Kinder sind keine kleinen Erwachsenen. Kein Junge ist ein kleiner Mann, kein Mädchen eine kleine Frau. Kinder sind Heranwachsende, die bestimmte Rahmenbedingungen brauchen, damit sie wachsen, ihre Persönlichkeit ausbilden und ausprägen können.
Hierfür brauchen sie Hilfe und Anreize. Neben Liebe, Zuneigung, Anerkennung und Wertschätzung brauchen Kinder Raum, um ihr Bedürfnis nach Bewegung und Spiel ausleben zu können. Auch rein medizinisch ist das Kind unterschiedlich zum Erwachsenen einzuschätzen. So setzt sich etwa der Sportwissenschaftler Dieter Breithecker mit seinem Fachwissen vehement dafür ein, dass gerade der noch im Wachstum befindliche Organismus zur Ausbildung funktionstüchtiger und leistungsfähiger Organe ausreichende körperliche Reize benötige. Denn die Leistungsfähigkeit eines Organs sei nicht nur abhängig von seinem Erbgut (ca. 60 Prozent), sondern auch von der Qualität und Quantität seiner Beanspruchung (ca. 40 Prozent), so der Leiter der Bundesarbeitsgemeinschaft für Haltungs- und Bewegungsförderung. Kinder haben einen anderen Bewegungsbedarf als Erwachsene, für die 2 bis 3 Mal in der Woche körperliche Belastung für mindestens 60 Minuten ausreichend ist (obwohl die wenigsten dies tun), um die körperliche Leistungsfähigkeit zu erhalten. Kinder brauchen mehr Bewegungsmöglichkeiten und dies täglich, denn sie haben so viel zu erlernen.

Das Kind ist auch hinsichtlich der Leistungsfähigkeit keine kleine Ausgabe eines Erwachsenen. Das ständige Wachstum macht den Unterschied. Hier ein kleiner Überblick:

Körpergröße

Die Entwicklung verläuft nicht linear, sondern in Schüben. Es gibt Kinder, die sich normal entwickeln, also dem Durchschnitt entsprechend. »Akzeleriert« nennt man hingegen den Prozess bei Kindern, die sich schneller entwickeln als andere, und »retardiert«, wenn die Entwicklung langsamer voranschreitet. Der Wachstumsstopp erfolgt im Regelfall mit dem Schließen der Wachstumsfugen (Epiphysenfugen) der Knochen etwa 2–3 Jahre nach Beginn der Pubertät.

Stoffwechsel

Der Grundumsatz ist bei Kindern und Jugendlichen im Vergleich zum Erwachsenen um 20 bis 30 Prozent erhöht. Deshalb kann zu umfangreiches und intensives Training dazu führen, dass Energie, die zum Aufbau des Körpers benötigt wird, nicht zur Verfügung steht. Dies führt im schlimmsten Fall zu Beeinträchtigungen der Wachstumsvorgänge des kindlichen Organismus. Außerdem benötigen Kinder eine ausreichende Erholungs- und Wiederherstellungszeit. Pausen sollten also länger sein als bei Erwachsenen.

Knochen

Knochen sind zwar im Kindesalter extrem biegsam, aber vermindert zug- und druckfest. Das führt zu einer geringeren Belastbarkeit. Das Knorpelgewebe und die noch nicht verknöcherten Wachstumsfugen sind besonders verletzlich bei Druck- und Scherkräften. Für das Training heißt das: maximale, einseitige und unvorbereitete Belastungen können direkt oder später zur Zerstörung von Gewebe führen.

Muskeln

Hinsichtlich der Muskelmasse und Kraft unterscheiden sich Mädchen und Jungen zu Beginn der Pubertät kaum. In der Pubertät steigt der Anteil bei den Jungs hormonell bedingt auf ca. 40 Prozent des Gesamtgewichts, bei den Mädchen nur auf ca. 35 Prozent. Die anaerobe Kapazität kann bei Kindern nicht trainiert werden, die Stoffwechselvorgänge unter der Beteiligung von Sauerstoff (aerob) sehr wohl. Kinder sind anders als Erwachsene in der Lage, die Zuckerspeicher mehr zu schonen und freie Fettsäuren schneller zu verwerten.

Regulation der Temperatur

Kinder schwitzen weniger als Erwachsene. Deshalb können sie ihre Körper schlechter kühlen. Unter Hitzebedingungen haben sie daher eine geringere Belastungsfähigkeit. Die Körperkerntemperatur erhöht sich bei sportlicher Belastung schneller. Vor allem bei hohen Außen- oder Hallentemperaturen muss auf ausreichende Pausen und auf die Möglichkeit, öfter zu trinken, geachtet werden. Kinder kühlen durch Flüssigkeit! Sie lernen das Schwitzen erst im Alter ab 10–11 Jahren und erreichen mit 15–16 Jahren Erwachsenenwerte. Umfangreiches Ausdauertraining sollte also erst ab diesem Alter erfolgen.

Herz-Kreislauf-System

Das Herz wächst mittels Zellteilung bis ins Erwachsenenalter weiter. Die noch kleineren Herzen jüngerer Kinder haben sowohl in Ruhe als auch unter Belastung eine zum Teil deutlich höhere Herzfrequenz als Erwachsene. Neugeborene weisen 150 Schläge pro Minute auf, Säuglinge liegen bei 130. Kinder pendeln sich bei 80–100 Schlägen ein, Jugendliche liegen nur geringfügig über dem Wert von Erwachsenen, der zwischen 60 und 80 pendelt. Die Größenzunahme des Herzens führt zu einer Verminderung der Herzfrequenz, am deutlichsten ist der Abfall in der Pubertät.

Außerdem hat das Kind aufgrund fehlender Bewegungserfahrung koordinative Defizite. Dadurch kommt es zu überflüssigen Mitbewegungen anderer als der nötigen Muskelgruppen, was natürlich mehr Energie kostet und das Herz-Kreislauf-System stärker belastet. Für Eltern, aber auch für Betreuer und Trainer ist es also wichtig, über die verschiedenen Entwicklungsphasen von Kindern Bescheid zu wissen. Denn es ändern sich im Laufe der Entwicklung die Leistungsfähigkeit von Kraft und Ausdauer. Nur bei ausreichender Kenntnis kann das gesundheitliche Risiko bei der sportlichen Aktivität klein gehalten und vor allem Über-, aber auch Unterforderung des Kindes vermieden werden.

... und Jungen sind keine Mädchen

Jungs und Mädels ticken unterschiedlich. Das werden Sie merken, wenn Sie beide Spezies zu Hause haben. Oder wenn Ihnen Freunde und Bekannte von ihren Jungs erzählen und Sie denken, es sei doch besser, dass Sie ein Mädchen haben. Im Ernst: Sie lieben natürlich – wie alle Eltern – Ihre Kinder so, wie sie sind. Aber beide Geschlechter sind im Verhalten doch sehr eigen. In der Schule wie im Sport.

Erinnern Sie sich noch an die Forscherinnen von der Deutschen Sporthochschule Köln, die herausfanden, dass nicht alle, die auch viel am Computer spielen, automatisch für den Sport verloren sind? Als erstes Ergebnis stellten sie die Unterschiede zwischen Mädchen und Jungen heraus. »Während Sport und Internet für Jungen wichtiger sind, nehmen Musik, Kunst und Literatur bei Mädchen einen hohen Stellenwert ein«, schreiben die Autorinnen.»Nach der klaren Priorität von Schule/Ausbildung für beide rangiert Sport als wichtigste Freizeitbeschäftigung bei Jungen vor Musik, während bei Mädchen diese Reihenfolge umgekehrt ist.« Von allen Jugendlichen wird dem Sport allerdings eine größere Relevanz zugesprochen als dem Internet, obgleich sie mehr Zeit im Netz verbringen als im Sportverein, auf dem Bolzplatz, beim Waldlauf oder bei anderen sportlichen Aktivitäten.

Im Zentrum der Studie steht jedoch die Frage, wie sich die Internetnutzung auf die sportlichen Aktivitäten auswirkt. Hierzu identifizieren die Autorinnen einzelne Effekte des Sporthandelns auf die Internetnutzung und umgekehrt. Sportlich aktive Mädchen verbringen signifikant weniger Zeit online vor dem PC oder mit dem Smartphone als sportlich inaktive Mädchen. Umgekehrt wirkt die eingeschätzte Wichtigkeit des Internets nur bei Jungen negativ auf den Sportumfang: Jungen, die dem Internet eine hohe Relevanz im Leben zuschreiben, treiben weniger Sport als jene, für die das Internet weniger wichtig ist.

Interessant ist hier eine genauere Betrachtung der inhaltlichen Internetnutzung: Je häufiger die Jugendlichen in den freundschaftsorientierten sozialen Netzwerken unterwegs sind, desto weniger Zeit investieren sie in ihre Hauptsportart. Das legt die Vermutung nahe, dass die Pflege sozialer Beziehungen, die ein starkes Motiv zur Beteiligung am Vereinsleben ist, verstärkt in den sozialen Netzwerken stattfindet. Zugleich kann die Rezeption von Sportinhalten im Internet das Bedürfnis der Jugendlichen stärken, selbst Sport zu treiben, wie die Auswertung der Daten nahelegt. Wie auch immer die Ergebnisse für den Computer ausfallen: Bewegung spielt in der Rangliste der Freizeitaktivitäten von Jugendlichen eine große Rolle.

Leider dominieren aber weiterhin viele geschlechtsspezifische Unterschiede und Vorurteile – wie zum Beispiel jenes, es gäbe reine Mädchen- und Jungensportarten. Das ist heute absoluter Quatsch. Alles kann von allen betrieben werden. Wenn dies nicht so ist, stecken wir als Eltern dahinter oder die Freunde und Freundinnen, die bestimmte Sachen einfach uncool finden. Warum sollte ein Junge nicht tanzen, reiten, voltigieren oder turnen? Mädchen spielen schon längst Fußball und boxen. Das

Spektrum der von Mädchen und Frauen betriebenen Sportarten nahm im 20. Jahrhundert im Zuge der fortschreitenden gesellschaftlichen Gleichstellung immer mehr zu. Wurden seit der Jahrhundertwende nur vereinzelt Wettkämpfe ausgetragen, so betreiben Frauen und Mädchen heute fast alle Sportarten. Bei den Sommerspielen von 2004 in Athen waren Frauen allein im Boxen nicht zugelassen. Noch Anfang des Jahrhunderts hatten die männerdominierten Dachorganisationen Frauensport für unästhetisch und gesundheitsgefährdend gehalten. Seither haben sich die Programme für Mädchen und Frauen mehr und mehr den männlichen Normen angepasst. Bestimmte Eigenformen sind jedoch erhalten geblieben, zum Beispiel im Geräteturnen und der rhythmischen Sportgymnastik. Das Einzige, worin sich Mädchen und Jungen unterscheiden, ist eben ihre Biologie – und daraus resultieren unterschiedliche sportliche Voraussetzungen.

Vor der Pubertät allerdings ist dieser Unterschied eher gering. Sie wissen selbst, dass in Klasse 5–6 die Jungs oft kleiner und auch zierlicher sind als die Mädchen. Dieses Bild trügt nicht. Denn 12-jährige Mädchen sind durchschnittlich 2 cm größer und auch 2 kg schwerer als gleichaltrige Jungs. Die haben in diesem Alter erst ca. 50 Prozent ihres gesamten Längenzuwachses erreicht, Mädchen hingegen schon 70 Prozent. Erst ab dem 12. Lebensjahr steigt bei den Jungen die jährliche Zuwachsrate in der Körperlänge und in der Körpermasse steiler an und überschreitet die Werte der Mädchen. Auch hinsichtlich der Leistungsfähigkeit unterscheiden sich Jungen und Mädchen erst ab der Pubertät. Dies liegt vor allem an der verstärkten Bildung der Sexualhormone, die entscheidend für die Ausprägung des typisch männlichen oder weiblichen Körperbaus sind. Das bekannteste ist das Testosteron. Jungen erfahren dadurch im Jugendalter eine Zunahme an Muskelmasse und überbieten damit allmählich das muskuläre Leistungsniveau der Mädchen. Diesen Anstieg von Testosteron gibt es bei den Mädchen zwar auch, jedoch viel geringer. Dafür nimmt bei Mädchen das Hormon Östrogen zu, was dazu führt, dass Frauen einen höheren Fettanteil einlagern als Männer.

Wie viel Sport treiben denn nun Jungen und wie viel Mädchen? Laut der WIAD-Studie, die sich mit dem Bewegungsstatus von Kindern und Jugendlichen in Deutschland beschäftigt hat, halten die Hälfte der Jungen, aber nur 40 Prozent der Mädchen Sport für wichtig. Nur etwa ein Viertel der Mädchen bewegt sich 1–2 Stunden in der Woche sportlich. Auch sind Mädchen weniger stark in Vereinen organisiert als Jungen. Mit zunehmendem Alter nimmt die Quote der Vereinszugehörigkeit zwar bei beiden Geschlechtern ab, ist bei den Mädchen aber immer deutlich niedriger. Meist haben Mädchen die Jungen in der Schule überholt: Doppelt so viele Jungen wie Mädchen müssen jedes Jahr die Klasse wiederholen, 64 Prozent der Sonderschüler sind Jungen, die Quote der männlichen Abiturienten liegt bei 45 Prozent. Aber rein sportlich gesehen sind die Jungen noch einen großen Schritt voraus. Ein Plädoyer dafür, besonders auf unsere Mädchen zu achten und deren Lust auf Bewegung zu steigern.

Auch beim Geschlechterbild haben wir noch einiges an Aufholarbeit zu leisten. Denn blickt man in Schulklassen, so sind zwar sportliche Jungs »cool«, aber nicht die sportlichen Mädchen. Als »cool« gelten Mädels ab einem bestimmten Alter vorwiegend, wenn sie dem typischen Bild entsprechen: Markenklamotten, hübsch, geschminkt. Da passt ein verschwitztes, zerzaustes Sportlerimage nicht hinein. Hier sind wir als Eltern gefragt, Sport bei Mädchen nicht zu einer Beschäftigung für Außenseiter werden zu lassen. Auch wenn es für Mädchen deutlich schwieriger ist, ihre körperlichen Veränderungen zu akzeptieren. Diese sind im Gegensatz zu den Jungen nämlich eher sichtbar und führen dazu, dass sich auch alltägliche Bewegungen durchaus verändern. Handstand oder Kopfüberhängen an der Stange wollen manche Mädchen dann nicht mehr machen aus Angst, dass dabei ihr T-Shirt verrutschen könnte.

Und sie erfahren in der Pubertät zusätzlich eine vielleicht subjektive, aber objektiv nicht immer haltbare Einschränkung: die Menstruation. Generationen von jungen Mädchen sitzen dann auf Turnhallenbänken und nehmen nicht am Schulsport teil. Aber sie sind nicht krank! Sportlerinnen mit Menstruation haben in verschiedenen Sportarten schon Weltrekorde erzielt. Der Einfluss der Menstruation auf die sportliche Leistungsfähigkeit von trainierten Sportlerinnen scheint relativ gering. Aber auch für Hobbysportlerinnen steht eher der psychologische Aspekt im Vordergrund. Viele Mädchen empfinden die Regelblutung als leistungshemmend. Es ist aber eine eher subjektive Entscheidung, ob in diesen Tagen eine Schonung angesagt ist. Medizinisch spricht nichts gegen die sportliche Betätigung. Das Argument des Blutverlustes ist bei einer Menge von ca. 60 mm ein vorgeschobenes. Im Gegenteil: Sportliche Betätigung kann die Beschwerden der Menstruation deutlich vermindern und verbessern.

Sport ist viel mehr als Körperertüchtigung

Bewegung als Entwicklungsmotor

Der Bewegungsvirus wirkt von Geburt an, er treibt uns an, nur leider erlischt er zu rasch. – Virus, das klingt erst einmal komisch! Aber wäre Bewegung ein heimtückischer Virus, wäre die Menschheit bereits vor Millionen von Jahren ausgestorben. Sind wir aber nicht! Daher verstehen wir den Bewegungsvirus positiv und sehen es einmal so: Wäre der Bewegungsvirus nicht schon immer genetisch in uns verankert, wären die Urmenschen zu faul zum Jagen, Sammeln oder Flüchten gewesen. Kinder bewegen sich daher nicht ohne Grund, sobald sie auf die Welt kommen. Sie bewegen sich, weil sie unbedingt ihre Umgebung erkunden wollen. »Alles anfassen, ertasten oder in den Mund nehmen« lautet die Devise. Woher sollten sie später auch sonst wissen, dass der Boden unter den Füßen fest ist, Gras weicher als der Fliesenboden oder aber, dass der Stacheldrahtzaun nicht so gut zum Festhalten geeignet ist wie ein Stuhlbein.

Bewegung steckt schon in unseren Genen und bedeutet für uns Menschen dreierlei: überleben, lernen und (weiter)entwickeln, und das schon direkt nach der Geburt. Den Aspekt des Überlebens wollen wir nicht weiter thematisieren, denn seien wir einmal ehrlich: Heute müssen wir glücklicherweise meist weder vor Todesfeinden flüchten noch auf die Jagd gehen. Die einzige Jagd, auf die wir uns heute fürs Überleben begeben müssen, ist die Schnäppchenjagd im Supermarkt. Für das Lernen und die Entwicklung ist Bewegung aber nach wie vor essentiell. Und hiermit ist nicht nur das Bewegungslernen oder die sportliche Entwicklung gemeint. Vielmehr unterstützt Bewegung die meisten strukturellen Entwicklungsprozesse unserer Organsysteme in all unseren Entwicklungsstufen. Betrachten wir beispielsweise das Gehirn eines Neugeborenen mit seinen fast 200 Milliarden Nervenzellen. Durch die bewegte Interaktion mit der Umwelt gelangen Informationen in das Gehirn des Säuglings. Wenn diese schließlich verarbeitet werden, entstehen bei jeder Erfahrung neue Verbindungen zwischen Nervenzellen – wodurch das Gehirn wiederum besser arbeiten kann. Und dieses Phänomen vollzieht sich nicht nur im Säuglingsalter, sondern setzt sich bis ins hohe Alter fort: Die Fähigkeit zu lernen bleibt uns ein Leben lang erhalten. Es ist also ganz augenscheinlich, wie wichtig es ist, ein aktives Leben zu führen. Sehr bedauernswert und falsch ist also, dass wir uns im Verlauf unseres Lebens immer weniger bewegen.

Während Kinder in der Kita hoffentlich noch nach Lust und Laune toben können und auch zu Hause möglichst wenig Einschränkungen in diesem Bereich erfahren müssen, wird ihnen in der Grundschule schon abverlangt, einen (anfangs noch kleinen) Teil des Tages zu sitzen. Zum Glück bietet aber der Pausenhof meist noch genug Freiraum, um sich in der Zeit zwischen dem Lernen auszupowern. Mit zunehmendem Schuljahr rückt allerdings die Leistung mehr in den Vordergrund, wodurch auch nach der Schule Hausaufgaben oder aber der Klavier- oder Trompetenunterricht anstehen. Die Zeit für Bewegung schrumpft massiv beim Wechsel auf die weiterführende Schule. Fortan müssen die Heranwachsenden den Großteil ihres Tages im Sitzen verbringen. Hinzu kommt, dass der Schulhof mit zunehmendem Alter weniger als Bewegungsraum, sondern mehr zum Chillen und Abhängen genutzt wird. An dieser Stelle soll allerdings die Schule als unumgehbare Institution nicht verteufelt werden: Sie leistet einen großen Beitrag zur Erziehungsarbeit. Vielmehr muss die Lebenswelt außerhalb der

Schule unter die Lupe genommen werden. Denn diese hat sich in den letzten Jahrzehnten leider dahingehend verändert, dass zum einen Bewegungsräume schrumpfen (Felder und Wälder werden vermehrt gegen Stadt und Asphalt getauscht), zum anderen auch die Freizeit anders genutzt wird – wo früher mit Stöcken ein Tipi im Wald gebaut wurde, wird heute auf dem Sofa liegend das neueste Online-Game auf dem Tablet durchgespielt. Eine Vielzahl von Studien weist sogar eine durch die Einschränkung des Bewegungsverhaltens in den letzten Jahrzehnten bedingte Verschlechterung der motorischen Fähigkeiten nach. Als mögliche Konsequenzen nennen diese sogar eine Zunahme chronischer Erkrankungen, ein erhöhtes Unfallrisiko im Alltag und Verzögerungen in der motorischen, psychischen, sozialen sowie kognitiven Entwicklung. Ein Grund mehr, schon früh den Grundstein für ein bewegtes und gesundes Leben zu legen!

Wenn wir den Gesprächen von Eltern lauschen, dann machen wir uns besonders im ersten Lebensjahr keine Sorgen, dass Bewegung und körperliche Aktivität jemals in Vergessenheit geraten: »Unsere Fritzi hat sich gestern das erste Mal aufrecht hingesetzt!«, »Unser Lukas krabbelt jetzt wie wild durch die Wohnung.« Die motorische Entwicklung ist für alle Eltern eine große Freude und gleichzeitig eine Möglichkeit zur Kontrolle und zum Vergleich. Wenn Lukas schon »früh« krabbelt, bedeutet das in erster Linie, dass er früher als andere Kinder verstanden hat, seinen Körper fortzubewegen. Wenn Lukas aber später als andere Kinder zu krabbeln beginnt, ist meist vorprogrammiert, dass seine Eltern verunsichert und mit Sorge reagieren. Dabei gibt es besonders in Bezug auf die motorische Entwicklung keine starr vorgegebenen Zeitpunkte, sondern sogenannte Entwicklungsfenster, die gut und gerne mal einige Monate umfassen können. Zudem sollte man sich bei der Erkennung von motorischen Entwicklungsproblemen auf seinen Kinderarzt des Vertrauens verlassen. Wichtig ist vor allem: Das

Kind sollte in Bewegung bleiben und sich der Bewegung erfreuen! Die Fortschritte kommen schon von ganz alleine, wenn man die Kinder sie nur machen lässt.

Bewegung ist nicht nur wichtig für die motorische Entwicklung, sondern treibt auch andere Entwicklungsprozesse maßgeblich voran. Denn diese steht in einer engen Wechselbeziehung zu anderen Persönlichkeitsbereichen. Sie beeinflusst die Entwicklung unserer Sprache, unserer Emotionen, unseres Sozialverhaltens sowie unserer Wahrnehmung und Kognition. Diese wiederum nehmen auch Einfluss auf die motorische Entwicklung. Schauen wir also einmal genauer hin.

Sprache, Konzentration und Stressbewältigung

Bewegung und Sprache hängen schon deswegen zusammen, da zum Sprechen eine Menge Bewegungen und vor allem deren Koordination notwendig sind! Denn beim Sprechen werden bis zu 100 Muskeln genutzt und eine ganze Reihe von Körperorganen wie Gehirn, Lunge, Stimmbänder, Lippen, Gaumen und Mund werden beansprucht. Und auch beim Erlernen des Lesens und Schreibens spielt Bewegung eine Rolle: Wir müssen unsere Augen von Zeile zu Zeile springen zu lassen und unsere Hand fein koordiniert bewegen. Und wenn wir an einen guten Redner denken, fällt ins Auge, dass zum überzeugenden Sprechen auch bewegte Gesten gehören. Der Zusammenhang zwischen Sprache und Bewegung ist also offensichtlich.

Wissenschaftler gehen auch davon aus, dass die ausgeprägten Saug- und Schluckbewegungen von Säuglingen bereits einer Vorbereitung auf das spätere Sprechen dienen. Genauso wird angenommen, dass Säuglinge und Kleinkinder ihre Hände so häufig (zum Ärger der Eltern auch gerne mit einem auf dem Boden gefundenen, schmutzigen Gegenstand) in den Mund stecken, um dadurch das Zusammenspiel von Lippen, Kiefer, Gaumen, Zunge und der Hand trainieren. Und dazu kann zu Beginn auch das Übungsgerät »Nuckel« zum Einsatz kommen.

Erinnern Sie sich noch an die Zeit zurück, als Ihr Kind noch nicht sprechen konnte, oder kann es vielleicht momentan noch nicht sprechen? Und trotzdem »spricht« es mit Ihnen! Wenn der Brei nicht schmeckt, sagt es nicht einfach »nein«, sondern entreißt den Löffel konsequent der Elternhand und wirft ihn weg. Das Kind benutzt, um sich auszudrücken, eben noch keine Worte oder Sätze, sondern Hände, Füße, Körperhaltung und Mimik. Säuglinge und Kinder lernen zunächst eine bewegte Sprache, bevor sie mit dem Sprechen beginnen. So wird Sprache motorisch vorbereitet – und genau dazu brauchen Kleinkinder viele Anreize.

Und nun noch ein ganz wichtiger Aspekt, der das Zusammenspiel von Bewegung und Sprache verdeutlicht: Unsere Sprache baut auf unser Handeln auf! Das bedeutet, dass die kleine Fritzi nur weiß, was ein Ball ist, weil sie zuvor mit ihm gespielt hat und erfahren hat, wie er rollt und springt – und dabei von anderen das Wort »Ball« hörte. So lernen Kinder, (Bewegungs-)Erfahrungen mit den passenden Begriffen zu verbinden. Zudem konnte in Studien gezeigt werden, dass die feinmotorische und die sprachliche Entwicklung in enger Verbindung miteinander stehen. So zeigen Schulkinder mit Sprachauffälligkeiten häufig auch motorische Defizite. Wegen des engen Zusammenhangs wird in der Kita und der Schule Sprache spielend und häufig gekoppelt mit beispielsweise Fingerspielen trainiert. Auch zu Hause sind bewegte Sprachspiele eine tolle Möglichkeit, die Entwicklung des Kindes zu fördern. Nehmen Sie Ihr Kind beim nächsten Spaziergang also an die Hand und tanzen Sie mit ihm: »Ein Hut, ein Stock, ein Regenschirm! Und vorwärts, rückwärts, seitwärts, ran … in die Hocke, hoch das Bein!« Bewegung und Sprache lassen sich mit Leichtigkeit in vielen Alltagssituationen trainieren. Auch das

Schreien und Brüllen – so unangenehm es auch ist – hilft der Sprachentwicklung. Dabei werden noch mehr Muskeln und die Lunge aktiviert und die Atmung wird vertieft, was später fürs Sprechen so wichtig ist. Also Schreien als Training – lassen Sie es einfach zu!

Ein Kind, das keine oder nur sehr wenig körperliche Tätigkeit betreibt, hat mehr Konzentrationsschwierigkeiten. Dazu gibt es einige Studien. Erfahrungen aus einer Grundschule, die der Verein »Klasse in Sport« unterstützt, zeigen, dass Kinder, die in der Pause gezielt Hula hopp, Seilspringen, Turnen oder Ähnliches betreiben, sich anschließend im Unterricht besser konzentrieren können. Der Grund: Die Kinder powern sich aus und bauen Aggressionen ab, durch die Bewegung nehmen sie mehr Sauerstoff auf und ihr Gehirn wird besser durchblutet.

Bewegung ist außerdem ein ausgezeichnetes Mittel zur Minderung von Stress. Studien haben gezeigt, dass Kinder und Jugendliche, die im Verein Sport treiben, Schulstress besser aushalten können. Das Streitpotenzial geht insgesamt zurück, dadurch wird der Unterricht ruhiger und die Kinder sind ausgeglichener beim Lösen von Aufgaben. Das aktive Kind ist ausgeruhter und munterer.

Der Sport bietet auch ein Lernfeld für soziale Interaktion, denn sich sportlich auszuzeichnen ist auch ein soziales Erlebnis. So wählen Jungen häufig Spiele oder Sportarten, bei denen sie sich untereinander messen können. Kinder, die sich im Sport auszeichnen, werden eher von ihren gleichaltrigen Kameraden akzeptiert, sodass ihr sozialer Status steigt. Eltern sollten ihrem Kind helfen, sportlichen Erfolg zu haben, denn er trägt zur Aufwertung und Integration in der Gesellschaft bei.

Charakter und Selbstachtung

Im Sport kann das Kind Erfahrungen machen, die seinen Charakter, seine Persönlichkeit beeinflussen. Bei positiven Vorbildern, die Trainer, Eltern und Lehrer sein können, verstärkt sich dieser positive Effekt. Sie bieten dem Kind die Gelegenheit, gesellschaftliche Regeln und Werte kennenzulernen, sich mit andern auseinanderzusetzen und von andern in der Gruppe akzeptiert zu werden. Werte wie Toleranz, Teamgeist, Gerechtigkeit und Verantwortung werden ebenso vermittelt wie ein positives Selbstbild und Respekt für andere.

Mit 6–7 Jahren beginnt ein Kind, seine Fähigkeiten mit denen der anderen zu vergleichen. Können die anderen die gleichen Dinge machen? Genauso gut wie ich oder vielleicht besser? Es bewertet die Dinge als »schwierig«, die nur wenige seiner Spielkameraden fertigbringen. Tendenziell schätzt es seine eigenen Fähigkeiten als schlecht ein. Es stützt sich auf das Urteil der andern, um zu wissen, ob es sich verbessert hat und wo es im Vergleich zu den andern steht. Bis zum Alter von 10 Jahren denkt das Kind, dass Erfolg und gute Resultate die Früchte von gemachten Anstrengungen sind. Und die machen Eindruck bei den Freunden. Es ist aber häufig – auch im Sport – schwieriger, Erfolg wahrzunehmen, nicht immer ist er am Ranking ablesbar. Kinder haben keine Vorstellung davon, woran man sportlichen Erfolg festmachen kann, denn ihre Fähigkeit, die eigenen Leistungen einzuschätzen, entwickelt sich erst langsam. Für ein Kleinkind hingegen bedeutet das Ziel zu erreichen bereits einen Erfolg, egal ob als Erster, Zweiter oder Zwanzigster.

Ab 12 Jahren kann die Fähigkeit zur detaillierten persönlichen Erfolgsbeurteilung den entscheidenden Unterschied machen, ob man sein sportliches Talent weiterzuentwickeln versteht. Es gibt immer Gewinner und Verlierer in einem sportlichen Wettkampf. Eine Niederlage einzustecken und daran zu wachsen ist eine der wichtigsten Lehren, die der Sport bieten kann. Auch wenn diese Aussage oft in amerikanischen Filmen – insbesondere in Filmen über Boxer – auftaucht, stimmt sie doch! Dabei ist es nicht sinnvoll, dass man sein Kind an eine Niederlage erinnert. Besser lobt man seine Anstrengungen und bringt ihm bei, dass und wie man aus den Niederlagen lernen kann.

Sportlicher Erfolg fördert das Selbstvertrauen und hilft Kindern idealerweise, ein junger Erwachsener zu werden, der ausgeglichen, vertrauensvoll und bereit ist, Hindernisse zu bewältigen und neue Herausforderungen anzugehen. Alle Kinder können in einem Sport Erfolg haben. Man muss sich nur Zeit nehmen. Jean Piaget, Spezialist für Kinderpsychologie, bestätigt, dass das beste Alter zur Entwicklung des Selbstvertrauens zwischen 6 und 11 Jahren liegt. In diesem Alter machen die meisten Kinder ihre ersten sportlichen Erfahrungen.

Ein Kind macht sich schon früh ein Bild von sich selbst. Das Kind, das im Sport Erfolg hat, empfindet Freude und entwickelt ein positives Selbstbild. Es sind aber vor allem die Eltern, die dem Kind helfen, sein Selbstbewusstsein zu entwickeln, beispielsweise indem sie auf sein Verhalten reagieren. Das Verständnis und die Ermutigung der Eltern sind die wichtigsten Quellen des Selbstvertrauens. Ein Kind, das Selbstvertrauen hat, ist fähig, sportlichen und schulischen Herausforderungen zu begegnen. Für Eltern heißt das: Loben Sie Ihre Kinder, wenn sie etwas lernen und neue Sachen versuchen.

Es gibt einige Anzeichen, die auf ein fehlendes Selbstvertrauen hinweisen und die doch oft falsch interpretiert werden. Also Achtung, wenn Sie folgende Punkte bei Ihrem Kind feststellen:

Es umgeht eine Aufgabe oder eine Herausforderung oder gibt bei der ersten Enttäuschung auf. Dahinter steckt häufig die Angst vor dem Misserfolg oder ein Gefühl des Unvermögens. Das Kind mogelt oder flunkert, um ein Match nicht zu verlieren oder um seine schlechten Resultate zu verbergen. Es macht Rückschritte, benimmt sich wie ein Baby oder stellt sich dumm. So wird es zur verbalen Zielscheibe der andern, vielleicht sogar ein zukünftiges Mobbing-Opfer. Oder das Kind spielt sich plötzlich zu einer Art Aufseher auf, gibt Befehle oder ist unmöglich im Umgang mit andern, nur um sein Gefühl der Unfähigkeit, der Enttäuschung oder der Ohnmacht zu tarnen. Es sucht nach Entschuldigungen oder vermindert die Wichtigkeit der Ereignisse (»Ich mache dieses Spiel sowieso nicht gern«). Es trifft sich weniger häufig mit seinen Kameraden und die Resultate in der Schule gehen bergab. Es ist launisch, traurig, weint, hat Wutanfälle und Frustrationsmomente oder zieht sich in sich selbst zurück. Häufig machen Kinder negative Bemerkungen über sich selbst, wie z. B.: »Was ich mache, ist nichts wert, niemand hat mich gern, es ist mein Fehler, ich werde es nie schaffen.« Außerdem kann es sein, dass das Kind Lob und Kritik nur mühsam akzeptiert. Eltern sollten diese Zeichen, besonders wenn sie sich regelmäßig wiederholen, aufmerksam beobachten, denn sie können auf ein sich manifestierendes Problem hinweisen.

Sport ist natürlich kein Allheilmittel oder die einzige Möglichkeit, Selbstvertrauen zu erlangen und das Selbstwertgefühl zu stärken. Aber wenn man es schafft, Kinder stark zu machen, werden sie auch einen Standpunkt, eine Meinung entwickeln. Wer ein positives Selbstwertgefühl hat, Konflikte durchstehen und mit Misserfolgen umgehen kann, ist auch weniger suchtgefährdet. Hier kann der Sport gute Dienste leisten, in dem er Freiräume schafft, in denen Kinder sich erproben und ihre Stärken entwickeln können. Denn Kinder wollen Verantwortung übernehmen, Wagnisse eingehen und Herausforderungen annehmen.

Sinne und Emotionen

Sämtliche Wahrnehmungsprozesse in der Entwicklung des Kindes sind mit Bewegung verflochten. Bereits im Mutterleib nimmt das Kind seine Umwelt über Bewegung wahr. Säuglinge und Kinder erarbeiten sich über Bewegung zusätzliche Wahrnehmungsmöglichkeiten ihrer Umwelt. Sie lernen, wie Dinge riechen, sich anfühlen, schmecken, klingen oder aussehen. Diese Reize werden über Sinnesorgane aufgenommen und müssen, bevor eine Reaktion darauf geschehen kann, im Gehirn verarbeitet werden. Und jeder Reiz hilft uns dabei, neue Verknüpfungen zwischen unseren grauen Zellen zu bauen. Wahrnehmung verknüpft also unsere Gehirnzellen miteinander! So wie Bewegung die Wahrnehmung schult, verhilft uns unsere Wahrnehmung dazu, dass wir uns gezielt so bewegen können, wie es unser Alltag oder ganz spezielle Situationen, beispielsweise im Sport, von uns erfordern. So könnten wir ohne Gleichgewichtssinn nicht aufrecht stehen oder ohne das Sehen keinen heranfliegenden Ball fangen.

Ein Beispiel zeigt dies ganz deutlich: Haben Sie schon einmal sehbehinderte Menschen beobachtet? Ihnen fehlt die Wahrnehmung eines Sinnesorgans und in der Folge haben sie oft Bewegungsstörungen. Blinde Menschen wackeln häufig mit dem ganzen Körper oder mit dem Kopf hin und her. Da sie nicht sehen können, wie sich ihr Körper bewegt und dadurch der Horizont wackelt, sehen sie auch keine Veranlassung, mit dem Wackeln aufzuhören. Umgekehrt verhilft das Bewegen und Wahrnehmen dem Kind dazu, Erfahrungen zu sammeln und mit einem stetig wachsenden Erfahrungsschatz immer weiter zu reifen.

Durch das Einströmen vieler verschiedener Sinnesreize und den Einsatz des ganzen Körpers beim Entdecken der Umwelt entwickeln Kinder eine systematische Körperwahrnehmung, welche nicht nur für die motorische Entwicklung entscheidend ist, sondern auch für die Persönlichkeitsentwicklung. Wenn ein Kind nämlich in seiner Fähigkeit, seine Umwelt wahrzunehmen, eingeschränkt ist, dann schätzt es möglicherweise Herausforderungen falsch ein und kann nicht angemessen darauf reagieren. Und das kann sich dann in den unterschiedlichsten Situationen niederschlagen.

Zum Beispiel könnte die kleine Fritzi Schwierigkeiten im Umgang mit anderen Kindern bekommen, wenn diese Situationen anders als sie selbst wahrnehmen und deswegen eben auch anders, und folglich für Fritzi nicht nachvollziehbar, handeln. Besonders für spätere Entwicklungsphasen wie etwa die Pubertät, in der sich der Körper stark verändert, ist eine ausgeprägte Körperwahrnehmung wichtig. Kinder, die eine gute Körperwahrnehmung und einen guten Umgang mit ihrem eigenen Körper haben, können in einer solchen Phase davon sehr profitieren, da sie die Veränderungen im Körper bemerken und besser zuordnen können.

Ein weiterer wichtiger Zusammenhang von Bewegung und Wahrnehmung zeigt sich etwa in dieser Situation: Man stelle sich vor, die kleine Fritzi spiele mit anderen Kindern auf der Straße Ball. Wenn sie schon gelernt hat, wie sich ein heranfahrendes Auto anhört, ist es viel wahrscheinlicher, dass sie sich schnell in Sicherheit bringt. Über das bewegte Wahrnehmen hat Fritzi gelernt, dass bestimmte Dinge oder Situationen, wie in unserem Beispiel das anrollende Auto, mit bestimmten Handlungen in Verbindung zu bringen sind. So ist es nicht verwunderlich, dass im Hinblick auf Motorik und Wahrnehmung besser entwickelte Kinder einer geringeren Unfallgefahr ausgesetzt sind! Kinder sollten Reize altersgerecht erfahren und verstehen, das schützt sie und bietet ihnen Orientierung für ihren Umgang mit neuen Situationen.

Auch emotionale Kompetenz entwickeln Kinder am besten in der bewegten Interaktion mit anderen Kindern. So übt ein Kind beispielsweise das Tauschen, Teilen und Anbieten, es wird sich streiten und wieder vertragen, sich entschuldigen, andere um Hilfe bitten oder aber Hilfe anbieten, eigene Bedürfnisse und Meinungen äußern und andere akzeptieren sowie eine Frustrationstoleranz entwickeln. Diese Kompetenzen werden fortlaufend erlernt, und zwar schon ab dem achten Lebensmonat! Was genau das mit Bewegung zu tun hat, zeigt eine Studie: Kinder mit geringeren motorischen Fähigkeiten zeigen eine geringere Kontaktbereitschaft zu anderen Kindern und sind auch weniger beliebt als motorisch geschickte Kinder. Das verdeutlicht die Wichtigkeit früher motorischer Stimulation von Kleinkindern, kann diese doch mithelfen, eine Grundlage für ein glücklich sozialisiertes Leben zu bilden.

Wenn wir uns bewegen, werden in unserem Gehirn Prozesse in Gang gebracht, die eng mit unseren Emotionen verknüpft sind. So wird bei körperlicher Aktivität vermehrt Serotonin ausgestoßen – ein körpereigener Botenstoff, der im weitesten Sinne dafür sorgt, dass wir uns »glücklich« und ausgeglichen fühlen. Dieser Botenstoff beeinflusst eine Vielzahl an zentralnervös gesteuerten Funktionen. Solche sind zum Beispiel unsere Stimmungslage, unser Appetit, der Schlaf, Stressverarbeitung, motorische Aktivität oder Ängste und Aggressionen – und all diese Bereiche können wir mit Bewegung positiv beeinflussen.

Eine weitere Studie zeigt ähnliche Ergebnisse für Grundschulkinder: In einer Grundschule wurde für 4 Jahre der Stundenplan modifiziert: Die Stundenzahl für Sportunterricht wurde erhöht, die anderer Fächer dafür gekürzt. Es hat sich herausgestellt, dass das vermehrte Sporttreiben im Vergleich zu einer Kontrollschule mit normalem Unterricht die motorische Leistungsfähigkeit sowie das Arbeits- und Sozialverhalten verbesserte, während aber die Leistungen in den anderen (gekürzten) Fächern mindestens gleich blieben. Außerdem nahm das aggressive Verhalten auf dem Schulhof um die Hälfte ab. Sport und Bewegung helfen also beim Stressabbau, machen glücklich und fördern den Lernprozess in allen sozialen und emotionalen Entwicklungsstufen.

Positive Emotionen steigern die Fähigkeit, neue Inhalte abzuspeichern, und helfen somit beim Lernen. Dies gilt nicht nur für das Bewegungslernen, sondern auch für das Lernen von neuen Inhalten, sei es in der Schule oder in der Freizeit. Der Zusammenhang zwischen Bewegung und der emotionalen und sozialen Entwicklung von Kindern macht also deutlich, dass es wichtig ist, schon früh reizvolle Bewegungsanforderungen an unsere Kinder zu stellen, denn Bewegung schafft uns Freude und Freunde!

Geistige Leistungen

Der starke Einfluss, den Bewegung auf unsere Denkprozesse und besonders auf die Entwicklung unseres Gehirns hat, wurde erst vor kurzem wissenschaftlich erwiesen. Zunächst konnte man nur feststellen, dass Bewegung die Gehirndurchblutung massiv, um bis zu 30 Prozent, fördert. Das bedeutet, dass das Gehirn unserer kleinen Fritzi, wenn sie sich so richtig im Garten austobt, besser durchblutet wird, wodurch auch mehr Sauerstoff in ihr Gehirn gelangt und diese so kurzfristig leistungsfähiger macht. Studien auf diesem Gebiet konnten diesen Effekt für zahlreiche körperliche Aktivitäten bei Kindern und Jugendlichen nachweisen. So schnitten Kinder im unmittelbaren Anschluss an Yoga-Einheiten, koordinative Übungen oder nach ausdauerorientiertem Sportunterricht besser in Schulleistungstests ab und konnten Störreize besser ausblenden. Schon allein diese Ergebnisse zeigen, wie wichtig das ausgelassene Spielen auf dem Schulhof oder im Kindergarten und der Sportunterricht (der eben möglichst nicht in den späten Randstunden stattfinden sollte) sind, können die Kinder doch im Anschluss besser lernen: Mit einem gut durchbluteten Gehirn lernt es sich einfach leichter! Und genau deswegen sollten Sie als Eltern auch mal darüber nachdenken, die Kinder vielleicht doch nicht immer mit dem Auto zur Kita und Schule zu fahren.

Aber Bewegung hat nicht nur akute Effekte auf unser Gehirn, sondern spielt schon für den Fetus im Mutterleib eine entscheidende Rolle bei der Entwicklung und Vernetzung von Nervenzellen. Das ausgereifte Gehirn besteht schätzungsweise aus mehr als 100 Milliarden Nervenzellen. Unvorstellbar, wenn man bedenkt, dass wir alle aus nur zwei Zellen entstehen! Die Abermilliarden an einzelnen Nervenzellen stehen in bestimmten Netzwerken in engem Kontakt zueinander und kommunizieren. Es gibt also wahnsinnig viele Wege, die eine Information in unserem Gehirn zurücklegen kann! Diese Wege zwischen Nervenzellen ermöglichen es uns, auf äußere Reize zu reagieren und Intelligenz zu entwickeln – indem wir Erfahrungen und Wissen abspeichern. Genauso macht es auch schon der Fetus im Mutterleib. Durch die Bewegungen sammelt er Erfahrungen und stimuliert seine schon vorhandenen Nervenzellen, wodurch diese sich besser vernetzen und auch neue Nervenzellen gebildet werden – und irgendwann kommen wir dann auf die unglaubliche Zahl von ca. 200 Milliarden.

Der Prozess der Neubildung von Nervenzellen nennt sich Neurogenese. Diese Entwicklung beginnt bereits im Mutterleib und hält ein Leben lang an – sofern wir dem Gehirn entsprechende Reize bieten. Denn das Gehirn ist eines der anpassungsfreudigsten Organe unseres Körpers: Es passt sich den Erfordernissen seines Gebrauchs an. Und wer jetzt denkt: »Meine grauen Zellen trainiere ich doch am besten bei ein paar kniffligen Rätseln« – liegt falsch! Neue wissenschaftliche Studien haben herausgefunden, dass durch Bewegung und körperliche Aktivität nicht nur kurzfristig die Gehirnleistung gesteigert werden kann, sondern auch langfristig. Bewegung setzt nämlich in unserem Gehirn komplexe zelluläre, neurochemische und molekulare Prozesse in Gang,

Mehr als Körperertüchtigung

die besonders das kindliche und jugendliche Denkvermögen beeinflussen und dessen Entwicklung fördern, aber auch bei uns Erwachsenen Positives bewirken. Diese Prozesse stehen alle in einem engen Zusammenhang mit dem sogenannten BDNF (Brain Derived Neurotrophic Factor), einem Protein, welches das Wachstum und das Überleben von Nervenzellen erhöht. Körperliche Aktivität bewirkt einen direkten Anstieg dieses Proteins.

Die neuesten Erkenntnisse aus der Wissenschaft haben gezeigt, dass Sport beispielsweise das Neuronenwachstum im Hippocampus anregen kann. Dies ist von großer Bedeutung für unser Gedächtnis und somit auch das Lernen.

Andere wissenschaftliche Untersuchungen haben bewiesen, dass Bewegung zudem positiven Einfluss auf die exekutiven Funktionen, also für komplexe Denkvorgänge, zum Beispiel beim Problemlösen, hat. Im Rahmen der FITKIDS-Studie nahmen 8- bis 9-jährige Kinder über 9 Monate 5 Mal wöchentlich an einem Sportprogramm teil. Im Vergleich zu einer Kontrollgruppe zeigte die Sportgruppe im abschließenden Test eine bessere Reaktionszeit und machte weniger Fehler. Außerdem wurde durch bildgebende Diagnostik (MRT) gezeigt, dass die Gehirnareale, die für komplexes Denken zuständig sind, viel weniger aktiviert waren. Das bedeutet aber nicht, dass sie weniger nachgedacht haben, sondern dass diese Kinder ihr Gehirn ökonomischer nutzen konnten. Die Aktivierung des Gehirns glich dabei derjenigen von jungen Erwachsenen. Und deren Gehirne gelten als Musterbeispiel: optimal ausgereift und optimal funktionierend. Offenbar hatten die Kinder der Sportgruppe durch die zusätzliche Bewegung eine positive Entwicklung vollzogen.

Was außerdem sehr erstaunlich ist: In einer Studie konnte festgestellt werden, dass die aerobe Leistungsfähigkeit, also die Ausdauerleistungsfähigkeit, Aussagen darüber erlaubt, wie gut die geistige Leistungsfähigkeit im nächsten Schuljahr ist. Bei

4- bis 6-jährigen Kindern zeigte sich etwas Ähnliches: Kinder, die eine höhere motorische Leistungsfähigkeit in den Bereichen Kraft, Schnelligkeit, Beweglichkeit und Koordination besaßen, wiesen im Vergleich zu weniger starken Kindern viel bessere geistige Grundfunktionen auf. Sport macht also schlau – und das sogar ein Leben lang.

All diese Ergebnisse verdeutlichen, wie unglaublich wichtig Bewegung für die Entwicklung der Leistungsfähigkeit unseres Gehirns ist. Bemerkenswert ist in diesem Zusammenhang, dass die Anpassungsfähigkeit unseres Gehirns unser Leben lang erhalten bleibt. Zwar erfolgt die Bildung und Vernetzung von Nervenzellen im Kindes- und Jugendalter besonders schnell und nimmt im hohen Alter ab, aber dennoch bleibt sie in einem bestimmten Maß bestehen. Basierend auf diesen Erkenntnissen müssen Kinder mindestens einmal am Tag ins Schwitzen kommen und sich ausreichenden und anspruchsvollen Bewegungsaufgaben stellen, damit sie sich ideal entwickeln. Ganz besonders die Bewegungs- und Sportangebote im Kindergarten und in der Schule können hier Großes leisten! Wenn in jeder Pause getobt wird und der Sportunterricht reizvoll gestaltet wird, haben die Kinder nicht nur Spaß, sondern es befördert außerdem die bestmögliche Entwicklung ihrer geistigen Fähigkeiten.

Soziale Kompetenzen

Fair Play ist die wohl wichtigste, aber bei weitem nicht einzige Regel im Sport. Schon bei den kleinsten Bewegungsspielen gibt es klare Regeln, die von allen Mitspielern eingehalten werden müssen. Ohne Regeln funktioniert Sport nicht. Und ohne die Einhaltung der Regeln noch viel weniger. Kinder, die sich sportlich mit anderen betätigen, müssen also lernen, sich regelkonform zu verhalten, und erleben auch, was passiert, wenn man sich nicht an die Regeln hält.

Im bewegten Spiel wird außerdem die Kontakt- und Kooperationsfähigkeit der Kleinen gestärkt. Sie lernen, sich mit anderen auseinanderzusetzen (verbal oder eben auch mal körperlich), die eigenen Gefühle auszudrücken oder auch mal zu unterdrücken, anderen zu helfen oder sich helfen zu lassen und ein gemeinsames Ziel zu haben: das Spiel zu gewinnen oder die Bewegungsaufgabe zu lösen.

Im bewegten Spiel lernen die Kinder, die Gefühle und Wünsche anderer zu beachten und sich empathisch zu verhalten: Wenn ein Spieler sich weh tut, gar verletzt am Boden liegt, schauen die anderen Spieler ganz automatisch nach dem Rechten und helfen, wo es nur geht. Auch sollten sie sich in Rücksichtnahme üben, also beispielsweise Spielgeräte an andere abgeben. Durch den ständigen Vergleich mit anderen Kindern lernen sie die Leistungen anderer zu akzeptieren und anzuerkennen und auch deren mögliche Andersartigkeiten was beispielsweise Haut- oder Augenfarbe, Körpergröße oder Behinderung betrifft. Auf Toleranz wird in kaum einem anderen Setting so viel Wert gelegt wie im Sport. Dazu zählt auch die Rücksichtnahme auf Schwächere und deren Einbindung.

Frustrationen sind im Sport nicht selten: Ein verlorener Zweikampf, eine misslungene Übung, die Unzufriedenheit mit der eigenen Leistung oder der der anderen – mit all dem lernt das Kind umzugehen und entwickelt so eine Frustrationstoleranz. Beim gemeinsamen Agieren im Sport gilt es manchmal seine ersten Gefühlsimpulse zu unterdrücken – denn wer erlaubt sich schon einen unnötigen und peinlichen Ausraster vor den Mitspielern oder Sportkameraden?

Sport ist also in jeder Hinsicht ein Motor für die Ausbildung sozialer Kompetenzen. Dies gilt sowohl für den Sport in der Freizeit als auch für den im Verein. Und ein »sportliches« Miteinander und dadurch erworbene Kompetenzen werden den Kindern im Laufe ihres Lebens in nahezu allen Bereichen abverlangt.

Welche Sportart passt zu welcher Entwicklungsphase?

Die Wahl der richtigen Sportart hängt von so vielen Faktoren ab, dass sie Eltern wie Kindern oft nicht leichtfällt. Der Papa will die Tochter auf dem Fußballplatz, die Mama im Ballett und die kleine Fritzi sieht sich montags im Schwimmverein (mit Freundin Alina), dienstags beim Leichtathletiktraining (mit Freundin Nina) und donnerstags beim Tanzen (mit Freundin Elli). Dann überdenken die Eltern ihre Wünsche nochmal, weil die Nachbarskinder zum Judo gehen und Fahrgemeinschaften doch so praktisch sind. Neben solchen Überlegungen stellen sich viele Eltern die Frage, welche Sportarten zu viel oder zu wenig Bewegung erfordern, privilegiert oder weniger privilegiert, gefährlich oder möglichst risikolos sind. Wir wollen Ihnen diese Entscheidung erleichtern und erklären in diesem Kapitel, welche Sportarten sich in welchen Entwicklungsphasen anbieten und welche Vor- und Nachteile bestimmte Sportarten mit sich bringen. Dazu ist ein Grundverständnis der motorischen Entwicklungsphasen nötig, denn Sportarten sind nicht nur aus den oben genannten Gründen besser oder schlechter geeignet, sondern eben auch, weil sie in bestimmten Entwicklungsphasen einerseits die Entwicklung in vielen verschiedenen Persönlichkeitsbereichen fördern können, anderseits unterschiedlich leicht (Lern-)Erfolg versprechen.

Fangen wir ruhig ganz von vorne an, direkt nach der Geburt des Kindes: In der ersten Entwicklungsphase, vom 1. bis zum 3. Lebensmonat, ist das Bewegungsspektrum augenscheinlich noch nicht sonderlich weit ausgebildet. Das Neugeborene vollzieht unkoordinierte Arm- und Beinbewegungen, die aufgrund des noch erhöhten Muskeltonus (also der Spannung im Muskel) oft ungelenk und nicht zielgerichtet wirken. Zudem hat das Kleine angeborene Reflexe, wie beispielsweise den Asymmetrischen Tonischen Nackenreflex. Zum Ausprobieren: Drehen Sie den Kopf Ihres Kindes in Rückenlage nur leicht nach rechts, so beugen sich Arm und Bein zur rechten Körperseite, während die der linken Körperseite sich strecken. Das nennt man Fechterstellung. Solche Reflexe sind schon seit Urzeiten in unseren Genen kodiert und dienten uns einst zum Schutz. Heute werden sie vor allem für die Diagnostik von Entwicklungsstörungen genutzt. In der nächsten Entwicklungsphase, etwa vom 3. Lebensmonat bis zum 1. Lebensjahr, nimmt der Muskeltonus ab, wodurch die Bewegungen fließender und zielgerichteter werden. Die Säuglinge erlernen in dieser Phase schon erste koordinierte Bewegungen wie beispielsweise das gezielte Greifen, das Umdrehen von der Rücken- in die Bauchlage, das Aufsetzen und das Krabbeln.

In der darauffolgenden Zeit bis zum 3. Lebensjahr eignen sich Kinder vielfältige Bewegungsformen an. Sie lernen zu laufen, zu klettern, zu fangen und zu werfen, auch zu balancieren und vieles mehr – und legen damit das Fundament für die spätere präzise Ausprägung dieser Bewegungsformen. Diese Phase der Präzision beginnt im Vorschulalter, also etwa mit vier Jahren, und dauert bis zum siebten Lebensjahr an. Dann festigen Kinder komplexe Bewegungsabläufe und üben sich in Bewegungskombinationen. Das Bewegungsspektrum hat sich bis jetzt schon um einiges erweitert: Die Kinder sind beispielsweise in der Lage, auf einem Bein zu hüpfen oder sich an einem Klettergerüst entlangzuhangeln. Von der Grafik können Sie ablesen, welche speziellen Bewegungen in welchem Entwicklungszeitraum dazukommen.

Im frühen Schulkindalter, vom 7. bis zum 10. Lebensjahr etwa, machen Kinder dann sehr schnelle Fortschritte in der motorischen Entwicklung. Die Koordination verbessert sich zusehends, wodurch die Bewegungen zielgerichteter und besser aufeinander abgestimmt werden können. Auch kommt es in dieser Phase zur Steigerung von Kraft und Schnelligkeit.

Die nächste motorische Entwicklungsstufe findet sich im späten Schulkindalter. In der Zeit zwischen dem 10. und 13. (bei Mädchen 12.) Lebensjahr wird den Kindern die beste motorische Lernfähigkeit zugeschrieben. Charakteristisch für diese Phase ist auch, dass sich neben den koordinativen auch die konditionellen Fähigkeiten rasch fortentwickeln. Hier werden meist die Weichen gestellt, ob ein Kind ein »Sportler« wird oder nicht. Denn: »Was Hänschen nicht lernt ...!«

In der sogenannten Pubeszenz, also der ersten Phase der Reifungszeit, die bei Mädchen vom 11./12. bis zum 12./13. Lebensjahr und bei Jungen vom 12./13. bis zum 14./15. Lebensjahr reicht, prägen sich vor allem Koordination und Flexibilität weiter aus. Die Bewegungen werden feinmotorischer ausgeführt und wirken jetzt geschickter. Auch in dieser Phase ist die motorische Lernfähigkeit sehr hoch. Hier gilt es, die Heranwachsenden ihre Sportart finden zu lassen. Je mehr ausprobiert wird, umso besser ist es. Zu beachten ist in dieser und insbesondere in der darauffolgenden Phase der Adoleszenz, dass das passive Bewegungssystem (Knochen, Knorpel etc.) entgegen vielen Annahmen noch immer nicht vollständig entwickelt ist! Die Adoleszenz beginnt bei Mädchen etwa mit dem 13. und bei Jungen ab dem 14./15. Lebensjahr und endet bei den Mädchen ungefähr mit dem 16./17. Lebensjahr, durchschnittlich also auch wieder ein Jahr früher als bei den Jungs. In dieser Phase kann es aufgrund der zahlreichen parallel ablaufenden Entwicklungsprozesse zu Koordinationsstörungen kommen, denn der Körper entwickelt sich oft nicht proportional. Hierzu zählen zum Beispiel auch ansteigende Sexual- und Wachstumshormonspiegel, welche sich unterschiedlich auf das Wachstum auswirken. Dadurch kommt es in dieser Phase beispielsweise zu Längenwachstumsschüben und, wenn das Muskelskelett mit dem Wachstum nicht hinterherkommt, vorübergehend zu Haltungsproblemen. Mit zunehmendem Alter wird der Einklang wiederhergestellt. Das Bewegungssystem ist mit 18 Lebensjahren (sofern schon alle Wachstumsfugen geschlossen sind) meist vollständig ausgereift. Ganz besonders die Kraft und die Ausdauer sind ab dieser Phase gut trainierbar.

Berücksichtigt man diese Entwicklungsphasen bei der Auswahl einer oder mehrerer Sportarten, so können sich daraus einige Handlungsempfehlungen ableiten lassen. In den frühen Entwicklungsphasen bis zum späten Schulkindalter geht es vor allem darum, dem Kind eine große Bewegungsvielfalt zu ermöglichen und es nicht zu einer speziellen Bewegungsart zu drängen. Besonders in diesen Jahren sollten ganz viele unterschiedliche motorische Reize gesetzt und viele unterschiedliche Bewegungen erlernt werden, sodass zunächst eine motorische oder sportliche Allround-Bildung erfolgt.

Ab dem späten Schulkindalter, wenn die Kinder den Höhepunkt ihrer motorischen Lernfähigkeit erreichen, kann es sinnvoll sein, in eine bestimmte Richtung zu trainieren und sich gegebenenfalls zu spezialisieren. Denn erst ab diesem Zeitpunkt ist es dem Kind möglich, Bewegungsabläufe in koordinativer Perfektion zu erlernen. Spielt die kleine Fritzi also seit ihrem 6. Lebensjahr schon Fußball, kann es gut sein, dass sie später von Lisa ausgespielt wird – obwohl diese erst mit 11 mit dem Fußballspielen angefangen hat –, einseitiges Üben ist nicht gut! Auch für das Erlernen von weiteren Sportarten im Lebenslauf ist ein facettenreiches Bewegungslernen in der frühen Kindheit hilfreich. Denn damit wird nicht nur das Vertrauen in die motorischen Fähigkeiten des eigenen Körpers gestärkt, sondern auch Bewegungsprogramme im Gehirn gespeichert, die bei ähnlichen Bewegungen abgerufen werden. Ist ein Kind schon einmal Rollschuh gelaufen, so wird es mit großer Wahrscheinlichkeit schneller Ski fahren lernen. Und der Umgang mit

Die motorischen Lernphasen im Überblick

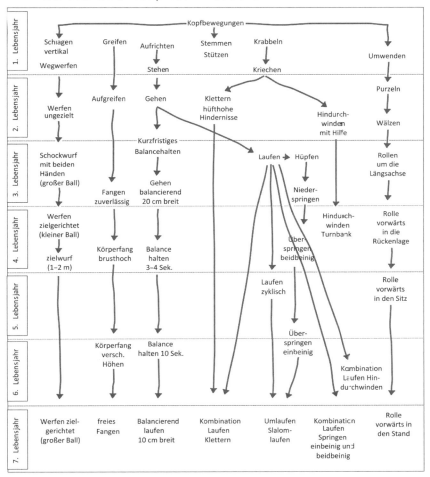

vielen verschiedenen Ballsportarten wird ein Leben lang helfen – egal ob beim Fußball, Tennis oder Golf.

Und für die, die sich mit der Entscheidung für den richtigen Sport noch schwertun, hier eine Auflistung von einigen klassischen und Trendsportarten, mit Vor- und Nachteilen und einer Empfehlung für ein minimales Einstiegsalter.

Welche Sportart passt?

Von Badminton bis Volleyball

Badminton
Badminton ist ein schneller und sehr dynamischer Sport, der eine gute Technik und viel Ausdauer erfordert. Bei diesem Sport werden daher die Ausdauer, die Körperkoordination, Schnelligkeit und die Kraft vor allem in den Beinen trainiert. Durch zwangloses Federballspielen im Garten kann man Kinder schon früh an diese Sportart heranführen. Das Badminton-Training findet dann aber in der Halle statt und beginnt in den meisten Vereinen ab dem Alter von 7 Jahren. Dort werden Techniken und Taktiken geschult. Verletzungen sind bei diesem Sport ohne gegnerischen Körperkontakt eher selten. Die Kosten für Vereinsmitgliedschaft und Schläger sind verhältnismäßig gering. Da beim Badminton, wie beim Tennis, sowohl Einzel als auch Doppel gespielt werden, wird hier sowohl das individuelle Durchsetzungsvermögen als auch das Agieren im Team gestärkt.

Ballett
Diese Sportart ist häufig ein Mädchentraum: »In rosa Tutu über das Parkett schweben!« Die Ausbildung zur Primaballerina ist allerdings nicht ohne. Kleinere Kinder werden in Ballettstunden spielerisch an die Grundelemente des Tanzens herangeführt und rennen, springen und drehen sich zunächst ohne viele Regeln zur Musik. In richtigen Ballettstunden geht es später, für Kinder ab 6 Jahren, disziplinierter zu. Bestimmte Positionen wie Spitzengang und Spagat werden trainiert und auf eine stets elegante und aufrechte Körperhaltung wird geachtet. Das Balletttraining erfordert also hohe Konzentration und Durchhaltevermögen, beispielsweise bei Dehnübungen und dem Halten von Positionen. Diese Kompetenzen können im späteren Leben sehr hilfreich sein. Durch das körperliche Training werden die Körperkoordination, die Kraft und die Beweglichkeit verbessert. Vor allem wenn es in den Bereich des

Leistungssportes wechselt, ist auf einen gesunden, achtsamen Umgang mit dem Körper zu achten. Viele Mädchen aus dem Tanzbereich eifern den in diesem Sport vorherrschenden Körperidealen nach und überschreiten gesundheitsgefährdende Grenzen. Ballettunterricht wird überwiegend von Ballettschulen angeboten, ist also etwas teurer als eine Vereinsmitgliedschaft. Das Equipment kann für Kinder relativ preisgünstig erworben werden. Richtige Ballettkurse werden für Kinder ab 6 Jahren angeboten. Für kleinere Kinder gibt es Kurse, die spielerisch an das Tanzen heranführen.

Basketball

Ähnlich wie beim Fußball werden beim Basketball hauptsächlich die Komponenten Ausdauer, Schnelligkeit und Koordination geschult. Da das Spielfeld beim Basketball deutlich kleiner als beim Fußball ist, wird hierbei die räumliche Orientierung noch präziser entwickelt. Gleiches gilt für die Koordination. Bestimmte Regeln im Basketballsport, wie beispielsweise Schrittvorgaben, zwingen den Spieler durchweg zu einer hohen Konzentration. Da im Spiel kein gegnerischer Körperkontakt erlaubt ist, sind Verletzungen durch Gegnereinwirkung im Basketball eher selten und im Kindesalter machen sich körperliche Unterschiede noch nicht sonderlich stark bemerkbar. Ganz grundsätzlich ist im Basketball allerdings zu beachten, dass hier eine geringe Körpergröße beim Anstreben des Leistungssportbereichs eine Einschränkung ist. Im Basketball werden, wie in anderen Teamsportarten, soziale Kompetenzen stark trainiert. Der Großteil der Basketballvereine bietet Training für Kinder ab 7 Jahren an.

Fußball

Der Klassiker unter den Sportarten – nicht nur für Jungs. Fußball ist zu Recht eine der beliebtesten Sportarten weltweit, denn er ist abwechslungsreich – und macht einfach Spaß!

Beim Fußball werden neben speziellen Ausdauer- und Kraftkomponenten, wie dem Krafteinsatz, auch die Körperkoordination, die räumliche Orientierung und Schnelligkeit trainiert. Darüber hinaus dient das Fußballspielen im Verein der Aneignung vieler sozialer Kompetenzen – getreu dem Motto »Fair Play« werden die Kids zu Teamplayern erzogen. Von Vorteil ist außerdem, dass körperliche Unterschiede in dieser Sportart durchaus durch technische Versiertheit ausgeglichen werden können. Außerdem kann Fußball nicht nur im Verein trainiert werden, sondern mit wenig Equipment können die Kinder auf der Straße oder auf dem Schulhof kicken. Weniger vorteilhaft zeigt sich diese Sportart in Bezug auf die Beweglichkeit – Fußballer klagen häufig schon in frühen Jahren über verkürzte Rücken- und Beinmuskulatur. Starten können Kids in vielen Vereinen bereits in den Bambini-Mannschaften (Ü7 = unter 7 Jahren).

Handball
In Bezug auf die Trainingseffekte ist Handball vergleichbar mit Basketball. Auch hier werden Ausdauer, Schnelligkeit und Koordination trainiert. Da Handball allerdings ein sehr körperbetontes Spiel ist, sind hier auch Kraftkomponenten besonders wichtig. Im Handballtraining wird daher viel Wert darauf gelegt, den Körper mit ausreichend Muskulatur zu schützen.

Im Handball gibt es ähnlich wie im Basketball bestimmte Regeln, wie Schritte zu erfolgen haben, wodurch auch hier ein hohes Maß an Konzentration erforderlich ist. Gleiches gilt für die räumliche Orientierung – Handball ist ebenfalls ein sehr schnelles Spiel auf besonders engem Raum. Auch beim Handball sind die sozialen Komponenten hervorzuheben, denn im Mannschaftsgefüge lernen Kinder sich fair und regelkonform zu verhalten. Viele Vereine bieten bereits Mini-Handball für Kids ab 4 Jahren an. Die offizielle Altersstufe für das Handballspielen fängt mit der E-Jugend allerdings erst bei 8 Jahren an.

Judo

Diese aus Japan stammende Kampfsportart vermittelt den Kindern schon früh wichtige Werte wie Respekt und Fairness. Beim Judo geht es zwar in einem direkten Zweikampf darum, seinen Gegner zu besiegen, jedoch lernen Kinder, dass sie die Praktiken außerhalb der Wettkämpfe ausschließlich zu Verteidigungszwecken anzuwenden haben. Im Judo-Training werden Würfe, Boden- und Falltechniken trainiert, welche bei guter Ausführung Verletzungen selten machen. Das Ausüben dieser Techniken erfordert von den Kindern schon früh ein hohes Maß an Konzentration, Körperbeherrschung und Fitness. Judo bietet eine ganzheitliche sportliche Grundausbildung, die die Bereiche Ausdauer, Kraft, Körperkoordination, Schnelligkeit und Beweglichkeit schult. Judo ist also ein super Allrounder. Erste Gürtelprüfungen können im Judo ab 7 Jahren durchgeführt werden. Viele Vereine bieten allerdings schon Kurse für Kinder ab 5 Jahren an, um an den Sport heranzuführen. Die Vereinsgebühren und auch die Kosten für Equipment sind beim Judo verhältnismäßig gering.

Karate

Karate ist ein japanischer Kampfsport mit chinesischen Wurzeln. Bei dieser Sportart werden Angriffs- und Selbstverteidigungstechniken wie Schlagen, Treten, Blocken und Stoßen erlernt. Viele ordnen Karate als aggressiven Kampfsport ein – diesen Ruf hat es aber, insbesondere im Hinblick auf das Training mit Kindern, zu Unrecht. Beim Karate wird der Gegner zwar durchaus aktiv angegriffen, man darf diesen aber keinesfalls verletzen. Es geht um den Sieg in einem Kampf, in welchem beide Gegner respektvoll miteinander umgehen. Ähnlich wie beim Judo ist also auch Karate eine tolle Möglichkeit, Kraft, Ausdauer, Körperkoordination, Schnelligkeit und Beweglichkeit zu trainieren. Auch bei dieser Sportart spielen Konzentration für die saubere Ausführung von Techniken und Disziplin, auch im Sinne der Impulskontrolle, eine große Rolle. Hinzu kommt die soziale Komponente, denn Karate schult den respektvollen Umgang miteinander und stärkt somit gleichzeitig das Selbstbewusstsein der Kids. Leider ist das Angebot an Karatevereinen bzw. Kursanbietern besonders in ländlicheren Gebieten häufig rar. Kurse werden häufig schon für Kinder ab 5 Jahren angeboten.

Klettern

Das Klettern ist in den letzten Jahren zur Trendsportart mutiert. In vielen Städten finden sich Kletterhallen, die entweder gesichertes Klettern am Seil oder aber Bouldern, also das freie Klettern an der Wand, anbieten. Beide Sportarten sind weniger gefährlich, als es den Anschein hat. Insbesondere beim Bouldern, also dem freien Klettern an der Wand, haben viele Eltern Angst vor Verletzungen. Doch ist die Verletzungsgefahr als verhältnismäßig gering einzuschätzen. Beim Bouldern können die Kinder nicht weit nach unten fallen, da die Kletterwände nicht über 4 Meter hinausgehen. Beim gesicherten Klettern können die Kinder nicht herunterfallen, da sie ja an einem Seil gesichert sind. In beiden Sportarten befinden sich unter der Kletterwand weiche Bodenmatten, die Stürze im Fall der Fälle zusätzlich abfangen. Klettern schult in besonderem Maße die Kraft und Ausdauer. Da die Bewegungen langsam und überlegt erfolgen müssen, wird zudem die Konzentrationsfähigkeit trainiert. Besonders hervorzuheben ist allerdings, dass Klettern das Vertrauen stärkt: zum einen das Selbstvertrauen, denn eine Wand zu erklimmen ist ein tolles Gefühl – zum anderen aber auch in die Person, die das Sicherungsseil hält. Das Übernehmen von Verantwortung für sich selbst und für andere ist dabei nicht nur direkt an der Kletterwand gefragt, sondern auch beim Prüfen der eigenen Ausrüstung. Erst wenn alle Knoten sitzen, darf man loslegen. Wobei wir auch schon beim Nachteil dieser Sportart angelangt sind: Klettern ist verhältnismäßig kostspielig, denn nicht nur die Ausrüstung, sondern auch die Kletterkurse sind mit bis zu 60 Euro monatlich auf die Dauer teuer.

Leichtathletik
Laufen, Springen, Werfen – diesen drei Teilbereichen kann man die vielen Disziplinen der Leichtathletik zuordnen. Das Leichtathletiktraining für Kinder ist oft noch nicht auf eine Disziplin spezialisiert und bietet daher eine abwechslungsreiche sportliche Grundausbildung. Denn beim Laufen, Springen und Werfen in unterschiedlichsten Ausprägungen werden Schnelligkeit, Kraft, Beweglichkeit und Körperkoordination geschult. Diese Grundlage dient bei einer späteren Spezialisierung als tolle Basis. Gerade das Trainieren für einen Wettkampf, in dem Kinder individuell glänzen müssen, schult schon früh die Disziplin und die Konzentration in Druckmomenten. Laut dem Deutschen Leichtathletik Verband können Kinder ab 8 Jahren an Wettkämpfen teilnehmen. Trainingsangebote gibt es allerdings bereits für Kinder ab 4 Jahren. In den Kursen für die ganz Kleinen legen die Trainer besonderen Wert darauf, die Kinder spielerisch und vielseitig an den Sport heranzuführen und die Grundelemente zu schulen. Leichtathletik ist also eine gute frühe Einstiegsmöglichkeit in den Sport, die zunächst wenig Equipment erfordert und mit den gängigen Vereinskosten auch keine große finanzielle Belastung darstellt.

Schwimmen
Schwimmen ist der ideale Ausdauersport, auch wird beim Bewegen im Wasser nahezu die gesamte Muskulatur beansprucht. Um ausreichend Sauerstoff in die Muckis zu bringen, muss das

Herz-Kreislauf-System natürlich harte Arbeit leisten und wird stark trainiert. Beim Wasserverdrängen für den schnellen Antrieb wird gleichzeitig auch die gesamte Muskulatur gekräftigt. Schwimmen ist aufgrund der Wassereigenschaften besonders gelenkschonend und führt gleichzeitig durch die Kräftigung der Muskulatur zu einer sehr guten Körperhaltung – Folgeschäden sind beinahe auszuschließen. Also eine tolle Sportart, in der Kinder sowohl als Einzelkämpfer als auch als Teamplayer (im Staffelwettbewerb) ausgebildet werden können. Der einzige Nachteil ist, dass das Training schnell eintönig werden kann und Kinder dann langweilt. Im Gegenzug bietet das Schwimmtraining aber eine perfekte Grundlage für andere Wassersportarten wie Surfen, Wasserball oder Wasserballett. Der Einstieg ins Schwimmtraining ist ab etwa 5 Jahren möglich, vorausgesetzt Ihr Kind kann schon schwimmen. Ansonsten ist vorher ein Schwimmkurs zu empfehlen.

Reiten

Reiten hat für viele Kinder einen ganz besonderen Reiz, weil es hierbei um die Interaktion mit einem Tier geht. Das Kind lernt mit dem Tier umzugehen, sich um ein Lebewesen zu kümmern und Verantwortung zu übernehmen – diese Kompetenzen kann es in kaum einer anderen Sportart in diesem Maße erwerben. Bei diesem Sport wird der Körper vor allem in der Koordination und dem Gleichgewichthalten auf dem Rücken der Pferde geschult. Dabei wird die Rückenmuskulatur gestärkt und das Becken aufgerichtet, sodass Reittraining langfristig gesehen einen besonders positiven Effekt auf die (Rücken-)Gesundheit hat. Da zum Reiten natürlich immer ein Pferd oder ein anderes Reittier benötigt wird, gehört es zu den eher kostspieligen Sportarten. Einerlei ob eigenes Pferd oder Reitbeteiligung – Reiten geht ins Geld. Reitunterricht wird meist für Kinder ab 6 oder 7 Jahren angeboten.

Skaten

Das Skaten ist keine klassische Sportart, die man im Verein ausübt, sondern vielmehr eine Trendsportart, die sich zu einer regelrechten Jugendkultur entwickelt hat. Das Faszinierende an dieser Sportart ist, dass Kinder das Skaten aus ganz eigener Motivation erlernen und immer wieder neue Tricks lernen wollen. Gelingen diese, steigert dies in hohem Maße das Selbstbewusstsein. Das Besondere an dieser Sportart ist zudem, dass das Skateboard nicht nur gezielt zum Sport, sondern auch als Fortbewegungsmittel genutzt wird und somit einen aktiven Lebensstil unterstützt. Trotz der Tatsache, dass Skaten eine Individualsportart ist, ist der soziale Faktor bei dieser Sportart sehr hoch. Häufig skaten Kinder und Jugendliche an dafür vorgesehenen Plätzen und tüfteln gemeinsam in offenem Umgang daran, neue Techniken zu erlernen. Häufiges Skaten trainiert sowohl die Körperkoordination als auch die Ausdauer. Da die Verletzungsgefahr je nach Fahrstil des Kindes verhältnismäßig hoch ist, sollten Schoner für Knie und Ellbogen sowie ein Helm Pflicht sein. Starten können Kinder mit diesem Sport schon ab 4 Jahren.

Tanzen

Das Tanzen dient ähnlich wie das Turnen einem guten Training der Gesamtkörperkoordination. Beim konzentrierten und präzisen Ausführen von vielfältigen Bewegungen, wie dem Drehen um die eigene Achse oder alternierenden Armschwüngen, wird eine gute motorische Ausbildung erzielt. Zusätzlich wird die Bewegungsrhythmik beim gezielten Bewegen zu Musik und Klang geschult. Je nach Art des Tanzes werden im Vergleich zum Turnen weniger die Kraftqualitäten des Kindes trainiert, sondern eher das dynamische Bewegen, die Ausdauer und die Beweglichkeit. Beim Tanzen wird somit ein gut ausgeprägtes Körpergefühl entwickelt. Dieses ist auch wichtig, wenn die Kinder sich Schritt- oder Bewegungsfolgen merken müssen, wodurch wiederum die Konzentration und die Merkfähigkeit geschult werden. Ganz besonders hervorzuheben ist an dieser Sportart, dass sie großen Raum für Kreativität im Umgang mit dem eigenen Körper zulässt. Beim Tanzen können sich die Kinder ausdrücken und nach Lust und Laune entfalten, selbst in einer vorgegebenen Choreografie. Kindertanzkurse nehmen bereits Kids ab 3 Jahren auf.

Tennis
Tennis ist im Trend und hält zurzeit die perfekten Vorbilder bereit: ob Federer oder Kerber, beide strotzen nur so von Kraft und Anmut auf dem Platz. Auch wenn es bei den Kleinen am Anfang kaum zu einem richtigen Spiel kommt, trainiert die Sportart viele motorische Komponenten. Im Tennis sind vor allem Schnelligkeit, Kondition und eine gute Technik gefragt. Ein Vorteil von Tennis ist zudem, dass dabei, obwohl es ein Individualsport ist, auch das Teamplay geschult wird, denn die Kinder müssen sowohl im Einzel als auch im Doppel Leistung bringen. Nachteil dieser Sportart ist, dass bei fehlendem ausgleichendem Training der Spielarm und die Gelenke überbelastet werden können und auch Haltungsschäden im Rücken die Folge sein können. Außerdem ist Tennis noch immer ein sehr privilegierter Sport und schlägt mit bis zu 30 Euro pro Trainingsstunde zu Buche. Richtige Tenniskurse werden für Kinder ab einem Alter von 7 Jahren angeboten. Für Kleinere gibt es Bambini-Kurse, in denen über spielerische Elemente bereits der Umgang mit dem Schläger vermittelt wird.

Trampolin
Kinder lieben es, auf Trampolinen herumzuhüpfen und sich darauf auszuprobieren. Kein Wunder, denn bei diesem Sport können sich die Kleinen perfekt austoben und Bewegungen ausprobieren, ohne sich zu verletzen. Daher findet man heute auch in zahlreichen Gärten Trampoline und Trampolinhallen

sprießen nur so aus dem Boden. Der Einstieg in diese Sportart kann also ganz einfach gestaltet werden. Möchte Ihr Kind Trampolin springen, nutzen Sie zunächst diese beiden Möglichkeiten. Und wenn die Faszination nicht abreißt, melden Sie es im Verein an. Dieser Sport wird heute schon in einer Vielzahl von Turnvereinen angeboten. Kinder ab 6 Jahren können dort das Trampolinspringen erlernen und sich auf Wettkämpfe vorbereiten, in denen bestimmte Elemente gesprungen werden. Das Trampolinspringen ist wie das Turnen ein Allrounder und trainiert im besonderen Maße die Körperkoordination, die Kraft sowie die Beweglichkeit und Ausdauer. Ein Vorteil des Trampolinspringens gegenüber dem Turnen ist es, dass die Belastung für die Gelenke aufgrund der federnden Wirkung des Turngeräts geringer ist.

Turnen

Turnen ist die unangefochtene Nummer eins für den Sporteinstieg. Woran das liegt, lässt sich an einem tollen Beispiel aus meiner Uni-Karriere zeigen: Die Sportstudenten, die in ihrer Kindheit und Jugend geturnt hatten, waren in den vielen Sportarten, die man sich während des Studiums aneignen musste, die absoluten Schnelllerner! Das liegt daran, dass kaum eine Sportart alle wichtigen motorischen Grundfertig- und -fähigkeiten (wie beispielsweise das Drehen um alle Körperachsen, Hangeln, Rollen oder Laufen) so gut trainiert wie das Turnen. Das Turnen bietet somit eine perfekte Grundausbildung, auf die man im späteren Leben, im Alltag oder im Sport, aufbauen kann. Dabei werden in starkem Ausmaß Komponenten der Ganzkörperkoordination, wie Gleichgewichtssinn oder räumliche Orientierung, geschult. Neben der Ganzkörperkoordination werden beim Turnen zudem Kraft und Beweglichkeit des gesamten Körpers extrem trainiert. Turnangebote gibt es schon für ganz Kleine, die sich beim Eltern-Kind-Turnen schon ab ca. 2 Jahren austoben können. Viel mehr noch als bei anderen Sportarten spielen beim Turnen auch die Konzentration und die Überwindung von Angst eine große Rolle, wodurch Turnen schöne Erfolgserlebnisse mit sich bringt und das Selbstbewusstsein und den sicheren Umgang mit dem eigenen Körper stärkt. Für ältere Kinder gibt es neben dem klassischen Turnen an Geräten oder am Boden noch zahlreiche Varianten wie beispielsweise Rhönrad-Turnen, Akrobatik oder Rhythmische Sportgymnastik. Der Nachteil dieser Sportart liegt in der starken Belastung für Gelenkstrukturen wie Wirbelsäule oder aber Sprunggelenke, besonders natürlich bei intensiver Ausübung.

Volleyball
Bei dieser schnellen und anspruchsvollen Sportart werden Kondition, Schnelligkeit, Körperkoordination und spezielle Kraftqualitäten wie die Sprung- und die Schlagkraft trainiert. Da es bei diesem Sport keinen Körperkontakt mit dem Gegner gibt, ist die Verletzungsgefahr sehr gering – vorausgesetzt, Knie und Ellbogen werden mit Schonern geschützt. Volleyball schult die Teamfähigkeit besonders, denn alle Spieler müssen zusammenwirken, um den Ball über das Netz zu bringen. Aus diesem Grund sind auch bestimmte Rituale des Teamplays, wie das ständige Abklatschen oder gegenseitige Anfeuern, feste Bestandteile des Volleyballs. Gerade diese Sportart bietet sich also an, sportliche Freundschaften zu knüpfen und sich in einem sozialen Gefüge zurechtzufinden. Da die Techniken im Volleyball recht komplex sind, bieten die meisten Vereine ein Training für Kinder ab 8 Jahren an. Hierbei spielt natürlich auch die Körpergröße der Kinder eine Rolle. Zu kleine Zwerge haben noch kaum eine Chance, den Ball über das mehr als 2 Meter hohe Netz zu bringen. Dadurch, dass kaum Equipment nötig ist und ausschließlich Vereinsgebühren anfallen, ist diese Sportart relativ günstig.

No-Go-Sportarten für Kinder – auch wenn Papa es will!

Ganz eindeutig steht bei Kindern immer der Spaß im Vordergrund. Doch manche Sportarten wollen einfach keinen Spaß machen. Vor allem nicht, wenn sie Kindern aufoktroyiert werden. Ein klassisches Phänomen: Papa geht joggen, und weil es zeitlich sonst nicht passt, wird der Kleine direkt mit durch den Stadtwald gezerrt. Das beobachte ich ständig. Die ganz Kleinen dürfen dann noch mit dem Rad nebenherfahren. Sind sie etwas größer, müssen sie wie Hunde nebenherhecheln. Das sollte nicht sein! Gleiches gilt für Fahrradtouren. Sind diese moderat angesetzt mit ausreichend Pausen (zum Essen, Trinken, aber auch Spielen!), können sie Kindern Spaß machen. Aber aus Erfahrung wissen wir: Wenn Kinder zu lange radeln oder gar spazieren sollen, wird ihnen langweilig. In der Folge quengeln sie und sind unzufrieden. Sportliche Eltern neigen oft dazu, ihrem Kind zu viel zuzumuten. Im Sporturlaub wird dann ein vierstündiges Auf- und Abradeln mit dem Mountainbike knallhart durchgezogen. Überbelastung oder Langeweile beim Sport werden von Ihrem Kind gleichermaßen von diesem Zeitpunkt an als negative Erlebnisse abgespeichert. Bewegung sollte vom Kindesalter an aber möglichst immer positiv belegt sein, damit kindliche Bewegungslust langfristig aufrechterhalten werden kann.

Motivationstricks für Eltern

Was Hänschen nicht lernt, lernt Hans nimmermehr?

Stimmt! Zumindest in den meisten Fällen. Denn wie in den vorangegangenen Kapiteln ganz deutlich erklärt wurde, legen wir bereits ab dem Säuglingsalter das Fundament für die motorische Entwicklung unseres Kindes. Das bedeutet zunächst, dass wir unseren Kindern mit ausreichenden Bewegungsreizen dabei helfen, sich motorisch zu entwickeln. Diese sollen wie beschrieben zu Beginn noch sehr vielfältig sein und erst später, ab dem späten Schulkindalter, auf eine bestimmte Sportart spezialisiert werden. Erfolgt zu diesem Zeitpunkt keine Spezialisierung, sondern wird weiter vielfältig Sport betrieben, ist das auch gut. Auch zu einem späteren Zeitpunkt kann der Einstieg in eine Sportart immer noch gelingen. Allerdings wird das motorische Lernen mit steigendem Alter immer schwerer.

Von der Kindheit an bis zum jungen Erwachsenenalter sind wir sehr gut in der Lage, durch Üben neue Bewegungen zu erlernen. Allerdings kann ein Kind, welches bereits ab dem 9. Lebensjahr im Turnverein trainiert, kaum von einer Jugendlichen, die erst mit 17 Jahren in diesen Sport einsteigt, eingeholt werden. Aber auch hier muss man nochmal einmal unterscheiden: Hat die 17-Jährige bis zum Einstieg in den Turnsport einen anderen Sport betrieben, der ihre koordinativen Fähigkeiten geschult hat, wird es ihr leichter fallen, diese in die neue Sportart einzubringen. Eine 17-Jährige hingegen, die sich nun zum ersten Mal in einer Sportart versucht und die vorher eher wenige Bewegungserfahrungen gemacht hat, wird kaum in der

Lage sein, den Turnsport adäquat zu erlernen. Dieses Beispiel soll zeigen, dass jeder Mensch zuvor gemachte Bewegungserfahrungen auf neue Bewegungen übertragen und diese somit schneller erlernen kann. Und genau aus diesem Grund stimmt die Floskel mit Hänschen und Hans.
Ein typisches Beispiel ist in diesem Zusammenhang das Skifahren oder das Snowboarden. Ich habe die Erfahrung gemacht, dass die Schneesportler, die schon von Kindheit oder Jugend an Ski oder Snowboard fahren, sich viel sicherer und geschmeidiger auf der Piste bewegen. Andere, die erst im Erwachsenenalter eingestiegen sind, haben dagegen Probleme. Kein Wunder, denn im reifen Erwachsenenalter ist nicht nur unsere motorische Lernfähigkeit bereits herabgesetzt, sondern es kommt noch ein anderer Faktor hinzu: Angst und Respekt! Während Kinder im Lernprozess die Piste ohne Rücksicht auf Verluste herunterbrettern, fällt es Erwachsenen zunächst schwer, Geschwindigkeit aufzunehmen und sich etwas zu trauen, denn sie befürchten einen Sturz und Verletzung. Und um zu vermeiden, dass Hans etwas nimmermehr lernt, schlagen wir folgende Devise vor: Früh übt sich vielseitig, wer ein Meister werden will.

Gesundheit ist das falsche Argument

Sie haben eigentlich echt Glück. Zu nichts kann man Kinder besser bringen als zur Bewegung. Im Regelfall legt Ihr Kind von ganz alleine los: toben, rumspringen, fangen, raufen! Sie brauchen dazu keinen Druck ausüben, müssen nicht mit dem Zeigefinger mahnen. Das ist sicher bei anderen Dingen, wie etwa Hausaufgaben, Müll runterbringen und Zimmer aufräumen, anders. Leider aber gilt die hohe Eigenmotivation der Kinder auch für den Computer, die Spielekonsole, das Handy, den

Fernseher. Und schon stecken wir im Dilemma. Denn alle diese Freuden des Lebens üben ebenfalls einen großen Reiz aus und werden gerne sofort absolviert. Oder können Sie sich vorstellen, dass Ihr Kind nörgelnd »kein Bock« murmelt und total schlechte Laune bekommt, wenn Sie völlig autoritär befehlen: »Jetzt aber schnell, zwei Stunden Fernsehen müssen noch sein, eher geht es nicht ins Bett!« Ich glaube, das wäre eher unvorstellbar. Wahrscheinlicher ist dann leider das etwas mürrische Gesicht bei dem Vorschlag, noch etwas rauszugehen zum Spielen. Aber damit muss man leben. Auch mit der Tatsache, dass es eben manchmal etwas Mühe kostet, vom Sinn der Dinge zu überzeugen. Bei Erwachsenen ist das ja schon schwierig genug. Fassen Sie sich mal an die eigene Nase und betrachten Sie Ihre eigene Motivation zum Thema Bewegung. Schon werden Ihnen viele Situationen einfallen, in denen Sie auch die Couch bevorzugt haben. Mit allerlei Tricks und Ausreden! Dabei gibt es aus psychologischer Sicht jede Menge guter Gründe, Sport zu treiben.

Bewegungsmotiv

Man möchte den Reiz, die Sensationen, die Lust genießen, die in den Bewegungen selbst liegen können.

Ästhetischer Reiz

Man möchte Bewegungen so ausführen können, dass sie einem selbst und andern gekonnt, kunstvoll, beeindruckend, schön u. Ä. erscheinen.

Gesundheitsmotiv

Man sucht den körperlichen Ausgleich, die – möglichst umfassende – körperliche Beanspruchung und das aus ihr hervorgehende Wohlbefinden. Man erwartet sich davon auch positive Wirkungen auf die Gesundheit und die Figur.

Leistungsmotiv

Man will sich etwas vornehmen, sich etwas abverlangen, sich an Aufgaben messen und mit anderen vergleichen; man will seine Möglichkeiten und Grenzen erkennen, die Anerkennung anderer und ein Bewusstsein des eigenen Wertes bekommen.

Spielmotiv

Man sucht Situationen mit einem ungewissen Ausgang, der uns zwar etwas bedeutet, aber nicht bedroht – Situationen, die damit Spannung, Risiko, Abenteuer bieten.

Anschlussmotiv

Man sucht das Zusammensein mit anderen, Kontakt, Kommunikation und Austausch, das Gefühl von menschlicher Nähe und Geborgenheit.

Kinder lassen sich also nicht aus Gesundheitsmotiven zu Sport bewegen. Die spielen in deren Lebenswelt keine Rolle. Auch für die Aspekte Bewegung, Ästhetik und Leistung ist Ihr Kind vermutlich noch nicht zugänglich. Zumal die Leistung erst dann eine Rolle spielt, wenn eine überzeugende Einstellung zum Sport entwickelt wurde. Nein, für Kinder sind sicher die Motive Spiel und Anschluss entscheidend. Darüber ist jedes Kind motivierbar! Dabei entwickelt sich dann auch die Freude: der eigentliche Beweggrund, warum Kinder sich für den Sport motivieren lassen. Der Mangel an Lust und Freude wiederum ist auch der Hauptgrund, warum eine Sportart aufgegeben wird. Das Kind wird durch Freude motiviert, es möchte erwünscht und aufgewertet sein, sich aber auch unterhalten fühlen. Deshalb ist es nicht verwunderlich, dass Ihr Kind es vermutlich besser findet, in einem Team zu spielen, das verliert, als auf der Bank des Teams zu sitzen, das gewinnt. Das Kind, das sich nicht amüsiert, keine Freude hat, verliert rasant sämtliches Interesse am Sport. Freude am Sport entwickelt sich folglich, wenn dieser die Möglichkeit bietet Spaß zu haben, sich zu verbessern, einer Gruppe anzugehören, Erfolg zu haben, Anerkennung zu ernten oder etwas Aufregendes zu erleben! Andererseits wird Sport uninteressant für Ihr Kind, wenn es sich langweilt, der Erfolg ausbleibt, der Druck zu groß ist oder wird, wenn Familie/Eltern nicht daran interessiert sind und, was ganz entscheidend sein kann, wenn seine Freunde damit aufhören oder wenn es keinen Spaß mehr daran findet. Das Kind sollte die Möglichkeit haben, allerlei sportliche Erfahrungen zu sammeln. Indem es mehrere Sportarten praktiziert, entwickelt es vielfältige Fähigkeiten und eignet sich so eine fürs ganze Leben nützliche Bewegungskompetenz an. Wie schon erwähnt: Eine zu frühe sportliche Spezialisierung nimmt dem Kind die Möglichkeit, diverse Sportarten kennenzulernen. Sie als seine Eltern sollten es von einer zu frühen Spezialisierung auf einen Sport abhalten. Wenn es als Jugendlicher spezielle Fähigkeiten für einen Sport entwickelt, ist es meist immer noch früh genug, intensiver einzusteigen. Zumal eine zu frühe Spezialisierung Risiken aufweist, die sich auch auf die Motivation niederschlagen können. Langeweile und zu einseitige Belastung steuern ihren Teil dazu bei, dass Ihr Kind der immer gleichen Sportart überdrüssig werden kann. Situationen, in denen Sport mit schlechten Gefühlen verbunden wird, sollte man also möglichst vermeiden.

Oder stellen Sie sich vor, Ihr Kind müsste aus Verletzungsgründen, vielleicht aber auch aus finanziellen Gründen mit einer geliebten Sportart aufhören. Dann wäre es wichtig, Alternativen zu finden, die dieses Loch füllen könnten. Versuchen Sie, Ihre Kinder für Aktivitäten zu interessieren, die sie auch im späteren Leben ausüben können: also ein wenig Fußball, Gymnastik, aber auch Schwimmen, Laufen, Radfahren, vielleicht auch Skifahren. Diese breite Fächerung reduziert den Druck, vermittelt die Freude am Erlernen neuer Bewegungsabläufe und dass Mitmachen das Wichtigste im Sport ist. Das kleine Kind sollte ermuntert werden, verschiedene Sportarten auszuprobieren. Einen Sport aufzugeben kann manchmal eine vernünftige Entscheidung sein, wenn das Interesse nicht mehr vorhanden ist oder wenn es an ihm keinen Gefallen mehr findet. In diesem Falle könnte eine Fortsetzung dieses Sports eine negative Auswirkung haben – wie oben schon beschrieben. Die Kinder wissen häufig als Erste, wenn ein Sport nicht ihren Fähigkeiten oder ihren Interessen entspricht. Es ist wichtig, nach dem Grund zu suchen, warum das Kind den Sport aufgeben will. Diese Gründe können vielfältig sein. Einige Tipps dazu finden Sie am Ende dieses Kapitels.

Eltern als Vorbilder

»Das Leben der Eltern ist ein Buch, in dem die Kinder lesen.«
Augustinus Aurelius

Nicht nur am Spielfeldrand können Eltern durch ihr Verhalten die sportliche Entwicklung ihres Kindes prägen. Eine unbewusste Prägung findet vielmehr im Alltäglichen statt. Die sportliche Entwicklung kann folglich sehr stark durch ihr Verhalten beeinflusst werden.

Laut aktueller Studie haben knapp 60 Prozent der Jugendlichen ein Vorbild. Bei der Mehrheit der Vorbilder handelt es sich um Prominente und Stars aus den Medien: Fußballer oder Popstars. Mama und Papa aber belegen erstaunlicherweise noch immer die ersten Plätze in der Hitliste der Vorbilder. Das galt auch schon zu Zeiten des Augustinus Aurelius – und der Philosoph und Kirchenvater lebte vor mehr als 1500 Jahren!

Ein glatter Widerspruch also zu der These, dass sich die Dinge ändern. Ohne den Einfluss moderner Medien dasselbe Ergebnis wie heutzutage! Außer an Eltern und Freunden orientieren sich heute Mädchen meist an Schauspielerinnen oder Models, während Jungen sich verstärkt Sportler als Idol wählen.

Warum ist das aber so? Von der Geburt an beginnen Kinder das Verhalten von Erwachsenen nachzuahmen. Das macht Eltern – ob wir uns dessen nun bewusst sind oder nicht – zu Vorbildern. Durch das, was die Eltern ihnen vorleben, erlernen Kinder Verhaltensweisen, übernehmen Einstellungen und Gefühlsrepertoire – mehr noch als durch gezielte Erziehungsmaßnahmen oder wortreiche Erklärungen. Und genau darin liegt eine große Chance für entspannte und erfolgreiche Erziehung. In den ersten 7 Lebensjahren ist das Nachahmen die wichtigste kindliche Lernmethode und auch später, wenn die intellektuelle Auseinandersetzung mit den Aufgaben des Alltags zunimmt, behält das Lernen am Vorbild noch eine hohe Bedeutung. Da liegt es auf der Hand, dass Eltern bei dieser Art von Lernen eine besondere Rolle spielen. Durch ihr Verhalten im Alltag und im Umgang mit dem Kind vermitteln sie, was es bedeutet, Rücksichtnahme zu üben, geduldig zu sein, Vorsicht walten zu lassen, Regeln einzuhalten und besonnen, freundlich und liebevoll zu sein. Im Idealfall geschieht dies nicht ausdrücklich oder mit der erklärten Absicht, das Kind beeinflussen zu wollen, sondern indem sich die Eltern ganz »normal« so verhalten. Ein gutes Vorbild zu sein heißt ja nicht, sich ständig wie auf einer Bühne zu fühlen. Dennoch ist es sicher sinnvoll, das eigene Verhalten immer mal wieder zu reflektieren. Und das gilt dann auch für Sie als sportliches Vorbild.

Für viele Wissenschaftler steht diese Funktion in der Vermittlung von Sport an erster Stelle. Eltern haben es in der Hand. Eine sportliche Mutter verdoppelt die Chance auf ein aktives Kind, ein sportlicher Vater verdreifacht sie. Sind beide ähnlich sportlich und zeigen das auch ihren Kindern, so ist die

Chance sogar sechsmal so hoch. 38 Prozent der Kinder aktiver Eltern treiben 6 Stunden oder mehr in der Woche Sport, bei den Kindern inaktiver Eltern sind es nur 29 Prozent. Entsprechend liegt der Prozentsatz der Kinder, die über den Schulsport hinaus inaktiv sind, bei ebenfalls inaktiven Eltern bei 21 Prozent, bei aktiven Eltern hingegen nur bei 12 Prozent. Das zeigt deutlich: Eltern können durchaus Vorbild sein, dürfen ihre Funktion aber nicht zum Einlösen eigener verpasster Chancen missbrauchen.

Kinder kommen zum Sport über Freunde, Lehrer oder eben über die Eltern. Und auch die haben natürlich ihre ganz eigene sportliche Sozialisation erfahren. Das könnte im schlimmsten Fall dazu führen, dass Sport keine deutliche Rolle im Leben der Familie spielt. Eltern legen zwar oft großen Wert auf guten Sportunterricht in Kindergarten und Schule, haben aber durch die Doppelbelastungen von Familie und Beruf selbst oft wenig Zeit zum Toben, für Unternehmungen und Sport mit ihren Kindern. Dann wird Bewegung delegiert, frei nach dem Motto: Macht ihr mal, was ich nicht schaffe oder kann. Vielleicht wäre es zum Wohle des Kindes aber schön, wenn wenigstens der Anstoß zum unbeschwerten Toben als Initialzündung für den Sport noch von den Eltern käme. Auf der einen Seite geben Eltern also gerne ab, auf der anderen lassen sie aber nicht gerne los. Deshalb gibt es zu viele »pädagogische Käfige«, also Orte, wo Kinder überwacht werden. Sei es im Kinderzimmer, im Hort, in der Turnhalle, auf Spielplätzen. Der Kinderpsychologe Marc Francis spricht in diesem Zusammenhang von einer »eingesperrten Kindheit«. Hatten Kinder in Deutschland vor 20 Jahren einen Spielradius von 20 km, bewegen sie sich heute höchstens 4 km von zu Hause fort und halten sich dann fast ausschließlich in »Gehegen« wie Trainings- oder Spielplätzen auf. In England spielen 33 Prozent aller Kinder bis zu 10 Jahren nie ohne Aufsicht Erwachsener im Freien. Auch ich habe noch den Satz meiner Großmutter im Ohr, die bei unseren Spielen im Freien am Nachmittag im Fenster lag und unsere Spielwut mit den Worten beendete: »Kinder, kommt rein, mir ist kalt.« Nichts gegen meine Großmutter, bei der ich ansonsten tolle Erlebnisferien verbrachte, ohne mich übrigens – außer den üblichen Schürfwunden – jemals ernsthaft zu verletzen. Es ist kein Wunder, wenn Kinder kaum noch in der Lage sind, Spiele zu erfinden, und die Eltern dauernd fragen, was sie machen sollen.

Dieselben Eltern amüsieren sich dann übrigens abends beim Vorlesen (schön, wenn sie das denn noch tun!) über die Späße von Michel aus Lönneberga – würden sich die eigenen Kinder aber so aufführen, wäre das Wartezimmer eines AD(H)S-Spezialisten die nächste Station. Jedes vierte Kind unter 8 Jahren war nämlich schon einmal bei einem Therapeuten (Ergotherapeut, Logopäde oder Kinderpsychologe). Dies sagt, so Experten, mehr aus über die neurotischen Ängste der Eltern als über das Wesen der Kinder. Eines der erfolgreichsten Sachbücher in England war in den vergangenen Jahren das »Dangerous Book for Boys«. Hier wird Jungen erklärt, wie man Feuer macht, Pfeile schnitzt oder ein Baumhaus baut. All das können die heutigen Kinder nicht mehr – oder könnten sie es, wenn sie es denn dürften?

Was kann Alltagsbewegung fördern, wenn schon alle Welt gerne mit Bus, Bahn oder Auto fährt? Ist Rad fahren oder hier und da einfach zu Fuß gehen nicht gesünder? Leider werden diese Fortbewegungsarten oft als riskanter eingestuft als das Autofahren, das zusätzlich auch noch unserer Bequemlichkeit so entgegenkommt. Deshalb hemmt auch die Ängstlichkeit der Kinder, die ja meist von den Eltern stammt, beispielsweise den Sprung aufs Fahrrad. Unfälle, Diebstähle, körperliche Gewalt sprechen für viele Eltern gegen ein Erkunden des Nahbereichs zu Fuß oder mit dem Fahrrad. Experten fordern dementsprechend, bei Kampagnen nicht nur die Gesundheitsförderung in den Mittelpunkt zu stellen, sondern auch auf die Veränderung der Einstellung von Eltern zu zielen, damit diese künftig das Übermaß an Behütung und Sicherheitsdenken aufgeben.

Ohne Druck, mit viel Spaß und vor allem mit viel Verständnis können Sie Ihrem Kind ein Vorbild sein. Das gilt für die Fahrt mit Rad genauso wie für den Spaziergang. Vor allem sollten Sie zeigen, dass auch bei Eltern nicht alles gleich klappt und selbst Papa nicht in jedem Bereich eine Sportskanone ist. Auch Schwäche zeigen kann vorbildlich sein, ebenso das Bemühen beim Lernprozess: So zeigen Sie Ihrem Kind: »Ich kann, wenn ich will – auch wenn es nicht beim ersten Mal klappt.«

Vorbildfunktion übernehmen Sie als Elternteil aber nicht nur, wenn es um den Weg zum Sport geht. Ihr Verhalten während des Sports ist ebenso wichtig. Die Frage ist nämlich, ob Sie am Spielfeldrand genauso viel Fairness walten lassen, wie Sie von Ihrem Kind auf dem Platz oder beim Wettkampf erwarten. Sind Ihre Rufe von außen als Ermunterung gemeint oder setzen Sie ihr Kind damit unnötig unter Leistungsdruck? Bringen Sie keine Aggressionen ins Spiel! Denken Sie immer daran: Es ist nicht wichtig, dass Ihr Kind jedes Spiel gewinnt, sondern dass es den Spaß am Sport behält. Und dazu muss nicht immer gewonnen werden. Ihr Kind hat feine Antennen für Ihre Einstellung zum Sport und hört mehr, als Sie denken. Bald werden Sie Ihre eigenen Verhaltensweisen bei Ihrem Kind erkennen. Wenn Sie darüber nicht erschrecken wollen, geben Sie sich also Mühe! Es erübrigt sich nämlich die Frage, woher er/sie das wohl hat. Immer auch von Ihnen!

Später, wenn Freunde, Mitschüler und das sonstige soziale Umfeld den vorrangigen Einfluss auf Ihren Teenager gewinnen, wird es nicht so einfach, die Begeisterung für den Sport weiter lebendig zu halten. Nicht zu vernachlässigen ist hier auch der Einfluss der Erzieher und Lehrer in der Kita und der Schule. In dieser Phase ist der Vorlauf von entscheidender Bedeutung: Sind, vielleicht gerade über den Sport, bestimmte Wertevorstellungen vermittelt worden, können Teenager stark sein gegenüber den Fallstricken des Erwachsenwerdens, wie beispielsweise Drogen etc. Wer in der Lage ist, eigenständige Entscheidungen zu treffen, wird sich in bestimmten Situationen auch einfacher durch ein »Nein« abgrenzen können. Und es auch so meinen. Es ist für Kinder eine wichtige Erfahrung, sich selbst als wirkungsvoll zu erleben, so das Credo von Sportpsychologen. Diese positiven Erlebnisse verbinden sie mit etwas Glück ein Leben lang mit Sport.

Tipps, um den Bewegungsdrang zu fördern

Ein bewegter Alltag – angefangen beim täglich zu Fuß zurückgelegten Schulweg bis hin zum Abendspaziergang mit den Eltern – hält den Nachwuchs fit und gesund. Kinder bewegen sich von Natur aus sehr gern. Ein Kleinkind lernt laufen, es fällt hin, steht wieder auf und erfreut sich an seiner Beweglichkeit. Diese natürliche Bewegungsfreude gilt es von klein auf zu fördern – zuallererst, indem man sie nicht mit ständigen Verboten und besorgten Ermahnungen einschränkt. Man braucht nicht dauernd Angst haben, dass den Kindern etwas passiert. Von sich aus machen die Kleinen meist nur, was sie auch können oder was an der Grenze zu dem liegt, was sie können. Es ist für den Nachwuchs wichtig und spannend, die eigenen Grenzen auszureizen, um die eigenen Fähigkeiten erweitern zu können. Kleinkinder bewegen sich aus reiner Freude und um Neues (kennen) zu lernen. Schulkinder brauchen zusätzlich den Wettkampf: Sie wollen sich messen und vergleichen, wer schneller laufen oder den Ball weiter werfen kann.

Mit kleinen Maßnahmen können Sie die Kinder zu mehr Aktivität anspornen. Beispielsweise kann man zu Hause kleine Bewegungsparcours über Tisch und Bänke bauen. Wer sich bewusst macht, dass er auf diese Weise in den aktiven Lebensstil der Sprösslinge investiert, nimmt auch die vorübergehende Verwüstung der Wohnung leichter in Kauf. Andere Möglichkeiten: beim Ausflug ins Grüne einen Fußball zum Kicken einpacken, durch den Wald laufen, auf Entdeckungsreise gehen, Höhlen erforschen, gemeinsam auf kleinere Felsen oder Bäume klettern. Kinder sind von Natur aus aktiv, man muss nur das Umfeld für Bewegung schaffen, sich dafür Zeit nehmen – und selbst Bewegung vorleben. Das bestätigen auch viele Experten. Spielerische Herausforderungen wie »Kannst du über den Baumstamm balancieren?« oder »Springen wir über den Bach dort!« klingen nach Abenteuer und machen Spaß.

Motivieren bedeutet ein ständiges Stärken des Selbstbewusstseins, aber auch der Selbstständigkeit. Wenn Ihr Kind schon einen Sport betreibt, ist es nicht von Nachteil, wenn auch die positiven Werte von Leistung hervorgehoben werden. Dies gilt für die Leistungsbereitschaft genauso wie für die Leistungsfreude. Auch sollte die Zuversicht vermittelt werden, dass sich irgendwann der Erfolg einstellt. Die größte Herausforderung wird sein, Sport in den Alltag zu integrieren. Statt Bewegung ins Fitnesscenter auszulagern, könnte ja auch zu Hause ein aktiverer Lebensstil gefördert werden. Am besten macht die ganze Familie mit – das motiviert am meisten!

Weitere Tipps

— Kinder brauchen die tägliche Bewegung. Also sollte auch zu Hause Platz sein fürs Toben, etwa für eine Kissenschlacht.
— Kinder brauchen andere Kinder zum Spielen. Fördern Sie Verabredungen: damit sich die Kinder real treffen, nicht virtuell.
— Lassen Sie Ihre Kinder draußen spielen, auch schlechtes Wetter ist keine Ausrede. Die kommt dann sowieso meist von den Eltern. Es gibt kein schlechtes Wetter. Sie wissen es längst: Es gibt nur schlechte Kleidung.
— Aus vielen Alltagsdingen wie Kartons oder Luftballons können mit etwas Fantasie Spiele entwickelt werden. So werden

Kartons zu Schiffen, die sich über die See bewegen. Und nach Luftballons zu springen macht einfach allen Spaß.
— Zu Fuß mit Hund oder auch mit dem Rad unterwegs zu sein ist besser als mit dem Auto. Und warum nicht die Treppe nehmen statt des Aufzugs? Abwechslung ist ebenfalls wichtig: Auch Roller und Inliner sind sportlich. Selbst der Spaziergang muss nicht langweilig sein: Man kann den Gang durch den Wald auch mit ein paar Spielen aufpeppen.
— Verschenken Sie zum Geburtstag oder zu Weihnachten Geschenke, die zur Bewegung anregen.
— Regelmäßiger Sport in einem Verein wäre ideal, am besten mit Freunden, ohne Zwang und ohne Verbalisierung gesundheitlicher Argumente (»du bist zu dick«). Nutzen Sie Schnupperstunden. Ganz wichtig: Gehen Sie nicht von Ihren eigenen Vorlieben aus: Ihr Kind steht im Vordergrund!
— Bringen Sie Ihrem Kind das Schwimmen bei! Und gehen Sie dann auch öfter mit ihm schwimmen, sei es in einem Bad oder einem See.
— Lassen Sie Ihre Kinder beim Sport nicht allein. Gehen Sie mit gutem Beispiel voran, indem Sie sich ebenfalls aktiv bewegen, im besten Fall mit den Kindern zusammen.
— Und bei allen Aktivitäten denken Sie daran: Kinder brauchen Pausen zur Erholung. »Einfach mal nichts machen« ist manchmal sehr sinnvoll: Wir brauchen auch Zeit zum Träumen oder einfach zum Chillen.

Kleine Spitzensportler

»Das ist der geborene Fußballer!« – ein Satz, den man häufig hört, besonders von Vätern, die sich wünschen, das der kleine Windelpupser demnächst der neue Reus oder Ribéry wird und damit in die Fußballschuhe des natürlich auch sehr talentierten Vaters schlüpft. Der Wunsch ist dabei der Vater des Gedankens. Sportliches Talent lässt sich generell nur sehr schwierig erkennen. Ganz unabhängig von der Frage, ob Sportlichkeit oder sportliche Anlagen überhaupt vererbbar sind. So einfach liegen die Dinge eben leider nicht, sonst würden aus allen Kindern berühmter Sportler ebenfalls gute Sportler werden. Auch wenn das manchmal klappt, wie bei Doppelolympiasiegerin Rosi Mittermaier und dem sechsfachen Weltcupsieger Christian Neureuther. Felix Neureuther, der Sohn der beiden, macht sich als Skifahrer ebenfalls ganz ordentlich. Auch wenn der große Wurf für die Vererbungstheoretiker noch fehlt. Ob ein Kind bewegungsfaul oder sportlich wird, liegt nicht am Erbgut, sondern hängt ganz wesentlich von seiner Umwelt ab. Felix Neureuthers Weg hätte auch anders verlaufen können, wäre er etwa in einer anderen Umgebung aufgewachsen. So aber konnte er sich dem Skifahrer-Umfeld seiner Familie nicht entziehen. Keine Frage also, dass er auch sportlich wurde. Und mit seinen Anlagen hatte er natürlich Glück. Denn ohne die könnte er heute vielleicht gut, aber nicht unbedingt erfolgreich Ski fahren.

Es ist eine große Freude und ein weiterer Beweis, dass unsere Hauptfunktion als Eltern nicht nur die des Geldgebers und Nahrungsbeschaffers ist: Wir können durch Erziehung die Entwicklung unseres Kindes positiv beeinflussen. Denn auch wenn die Eltern nur Sesselhocker waren, kann das Kind ein Olympiasieger werden. Vorausgesetzt, sie fördern und unterstützen ihr Kind und schaffen ihm positive Anreize zum Thema Bewegung und Sport.

> **Die drei Komponenten sportlichen Talents**
>
> — *Talentsuche: Um sportliche Talente mit spezifischen genetischen Dispositionen ausfindig zu machen, hält man in Vorschuleinrichtungen, Schulen und Vereinen nach ihnen Ausschau. Wenn alles gut läuft, werden die talentierten Kinder und ihre Eltern dann optimal beraten und gelenkt. Talentsuche ist kein einmaliges Ereignis, sondern findet ständig statt.*
> — *Talentbewahrung: Versucht Persönlichkeitseigenschaften zu stärken, die Talente veranlassen, langfristig mit Geduld, Fleiß und Training sportlichen Erfolg anzustreben.*
> — *Talentförderung: Kümmert sich um bestmögliche Trainingsbedingungen mit fähigen Trainer/-innen sowie ein unterstützendes privates und soziales Umfeld.*

Erbgut oder Erbschlecht?

Mit der Vererbung ist das so eine Sache. Eine Glückssache nämlich, was sich da wie kombiniert. 46 Chromosomen hat der Mensch, 23 vom Papa, 23 von der Mama. In diesen Chromosomen steckt das Erbgut mit bis zu 10 000 Genen. Allein durch deren Kombinationsmöglichkeiten könnten 64 Billionen verschiedene Kinder erzeugt werden. Also kann die Bemerkung »das hat er/sie aber von dir« zwar stimmen, aber es können auch noch genetische Faktoren aus der weitergefassten familiären Vergangenheit mitmischen.

Es gibt aber durchaus Faktoren, welche die Vererbung bestimmter Eigenschaften begünstigen. Bekommt ein Kind zum

Beispiel von einem Elternteil die Erbinformation für blaue Augen und vom anderen die für braune Augen, so wird es braune Augen haben, da das Merkmal braune Augen dominant ist. Die Erbinformation für blaue Augen bleibt jedoch erhalten und kann an die nächste Generation weitergegeben werden. Es kann also durchaus vorkommen, dass die blauen Augen irgendwann noch einmal in der Familie auftauchen. Mit Talent verhält es sich ähnlich: Wird ein Kind nicht gefordert, gefördert und trainiert, wird man eine von den Eltern oder Großeltern weitergegebene Veranlagung nicht erkennen können. Was nützt eine genetisch tolle Ausstattung mit schnellen Muskelfasern (Merkmal eines Sprinters), wenn das Kind nie schnell läuft? Und selbst wenn das Kind gefördert und trainiert wird: Die Entwicklung hat dort ihre Grenzen, wo die genetischen Anlagen eine Weiterentwicklung nicht mehr gestatten. Das Erbgut, das so individuell ist wie die Person selbst, bestimmt also auch im Bereich Sport ganz wesentlich, welches Niveau später erreicht werden kann. Nicht jedes Kind kann ein guter Handballer, Volleyballer oder Tischtennisspieler werden. Es hat sich in der Sportmedizin die Erkenntnis durchgesetzt, dass dazu die jeweiligen optimalen Erbanlagen vorhanden sein müssen und eine frühzeitige Förderung unabdingbar ist. Trotzdem: Es kann sein, dass Ihr Kind im Basketball gut mitspielt, Freude daran hat, aber nie die oberen Spielklassen erreicht, während bei optimaler Förderung und Entdeckung ein Profifußballer aus ihm hätte werden können. Vielleicht hätten Sie das gar nicht gewollt und sind froh, dass dies nicht passiert ist. Aber es zeigt das Dilemma der Talentförderung: Nichts Genaues weiß man nicht! Denn nicht nur die körperlichen Merkmale spielen eine Rolle, sondern auch die Persönlichkeit. Experten sind nämlich der Ansicht, dass die Tendenzen der Persönlichkeit bereits bei der Geburt festgelegt sind. Die Gene beeinflussen unter anderem unser Temperament, unseren Umgang mit Stress und auch unsere Intelligenz – sie erhöhen die

Wahrscheinlichkeit eines bestimmten Verhaltens. Doch einen ebenso großen Einfluss hat das Umfeld des Kindes. So wurde beispielsweise ein Gen entdeckt, welches die Neugier auf Neues befeuert. Hat ein Kind durch dieses Gen die Tendenz, sich todesmutig in jedes Abenteuer zu stürzen, kann diese Neigung durch den Einfluss des Umfelds reduziert oder sogar gestoppt und unterdrückt werden.

Ein Kind mit einer künstlerischen Begabung (ebenfalls als »genetisch bedingt« nachgewiesen) kann sich in die musische Richtung entwickeln, wenn es dabei unterstützt wird, oder aber sein Talent wird nicht erkannt und liegt brach.

Zum Glück funktioniert dies in beide Richtungen: Ein Kind, welches ohne besondere Begabung geboren wird, kann durch Interesse und viel Übung künstlerisch oder auf einem anderen Gebiet erfolgreich werden.

Es gibt also keinen Wesenszug, der rein genetisch oder nur durch Erziehung bedingt ist. Es gilt also für den Sport: Die körperlichen Voraussetzungen müssen genauso stimmen wie die Förderung dieser Anlagen und einer passend ausgebildeten Persönlichkeit. Wichtig hierbei: Forscher haben inzwischen erkannt, dass nicht nur die ersten 3 Lebensjahre prägend für die Entwicklung der Persönlichkeit sind, sondern dass diese die ganze Kinder- und Jugendzeit hindurch andauert. Erst danach verfestigt sich die Persönlichkeitsstruktur zusehends. Der Tübinger Sportexperte Hartmut Gabler zieht daraus den Schluss, dass »die körperlichen und koordinativen Voraussetzungen, die die Talente von den Eltern mitbekommen, nichts nützen, wenn nicht maximale Umwelt- und Förderbedingungen hinzukommen. Weniger die Gene der Eltern als deren Wohnsitz und Unterstützung sind für den Erfolg des sportlichen Nachwuchses von Bedeutung.«

Auf die Umgebung kommt es an

Forscher haben erkannt, dass Eltern akzeptieren müssen, dass sie ihr Kind mit seinen individuellen Persönlichkeitseigenschaften nicht auf direktem Weg (»spiel doch mal mit«) ändern und beeinflussen können. Sie sollten versuchen, die Umwelt so weit wie möglich an das Kind anzupassen, das heißt ihm – auch sportliche – Angebote zu machen. Eltern sind nicht die Former ihrer Kinder, sondern allenfalls Gestalter der kindlichen Umgebung. Wenn Sie Ihrem Kind also Zugang zu bestimmten Umwelten verschaffen, zum Beispiel zu Spielzeugen, Natur, Sportumgebungen, ist das ein wichtiger Schritt. Das Kind wählt dann aus, wovon es sich beeinflussen lässt oder was von ihm abprallt.

Von großer Bedeutung ist aber auch der soziale Hintergrund der Familie. Was eine Vielzahl von Untersuchungen für die Bereiche Bildung und Beruf längst belegt hat, gilt offenbar auch für den Sport: Kinder aus besseren Verhältnissen schaffen es eher an die Spitze. Die Universität Paderborn befragte knapp 400 deutsche Top-Athleten nach ihrem familiären Hintergrund. Das Resultat: Die sportliche Leistungselite hat überwiegend Väter, die als Beruf »höherer Angestellter, Beamter« oder »Selbstständiger« angeben. »In diesen Familien ist das hohe sportliche Engagement der Kinder vermutlich Bestandteil des Erziehungsstils«, erläutert Sebastian Braun vom Forschungszentrum für Bürgerschaftliches Engagement an der Universität Paderborn. Sport fördert Teamgeist, Disziplin, Durchhaltevermögen und Selbstbewusstsein – alles Eigenschaften, die man braucht, um in der Schule erfolgreich zu sein, und die auch die berufliche Zukunft positiv beeinflussen.

Der Sozialwissenschaftler Guido Kellermann beschreibt das so: In einer gymnasialen Karriere lernt man, langfristig zu denken und mit Konkurrenzdruck umzugehen – beides braucht man auch im Sport. Umgekehrt verlangt eine lange und harte Trainingsarbeit auch bestimmte intellektuelle Fähigkeiten, um trotz Rückschlägen weiterzumachen und dauerhaft motiviert zu sein. Wer nach zehn Jahren Intervalltraining und Rundenlaufen erstmals eine olympische Medaille in den Händen hält, hat einen sogenannten Belohnungsaufschub hinter sich – was beim Abschluss einer langen Schullaufbahn ähnlich ist.

Eltern liefern neben dem finanziellen auch das »kulturelle Kapital«, das eine Karriere als Spitzensportler möglich macht. Im Idealfall verfügt die Familie nicht nur über genug Geld, sondern auch über eine positive Einstellung zum Sport und die entsprechende Zeit, um den Nachwuchs dabei zu unterstützen.

Ein Beispiel: die Erfolge der deutschen Rodlerin Natalie Geisenberger. Die Eltern ermöglichten ihrer Tochter, sich in 16 verschiedenen Sportarten auszuprobieren, und nahmen enorme Belastungen auf sich, als sich Talent zeigte. Der Vater zog mit seiner Tochter sogar in die Nähe der Eisbahn, um seinem Kind die 130 Kilometer lange Fahrt zum Training zu ersparen. Die Eltern waren hier also wichtige Vorbilder in Sachen Motivationsfähigkeit und Stressresistenz und befähigten die Tochter, ein langjährig entbehrungsreiches Sportlerleben führen zu können. »Diese Eigenschaften gehören zu den wichtigsten Aspekten einer erfolgreichen Talententwicklung«, findet der Berner Forscher Achim Conzelmann.

Dies sind Beispiele, die zeigen, wie Förderung im Spitzensport enden kann. Für Eltern, deren Kind in irgendeiner Form in eine Talentförderung gerät, zeigt sich, dass die Entscheidung, sich wirklich auf das Wagnis einer ernsthaften Sportkarriere einzulassen, wesentlich ist: Die Entscheidung, dies auch wirklich zu wollen, ist elementar. Denn nichts ist schlimmer, als Ihrem Kind ständig vorzuwerfen, Sie hätten eigentlich Besseres zu tun, als wieder einmal ein Auswahlspiel vom Rand aus zu verfolgen, mitten in der Woche, bei Regen und ohne Aufwandsentschädigung. In solchen Situationen müssen Sie genauso sportlich sein wie Ihr Kind – und wie heißt es schließlich: Nicht für den Erfolg, sondern für das Leben sporten wir!

Es ist also generell schwierig, zu erkennen, wann ein Talent zum Sport oder für eine bestimmte Sportart besteht. Die einen Eltern wollen – aus guten Gründen – keine Förderung, die anderen – ebenfalls aus guten Gründen – wollen sie unbedingt. Doch eine Prognose ist kaum zu stellen. Denn Talentsichtung hat noch einige Probleme ...

Das Siegertreppchen ist der Beweis am Ende einer langen Entwicklung, aber inwieweit war das dann auch Glück? Sichtet man eigentlich Talente oder sind das nur Talentverdächtige? Bei jeder Sichtung, beispielsweise im Verein, können falsche und richtige Entscheidungen getroffen werden. So werden dann nicht genügend Talentierte weiter gefördert oder potenziell Talentierte zu früh aus der Förderung genommen.

Bei jeder Stufe der Förderung wird der Kreis der Geförderten weiter verkleinert. Da es nur wenige für Spitzenleistungen Talentierte gibt, sollten falsche Entscheidungen vermieden werden.

Tipps für Eltern sportlicher Kinder

Was Sie als Elternteil nicht alles sind am sportlichen Karrierebeginn Ihres kleinen Talents: Begleitung, Betreuer, Dienstleister, Gönner, Psychologe, Sponsor. Und auch noch Materialwart, Koch und Fahrer. Wenn Ihr Kind den Weg in den Spitzensport geht, ist die Familie ein wichtiger Stützpfeiler. Und der Sport kostet nicht nur Zeit, sondern auch Geld. Denken Sie immer daran, denn das wird sich nicht ändern, sollte Ihr Kind die Leiter weiter erklimmen. Überdurchschnittliche Leistungen im Kindesalter allein sind natürlich auch keine Gewähr für spätere Spitzenleistungen.

Sie selbst und auch alle anderen aus dem Umfeld des Kindes müssen Verständnis aufbringen für seine Doppelbelastung durch Schule und Sport. Das fordert die Flexibilität der Erziehungsverantwortlichen. Selbst wenn Ihr Kind an keiner Sport fördernden Schule ist und an keiner der 40 Eliteschulen des Sports, wo über 11 000 Sportschüler von mehr als 500 Trainern betreut werden – Verständnis für den Sport Ihres Kindes werden die meisten Schulleiter finden. Nicht aber für schlechte Noten. Dabei bedeutet nicht jede schlechte Note gleich, dass das Interesse an der Schule nachlässt. Die gute Nachricht in diesem Zusammenhang: Oftmals sind gerade sportlich Begabte auch in Schuldingen topmotiviert, schreiben gute Noten und bewältigen beide Aufgabenbereiche problemlos nebeneinander.

Wenn Sie einmal nicht weiterwissen: Jeder Sportverband begleitet und berät in diesen Dingen, im Normalfall aber ist der Trainer der erste Ansprechpartner. Im weiteren Verlauf gibt es sogenannte Laufbahnberater, die Planungsgespräche mit Sportlern führen und zusammen mit den Eltern, Trainern und Lehrern Ziele festlegen.

Weitere Tipps für Eltern

— Lassen Sie Ihre eigene sportliche Vergangenheit ruhen. Vermeiden Sie es, Ihre Erfolge oder Misserfolge und dementsprechende Erwartungen auf Ihr Kind zu übertragen.

— Trotz spezieller sportlicher Erfolge sollte Ihr Kind weiter auch verschiedene Möglichkeiten der sportlichen Betätigung erleben. Der Spaß am Sport sollte zentral bleiben.

— Zeigen Sie, dass auch Niederlagen zum Sport gehören und dass man aus ihnen lernen kann.

— Mischen Sie sich nicht in den Wettkampf oder das Spiel ein. Geben Sie keine Anweisungen und korrigieren Sie nicht die Entscheidungen des Trainers.

— Seien Sie geduldig, was Fortschritte und Erfolge angeht. Zeigen Sie Ihrem Kind, dass Sie immer für es da sind.

— Erfolg ist individuell. Er ist nicht unmittelbar mit einem Sieg oder einem Wettkampf zu verknüpfen und von ihm abhängig. Erfolg bedeutet, dass Ihr Kind seinen aktuellen Möglichkeiten entsprechend eine gute Leistung erbracht hat.

Gesund durch Sport

Dass Kinder vom Säuglingsalter an eine körperliche Entwicklung vollziehen, ist augenscheinlich: Der Körper wächst in die Länge und in die Breite, bestimmte Körperteile wachsen besonders stark, es bildet sich Muskulatur und irgendwann verschwindet im besten Fall der Babyspeck. Der Wachstumsprozess bestimmter Körperstrukturen dauert bis ins 17. Lebensjahr an. Spätzünder können sogar noch länger wachsen. Sicher: ohne Bewegung wächst man auch, aber viele Körperstrukturen brauchen bestimmte Belastungsreize, damit sie sich optimal ausbilden. Die Lunge zum Beispiel. Frisch geschlüpft schreien Neugeborene aus vollem Halse und so manchem ist davon schon beinahe das Trommelfell geplatzt. Das Schreien des Neugeborenen erfüllt jedoch eine bestimmte Funktion: Durch das Schreien und das verstärkte Atmen können sich die vorher noch nicht benutzten Lungenflügel ausbreiten, denn sie werden maximal mit Luft befüllt.

Gleiches gilt für die Knochen. Diese werden erst mit steigendem Lebensalter mit Mineralien angereichert und nehmen dadurch an Festigkeit zu. Kinder sind also im Prinzip weniger anfällig für Brüche, da die noch gegebene Flexibilität der Knochen mehr Kräfte abfangen kann, bevor dieser bricht. Passiert dies dennoch, so ist es meist kein Trümmerbruch und heilt schnell. Sport und Bewegung tragen bei der Entwicklung des Knochens mit fortschreitendem Alter dazu bei, dass die Knochendichte und -festigkeit zunimmt, da sich das Gewebe des Knochens an immer wiederkehrende Belastungen anpasst. Der Knochen nimmt dabei genau an den Stellen an Struktur zu, die besonders häufig mit Druck oder Zug belastet werden. Springt Ihr Kind also ständig von der Mauer im Garten, stärkt das über Jahre die Knochen und verringert langfristig gesehen das Risiko, im Verlauf des Lebens an Osteoporose zu erkranken.

Nicht nur unsere Knochen, sondern unser gesamtes Muskel-Skelett-System müssen bewegt werden, um Fehlhaltungen zu vermeiden. Diese entstehen dann, wenn wir uns zu oft in einer ungünstigen Körperposition befinden, beispielsweise beim Sitzen vor dem Bildschirm. Durch häufiges Sitzen mit vorgeneigtem Oberkörper und aufgestützten Armen verkürzen bestimmte Muskelgruppen – wir werden unbeweglicher und Fehlhaltungen, in diesem Fall zum Beispiel ein Buckel, können entstehen. Besonders Kinder passen sich schnell an Belastungen oder ebenso einen Mangel an Belastungen an. Bewegung kommt im Hinblick auf Fehlhaltungen und Fehlentwicklungen bei Kindern eine besondere Bedeutung zu. Zum Beispiel bei den immer häufiger auftretenden X-Beinen: Diese entwickeln sich dann, wenn zu viel Körpergewicht (Übergewicht) auf eine schwache Beinmuskulatur trifft. So drückt das Körpergewicht bei einem unpassenden Verhältnis von Hüft- und Knieachse die Knie nach innen. Mit gezielter Bewegung und der Vermeidung von Übergewicht kann man dem entgegenwirken.

Das Verhindern von Übergewicht ist dabei nicht nur wichtig für unser Muskel-Skelett-System, sondern auch für den Stoffwechsel und die Zusammensetzung des Blutes. Forscher aus Jena haben vor Kurzem herausgefunden, dass es bei Kindern so etwas wie einen »gesunden Dicken« nur selten gibt. Knapp drei Viertel der untersuchten übergewichtigen Kinder zeigten mindestens einen, ein Großteil sogar mehrere Gesundheitsparameter (u. a. Cholesterin, Blutzucker), die bedenklich von der gesunden Norm abwichen.

Ganz allgemein und nicht nur auf Übergewicht bezogen gilt auch für Kinder: Sport und Bewegung führen zu positiven Anpassungen von Herz- und Lungenleistung, welche maßgeblich für unsere Gesundheit sind. Regelmäßiger Sport führt dabei zu funktionellen Anpassungen und damit zur Ökonomisierung der Herz- und Lungenarbeit. Das bedeutet, dass beispielsweise das Herz den Körper bei gleicher Leistung mit weniger Arbeit versorgen kann. Gleichermaßen lernen Zellen im ganzen Körper Sauerstoff und Energie besser zu verwerten und die Lunge optimiert ihre Arbeitsweise. Bewegung und Sport führen also auch bei Kindern dazu, dass ihre Körper gesund und leistungsfähig sind, und befördern folglich deren physiologische Entwicklung.

Die Natur als Trainingsplatz

Wenn man den Bewegungsraum von Kindern heute mit dem von Kindern vor 20 Jahren vergleicht, so hat sich einiges verändert. Ganz besonders in Städten finden sich kaum noch Wald und Wiesen zum Spielen. Doch nicht nur unsere Umgebung hat sich geändert, sondern auch die Einstellung vieler Eltern. Während Kinder früher durch die Straßen, Wälder und Wiesen gezogen sind, so bewegen sie sich heute kaum noch allein im Freien – aufgrund diffuser Ängste der Eltern.

Beide Entwicklungen führen heute dazu, dass Kinder, natürlich insbesondere in städtischen Regionen, kaum mehr einen Bezug zur Bewegung im weiten Raum oder in der Natur haben. Viel Zeit findet in geschlossenen Räumen statt. Und dabei bietet schon allein der Aufenthalt in der Natur riesige gesundheitsfördernde Potenziale. Diese liegen nicht nur in der frischen Luft, die wir dort atmen können. Vielmehr hat die Natur eine stressregulierende Wirkung. Studien haben gezeigt, dass der Aufenthalt in der Natur Stress mindert, emotional regulierend wirkt und die geistige Kreativität steigert. Während wir Erwachsenen einen Spaziergang durch den Wald als entspannende Wohltat wahrnehmen können, fehlt unseren Kindern diese Gabe noch. Dennoch hat ein solcher Spaziergang den gleichen entspannenden und geistig stimulierenden Effekt auch bei Kindern.

Klettern, toben und bauen Kinder ganz frei in der Natur, wird dieser Effekt noch verstärkt, denn sie profitieren sowohl von körperlicher Aktivität als auch von den unzähligen neuen und spannenden Reizen, die die Natur zu bieten hat. Bei körperlicher Anstrengung im Grünen werden also nicht nur die Lungen mit frischer Luft durchspült, sondern auch ganz neue Sinnes- sowie Bewegungserfahrungen ermöglicht. So lernen Kinder beim Erklimmen eines Baumes nicht nur, wie man gefahrenlos rauf –, und wieder herunterkommt, sondern auch, wie sich die Rinde anfühlt, wie sie riecht, und sie treffen auf dem Weg nach oben im besten Fall noch einen Käfer.

Der Wald und die Natur sind also die beste Trainingsstätte. Und das Gute ist: Das Trainingsequipment liegt meist in unterschiedlichster Form schon auf dem Boden bereit. Auf Baumstämmen balancieren, mit Tannenzapfen werfen, mit Stöcken Schwertkampf spielen, über Stock und Stein springen – die Natur bietet uns wunderbare Bewegungsparcours, die nur kreativ genutzt werden müssen! Also nehmen Sie Ihr Kind an die Hand und werden Sie zum Abenteurer.

Blutige Knie gehören dazu

Kennen Sie den Begriff »Helikopter-Eltern«? Nein? Dieser Begriff ist gerade in aller Munde und hat sogar einen eigenen Wikipedia-Eintrag. Er beschreibt Eltern, die überfürsorglich sind, ihr Kind dauernd umkreisen, kaum aus den Augen lassen und im Falle von möglicher Gefahr unmittelbar einschreiten. Zu blutigen Knie kommt es bei Helikopter-Eltern eher selten. Dabei sind die ebenso wie Schrammen und blaue Flecken für die Entwicklung unserer Kinder unverzichtbar!

Kinder müssen ihre eigenen Grenzen kennenlernen – nicht die der Eltern. Viele Eltern neigen dazu, in bestimmten Situationen einzugreifen, obwohl keine große Gefahr droht. »Du kannst das noch nicht«, »Dafür bist du noch zu klein«, »Pass auf, du fällst da gleich runter«. Das sind ganz falsche Ansagen – denn sie entmutigen, und das sollten Eltern immer vermeiden. Also achten Sie auf Ihre Wortwahl. Sitzt Ihr Kind auf einem Klettergerüst und Sie machen sich Sorgen, formulieren Sie es doch so: »Du machst das toll, pass schön weiter auf!« Positive Bekräftigungen stärken das Selbstbewusstsein der Kleinen immens und noch viel mehr bekräftigen positive Bewegungserfahrungen – das gewonnene Wissen darüber, dass man das Klettergerüst erklimmen kann, ganz ohne herunterzufallen.

Und wenn es dann doch herunterfällt? Dann hat Ihr Kind möglicherweise blutige Knie, wird für eine Minute weinen, aber danach in den meisten Fällen (sofern Sie es nicht davon abhalten) den nächsten Versuch starten. Diesmal vorsichtiger. Das Scheitern an Bewegungsaufgaben zeigt Kindern nämlich ganz automatisch ihre eigenen Grenzen auf. Durch blutige Knie und blaue Flecken können sie am eigenen Leib spüren, wozu ungeschicktes Verhalten führt – so lernen sie ihre eigenen Fähigkeiten einzuschätzen. Entweder meiden sie ab sofort das Klettergerüst oder aber sie passen ihr Verhalten an und versuchen, es zu optimieren. Bei diesem Lernprozess können Sie als Eltern helfen. Sie können Ihrem Kind beim Erklimmen des Klettergerüsts Tipps geben: Worauf sollte es achten? Warum hat es Ihrer Meinung nach beim ersten Mal nicht geklappt? Wichtig ist dabei, positiv und konstruktiv zu sein – und auf keinen Fall maßregelnd.

Ganz klar gibt es natürlich auch Situationen, in denen Sie Ihrem Kind etwas verbieten müssen! Aber versuchen Sie hier klar zu unterscheiden: Ist diese Situation wirklich gefährlich? Ich würde behaupten, dass Spielgeräte auf dem Spielplatz so konzipiert sind, dass Kinder dort sicher spielen und toben können. Auch das Balancieren auf einer Mauer dürfte nicht allzu viel Risiko mit sich bringen. Klettert Ihr Kind jedoch in einem maroden, baufälligen Haus auf dem Nachbargrundstück, ist es natürlich Ihre Pflicht einzugreifen!

Körper und Geist in Bewegung

Dass Sportler intelligenter sind als Nicht-Sportler, würde niemand pauschal behaupten. Es gibt genug Gegenbeispiele, die zeigen, dass dies nicht zwangsläufig der Fall ist: So begegnet uns in der Sportschau vielleicht ein reichlich dümmlich wirkender Sportler, während ein Nobelpreisträger stark übergewichtig sein kann. Dennoch wollen wir hier behaupten: Sport macht schlau! Und wir können das sogar belegen. Es gibt nämlich eine Menge Studien, die genau das herausgefunden haben. Einige davon haben wir Ihnen schon im Kapitel »Sport als wichtigster Entwicklungsmotor« vorgestellt. Die Geschichte, die wir Ihnen jetzt präsentieren, zeigt den Zusammenhang von Sport und Intelligenz noch viel deutlicher!

In Naperville, einer Kleinstadt im US-amerikanischen Illinois, hatte es sich Phil Lawler (der leider vor kurzem verstarb) zur Aufgabe gemacht, den Sportunterricht zu revolutionieren. Sein Ziel war es, die Schüler und Schülerinnen in Naperville fit zu machen. Seinen Antrieb dafür gewann er ganz einfach aus der Tatsache, dass in den USA immer mehr Kinder übergewichtig sind: mehr als ein Drittel aller amerikanischen Kinder von 2 bis 19 Jahren bringt deutlich zu viel auf die Waage, gut 6 Prozent dieser Kinder leiden sogar an einer schweren Form der Fettleibigkeit. Grund genug, etwas zu ändern. Als Handlungsort wählte er eine Schule, denn wo sonst verbringen die Kinder ihre meiste Zeit! Seine Initiative förderte das Sportangebot an dieser Schule: Eine Kletterwand mit Hochseilparcours wurde installiert, diverse Fitnessgeräte wurden angeschafft und zahlreiche frei wählbare Sportkurse (von Squaredance über Turnen bis zu Basketball) etabliert. Den Kindern wurde (und wird) so täglich eine volle Sportstunde ermöglicht, sie dokumentieren dabei völlig selbstständig mit digitalen Messgeräten ihre Herzfrequenz, ihren Blutdruck und ihr Körperfett. All das führt dazu, dass an dieser Schule 97 Prozent der Kinder ein gesundes Körpergewicht haben und deutlich fitter sind als Schüler anderer Schulen. Diese Effekte sind beeindruckend.

Was das Ganze mit einer erhöhten Intelligenz zu tun hat, zeigt wiederum eine Studie, die ebenfalls an der Highschool in Naperville durchgeführt wurde: In der Studie »Hour Zero« liefen die Schulkinder jeden Morgen vor Unterrichtsstart 4 Runden um den Sportplatz und waren dazu angehalten, ihren Puls über 185 zu treiben. Die Konsequenz war, dass die Kinder durch die tägliche körperliche Zusatzaktivität ihre schulischen Leistungen verbesserten, sogar in ihren eigentlich schwächeren Fächern.

Auch andere Forscher haben sich, angesichts des immens steigenden Übergewichts der Schulkinder, vermehrt damit beschäftigt, ob es einen Zusammenhang zwischen körperlicher Fitness und schulischen Leistungen gibt. Die Ergebnisse sind eindeutig und zeigen zusammengenommen mit noch größerer Schlagkraft: Ein fitter Körper beherbergt einen fitten Geist. Bei über einer Million Schülern untersuchten amerikanische Forscher den Zusammenhang zwischen dem Abschneiden in klassischen Lernstandserhebungen mit einem sportmotorischen Test, welcher die Körperzusammensetzung, die Kraft, die Ausdauer und die Flexibilität zeigt. Dieser sportmotorische Test trennt zwischen »bestanden« und »nicht bestanden«. Der Vergleich erbrachte sehr deutliche Ergebnisse: Körperlich fittere Kinder schnitten im schulischen Leistungstest bis zu doppelt so gut ab wie weniger fitte Kinder. In einer Erhebung wurde der sozioökonomische Hintergrund von Kindern berücksichtigt. Wie in anderen Studien auch, schnitten Kinder aus vorteilhafteren familiären Verhältnissen in den schulischen Leistungstests besser ab. Hervorzuheben ist jedoch, dass von den Kindern mit weniger vorteilhaftem Hintergrund genau die am besten abschnitten, die körperlich fit waren.

Ein weiteres Forscherteam nahm diese Ergebnisse zum Anlass, eine neue Studie durchzuführen, welche die Zusammenhänge von schulischen Leistungen und Fitness noch näher beleuchtet. Sie stellten fest, dass zwei ihrer gemessenen Parameter einen besonders starken Einfluss auf die schulische Leistung zu haben scheinen, und zwar einen deutlich stärkeren als andere Parameter. Diese beiden waren der Body-Mass-Index und die aerobe Fitness, also die Ausdauerleistungsfähigkeit. Die Forschergruppe ging noch einen Schritt weiter und untersuchte mit bildgebender Diagnostik (EEG-Gehirnstrommessung), wie genau die Fitness sich auf unsere Gehirnleistung auswirkt. Dabei fanden sie heraus, dass körperlich fittere Kinder ihr Gehirn anders nutzen, und zwar ökonomischer, und dadurch eine bessere Aufmerksamkeitssteuerung haben.

In Naperville gibt es mittlerweile gemeinnützige Organisationen, die andere Schulen beraten und die eigene Philosophie unter dem Titel »PE4Life« in die Welt tragen. Dabei machen Verantwortliche deutlich, dass es nicht nur darum geht, die Kinder kurzfristig fit zu machen, sondern um viel mehr: Es geht darum, sie lebenslang fit zu halten! Und dieses wirklich langfristige Ziel kann nur dann erreicht werden, wenn die Kinder lernen, wie sie ihre eigene Gesundheit überwachen und steuern können. Die Schule in Naperville geht dabei als Vorbild voran: Im Lehrplan sind die Theorie und die Praxis von körperlicher Fitness fest verankert. Durch einen Eingangs-Gesundheitscheck in der fünften Klasse und die fortlaufende Messung und Sammlung von Fitnesswerten wie Cholesterin, Blutdruck und anderen sind die Kinder ständig dazu angehalten, sich mit diesen Werten auseinanderzusetzen. Beim Verlassen der Schule werden den Schülern all ihre gesammelten Daten in einem Gesundheitsbericht ausgehändigt, quasi wie ein Zeugnis. Unseres Erachtens lernen die Kinder dort eine wirklich wichtige Lektion fürs Leben: Selbst dafür verantwortlich zu sein, den eigenen Körper fit und gesund zu halten! Dabei kommt es nicht darauf an, welche Sportart getrieben wird, sondern dass dies ausgiebig und vielfältig passiert und dass die Kinder dabei ins Schwitzen kommen.

Sport und ADHS

ADHS (Aufmerksamkeitsdefizit-/Hyperaktivitätsstörung) ist keine Krankheit, an der man sich ansteckt wie an Windpocken. Vielmehr leiden Menschen schon ab dem frühen Kindesalter daran und tragen sie ein Leben lang mit sich herum. Diese psychische Störung kann ganz unterschiedlich in Erscheinung treten. Medizinisch gesehen hat ADHS drei Leitsymptome: Aufmerksamkeitsschwäche, Impulsivität und Hyperaktivität. Je nach Ausprägung dieser Leitsymptome werden dabei auch noch verschiedene Formen der ADHS unterschieden: Während das eine Kind alle drei Symptome zeigt, kann ein anderes nur unaufmerksam sein und ein drittes leidet vielleicht nur an Impulsivität und Hyperaktivität, kann sich aber trotzdem gut konzentrieren. Dass Sport und Bewegung Kindern mit ADHS helfen kann, klingt einleuchtend und logisch – wurden doch schon immer zappelige Kinder um den Block geschickt, um sich auszupowern und ruhiger zu werden. Man kennt es ja auch aus dem persönlichen Alltag: Körperliche Aktivität hilft dabei herunterzufahren. Sei es bei einer Partie Tennis oder bei einem Spaziergang durch den Park. Außerdem haben wir auch schon gehört, dass körperliche Aktivität die schulischen Leistungen und die kognitive Leistungsfähigkeit verbessern kann. All das kann auch für Kinder (und Erwachsene) mit ADHS geltend gemacht werden. Allerdings sind die Prozesse, die durch körperliche Aktivität im Gehirn in Gang gebracht werden, noch viel komplexer. In Bezug auf ADHS kann man Sport tatsächlich als ein Heilmittel deklarieren.

Unser Aufmerksamkeitssystem im Gehirn bindet viele Strukturen mit ein, die fast alle von den Neurotransmittern Dopamin und Noradrenalin reguliert werden. Sind beide in einem bestimmten Gleichgewicht zueinander vorhanden, kann das Gehirn hervorragend arbeiten. Was die Wissenschaft heute weiß, ist: Durch Sport und Bewegung erhöht sich der Spiegel von Dopamin und Noradrenalin und das Wachstum neuer Rezeptoren in unterschiedlichen Hirnregionen wird stimuliert. In der Folge funktionieren Abläufe in bestimmten Hirnregionen besser.

Im limbischen System werden Reaktionen auf äußere Reize reguliert. Körperliche Aktivität hilft der Amygdala, einer kleinen Struktur in diesem System, weniger impulsiv zu reagieren und senkt somit auch die Reizbarkeit von Kindern mit ADHS. Wird ein Kind beispielsweise von einem anderen auf dem Schulhof aufgezogen, rastet es nicht gleich völlig aus, sondern kann seine Gefühle besser regulieren. Gleiches gilt für unser Erregungszentrum im Hirnstamm. Körperliche Aktivität kann auch hier einen angemessenen Tonus zwischen Neurotransmittern herstellen, sodass wir weniger unverhältnismäßig reagieren und auch weniger schreckhaft sind.

Im Zusammenhang mit der Impulskontrolle, aber auch mit der Kontrolle von Aufmerksamkeit spielt darüber hinaus der präfrontale Kortex, also unser Stirnhirn, eine übergeordnete Rolle. In diesem Hirnbereich finden komplexe Denkvorgänge statt: Erinnerungen werden abgerufen, Entscheidungen getroffen, Probleme gelöst und die Aufmerksamkeit gesteuert. Beeindruckende Studien haben gezeigt, dass regelmäßige Bewegung diese Gehirnstruktur wachsen lässt und in der Konsequenz bessere Leistungen des Kurzzeitgedächtnisses sowie auch eine verbesserte Fähigkeit, Störreize auszublenden, erzielt werden.

Ebenfalls in die Symptomatik von ADHS eingebunden ist das Kleinhirn. Ist es zu aktiv, führt dies zu Zappeligkeit und Erregtheit. Auch an dieser Schraube kann körperliche Aktivität drehen, denn auch hier steigt dadurch sowohl der Spiegel an Noradrenalin und Dopamin als auch die Wachstumsraten für neue Gehirnzellen.

Sport und Aktivität kann also erwiesenermaßen einen positiven Effekt auf die Symptomatik von ADHS nehmen. Doch bei der Auswahl geeigneter Sportarten sollte einiges beachtet werden. Insbesondere kommt der individuellen Symptomatik in Kombination mit dem Charakter eine besondere Rolle bei der Auswahl der passenden Sportart zu. Wird einem Kind schnell langweilig, sollten Sie beispielsweise eine Sportart wählen, die abwechslungsreich ist und schnelles Denken und Antizipieren erfordert, denn nur dadurch kann sie langfristig interessant bleiben (z. B. Fechten). Ist das Kind sehr impulsiv, unruhig und gleichzeitig unaufmerksam, können Sportarten in Frage kommen, die strikte Regelvorgaben und Fairness-Rituale haben und gleichzeitig eine hohe Konzentration erfordern, wie beispielsweise Judo. Für eine sehr schwere ADHS-Symptomatik empfehlen wir bevorzugt Individualsportarten, denn insbesondere in Teamsportarten mit Körperkontakt kann es durch Impulsivität und mangelnde Impulskontrolle schnell zu Verletzungen kommen – sei es am betroffenen Kind selbst oder durch es an anderen. Dies führt in einem Team häufig zu Ablehnung und Ausgrenzung. Der Sinn von Sport sollte jedoch für alle Kinder, ob mit ADHS-Symptomatik oder ohne, immer sein, den Selbstwert zu stärken und soziale Kompetenzen zu entwickeln. Eine schwere ADHS-Symptomatik geht zudem nicht selten mit Defiziten in der motorischen Entwicklung einher. Auch dies sollte bei der Auswahl der Sportart berücksichtigt werden. Hat Ihr Kind motorisch noch etwas aufzuholen, achten Sie darauf, dass die Sportart motorisch zwar hohe Anforderungen stellt, Ihr Kind sich jedoch nicht zwangsläufig im Wettkampf mit anderen messen muss, sondern zunächst das individuelle Training in den Vordergrund stellen kann. Hier ist der frühe Einstieg in eine Sportart (beispielsweise Turnen oder Tanzen) hilfreich, um etwaige Defizite abzumildern. Zum Ausprobieren, welches die wirklich passende Sportart für das jeweilige Kind ist, bieten die meisten Sportvereine Schnupperkurse an.

Gesunder Schlaf durch Bewegung

Wenn Kinder sich tagsüber so richtig auspowern, können sie nachts gut schlafen – dieser Glaube ist nur eine Halbwahrheit. Denn Sport und Bewegung wirken sich nicht zwangsläufig positiv auf den Schlaf aus. Hierbei kommt es nämlich sehr stark auf das Timing an! Es ist wichtig, mindestens zwei Stunden zwischen dem Sporttreiben und dem Zubettgehen verstreichen zu lassen. Man sollte dem Körper genug Zeit geben, langsam einige Gänge zurückzuschalten. Nur so kann auch der Geist herunterfahren und zur Ruhe kommen. Ist diese Zeitspanne zu kurz, fällt das Einschlafen schwer. Kein Wunder, denn in Gang gesetzte Stoffwechsel- und Energiebereitstellungsvorgänge und ein erhöhter Puls sind kurz nach dem Sport noch immer festzustellen.

Hierbei kommt es natürlich auch auf die Intensität des Sportes an. Rennt Ihr Kind beispielsweise im Training wie wild über den gesamten Fußballplatz, sodass ihm die Schweißperlen vom hochroten Kopf tropfen, braucht es im Anschluss auch länger, um wieder zur Ruhe zu kommen. Der Geist ist dann zwar müde und der Körper erschöpft, doch arbeitet es innerlich noch eine Weile auf Hochtouren weiter. Holen Sie Ihr Kind beispielsweise vom Tanzkurs ab, kann dies schon ganz anders aussehen. Sportarten, bei denen es um Präzision und Koordination geht, stellen in der Regel weniger starke Anforderungen an die Kraft- und Ausdauerfähigkeit Ihrer Kinder. Je geringer die körperliche Belastung, desto schneller kann Ihr Kind nach dem Sport wieder herunterfahren.

Ein weiterer wichtiger Aspekt neben dem Timing und der Intensität der Belastung ist die Aufregung bei der ausgeübten Sportart. Ist der abendliche Sport besonders aufregend, weil es im Training oder beim Spielen um einen Wettkampf ging oder weil tolle neue Bewegungserfahrungen gemacht wurden, so fällt das Herunterfahren mit Sicherheit schwer. Das kennen selbst die Großen: Nach einem aufregenden Tag muss man erst einmal alles Revue passieren lassen, bevor man wegdämmert.

Achten Sie also darauf, Ihrem Kind in den Abendstunden ausreichend, an die Intensität und Aufregung angepasste Zeit zum Runterkommen zu geben, bevor es ins Bett geht. Hilfreich ist es auch, besonders intensive Belastungen in die Morgenstunden oder auf den Nachmittag zu verlegen. Glücklicherweise finden Wettkämpfe in den meisten Sportarten ohnehin an den Vormittagen der Wochenenden statt. Beachten Sie diese Grundsätze, kann Ihr Kind in großem Maße von Sport profitieren.

Ein gesunder Schlaf macht übrigens schlau und schlank. Forscher fanden unter anderem heraus, dass Kinder, die zu wenig schlafen, in späteren Jahren ein um 92 Prozent erhöhtes Risiko haben, an Übergewicht zu leiden. Andere Forscher konnten zeigen, dass während des Schlafens im Gehirn unbewusst Gelerntes in aktives Wissen umgewandelt wird. Und das sind nur einige der positiven Effekte eines gesunden Schlafs. In diesem Sinne: Gute Nacht!

Ausgleich zum langen Sitzen in der Schule

Kinder und Jugendliche sitzen zu viel – das zeigen zahlreiche Studien. Europäische Vergleichsstudien schwanken dabei zwischen Werten von knapp 5 Stunden Sitzen pro Tag und

9 Stunden Sitzen pro Tag. Diese Zeiten sind immens, wenn man bedenkt, dass dies mitunter rund 70 Prozent der wachen Zeit ausmacht. Sitzen ist ungesund. So viel steht heute fest. Es wird sogar als das »neue Rauchen« betitelt. Summiert man die Sitzzeiten von Kindern bis ins Erwachsenenalter, so erhöht sich durch zu lange Sitzzeiten das Risiko für zahlreiche chronische Erkrankungen des Bewegungsapparates und des Herz-Kreislauf-Systems.

Wie es zu diesen langen Sitzzeiten kommt, liegt auf der Hand: Gezwungenermaßen sitzen die Kinder, während sie in der Schule lernen. Der Aufenthalt in der Schule wurde erst vor einigen Jahren vermehrt bis in den Nachmittag ausgeweitet. Offene Ganztagsschulen sind heute die Regel. Doch auch nach der Schule pflegen viele Kinder einen eher ruhigen Tagesgang. Es wird zunehmend mehr Zeit am Computer, der Konsole oder dem Smartphone verbracht, und das natürlich auch sitzend. Dies ist kein Wunder, denn Befragungen haben gezeigt, dass mittlerweile knapp ein Viertel der Kinder zwischen 3 und 8 Jahren bereits einen Fernseher und eine Spielekonsole besitzen. Das lange Sitzen in der Schule in Kombination mit dem kinderleichten Zugang zu Medien wie Fernsehen, Smartphone oder Tablet führen dazu, dass Bewegung im Alltag häufig in Vergessenheit gerät.

Es gibt genau zwei Stellschrauben, an denen Eltern in diesem Zusammenhang drehen können: Zum einen können sie ihren Kindern reizvolle Bewegungsangebote machen oder Bewegungsräume zur Verfügung stellen und zum anderen können sie natürlich die Zeit der Mediennutzung einschränken. Letzteres wird meist nur mit Widerwillen hingenommen. Doch wenn Eltern die Zeit für die Mediennutzung durch die Einführung von Regeln einschränken, werden sie schon bald merken, wie sich ihre Kinder automatisch anders beschäftigen. Und jede Art, selbstständig zu spielen, und sei es auf dem Boden hockend mit einer Barbie in der Hand, bringt mehr Bewegung mit sich als das starre Sitzen vor der Glotze oder dem Computer. Befreit vom Sog des Fernsehers oder Tablets werden Kinder ganz automatisch ihrem natürlichen Bewegungsdrang nachgehen. Und dafür wiederum brauchen sie Freiräume und Anregungen. Geben Sie Ihrem Kind also die Möglichkeit, draußen zu spielen, den Spielplatz auszukundschaften und sich auszutoben.

Und wenn Ihr Kind dennoch widerwillig ist und nicht so richtig in Fahrt kommen will: Nehmen Sie es mit zum Einkaufen, machen Sie einen kleinen Spaziergang, sodass Sie ein Mindestmaß an körperlicher Aktivität gewährleisten können. Denn wenig Bewegung ist immer noch besser als keine Bewegung. Als Orientierung können Empfehlungen der Weltgesundheitsorganisation (WHO) dienen. Diese empfiehlt für Kinder und Jugendliche mindestens 60 Minuten moderate körperliche Aktivität am Tag. Wie Sie Ihre Kinder auch bei Regenwetter zur Bewegung motivieren können, lesen Sie im nächsten Kapitel.

Sport als Lehrer

Wenn Papa am Spielfeldrand steht

Seinen Kindern beim Sport zuzusehen ist spannend! Die Kinder siegen zu sehen ist noch viel spannender – und macht unglaublich stolz. Na klar, denn wer schreibt seinen Kindern nicht die eigenen besten Eigenschaften zu? Nicht wenige Eltern können sich am Spielfeldrand (oder anderswo) in den Sport hineinsteigern, als wären sie selbst mittendrin dabei. Spielfilmreife Szenen liefern zum Beispiel der cholerische Vater am Fußballplatz oder die übereifrige und strenge Mutter im Ballett. Für Kinder und Trainer können durch das Verhalten der Eltern oft unangenehme Situationen entstehen. Auf der anderen Seite aber können Eltern durch ihr Verhalten den Trainer unterstützen und gezielt die sportliche Entwicklung ihres Kindes befördern. Damit dies gelingt, wollen wir Ihnen unten ein paar Tipps an die Hand geben.

Der Spaß am Sport, an der Bewegung und am Beisammensein mit anderen Kindern im Training sollte immer der höchste Antrieb für ein Kind sein. Kommt die Motivation der Kinder beim Einstieg in den Sport nicht so richtig in Fahrt, helfen die Eltern nach. An dieser Stelle ist es wichtig, dass aus Motivation kein Druck wird. Denn Stresssituationen finden sich in den häufig durchgetakteten Tagen der Kinder oft genug. Sport und Bewegung sollen schließlich als Entwicklungsmotor und Medium zur Entlastung dienen und nicht noch eine weitere Bürde im Alltag darstellen. Daher ist es wichtig, dass Sie Interesse am Sport Ihres Kindes zeigen, dieses aber ein gesundes Maß nicht überschreitet. Wird ein Kind gar gegen seinen Willen zum

Training gezwungen, wird die Motivation schnell nachlassen und sich möglicherweise sogar in eine Aversion verwandeln.

Machen Sie Liebe und Wertschätzung für Ihr Kind daher niemals an Sieg oder Niederlage fest – sonst neigen die Kinder schnell dazu, ihr Selbstwertgefühl an Wettkampfergebnissen auszurichten. Für Kinder, die viele Erfolge im Sport feiern, ist dies sicher kein Problem, aber für die, bei denen es nicht so glücklich läuft, schon. Die sportliche Entwicklung kann aber niemand voraussehen. Man kann nicht oft genug betonen, dass auch eine Niederlage ihre positiven Seiten haben kann – aus ihr kann man lernen und daran wachsen. Diese Einstellung sollten Sie Ihren Kindern vermitteln.

Solange Sie Druck vermeiden, können Sie natürlich gerne Ihrer Begeisterung für den Sport des Kindes mit ehrlichem Interesse Ausdruck verleihen! Stellen Sie Ihrem Kind nach dem Spiel gezielte Fragen und regen Sie es dadurch an, sich mit der eigenen Leistung auseinanderzusetzen. Denn auch im Nachgang an einen sportlichen Wettkampf oder ein Training kann man durch die Reflexion von besonders gut gelungenen Bewegungen oder eben auch Fehlern die sportliche Entwicklung des Kindes unterstützen. Wichtig dabei ist es, dem Kind die Möglichkeit zu geben, diese selbst zu entdecken. Es sollte also nicht direkt heißen »Dein Handstand war heute krumm und schief«, sondern man kann mit einer Frage den Reflexionsprozess anregen: »Wie ist dir denn heute der Handstand gelungen?« Das Kind wird ehrlich antworten und schon kann man die nächste Frage nachschieben: »Woran hat das gelegen?« Durch einen solchen Dialog zeigt man Interesse am Tun des Kindes und lässt ihm die Möglichkeit, eigenständig zu überlegen, woran es gelegen haben kann.

Der Umgang mit dem Trainer

Respekt ist eine Grundregel in jeder Sportart. Und diese sollte den Kindern von allen Beteiligten vorgelebt werden, nicht nur vom Trainer, sondern auch von den Eltern. Vermeiden Sie es, durch unnötige Aggressionen gegenüber dem Gegner dem Trainer oder aber anderen Elternteilen aufzufallen. Denn diese bedeuten sonst vor allem eine Belastung für Ihr Kind. Das heißt nicht, dass Sie keine Emotionen zulassen sollen. Fiebern Sie mit, jubeln Sie bei einem Sieg oder raunen Sie laut bei einer drohenden Niederlage. Und bringen Sie Ihrem Kind den Fairplay-Gedanken gezielt näher, sofern Sie beobachten, dass es sich unfair verhält. Dies allerdings obliegt, solange der Wettkampf oder das Training noch läuft, zunächst dem Trainer. Sprechen Sie Ihr Kind danach gezielt auf das Fehlverhalten an und erklären Sie, wie ein sportliches Miteinander aussieht.

Trainer haben es oft nicht leicht, denn ihre Arbeit wird von vielen Eltern in Frage gestellt. »Wieso wird mein Kind nicht aufgestellt?«, »Wieso hat mein Kind nach dem Training geweint?«, »Wieso hat mein Kind so viele blaue Flecken?«. Natürlich ist es für Eltern schwer, ihr Kind in die Hände einer Betreuungsperson zu geben. Ganz besonders schwer wird es, wenn man das Training gerne selbst in die Hand nehmen würde. Dennoch raten wir Ihnen, den Trainer seine Arbeit machen zu lassen. Wenn Sie die Kompetenz des Trainers in Frage stellen, merken das auch Ihre Kinder. Und in der Folge werden auch die Kinder Entscheidungen des Trainers hinterfragen und ihm weniger Respekt zollen. Dabei sollte man in den meisten Fällen froh sein, dass es ehrenamtlich Tätige gibt, die eine Menge an Zeit aufwenden, um die sportliche Betätigung Ihres Kindes zu ermöglichen. Aber nicht nur aus diesem Grund ist es wichtig, den Trainer schalten und walten zu lassen. Bedenken Sie, dass der Trainer viel intensivere Einblicke in die sportliche Entwicklung Ihres Kindes, dessen Leistung, sowie die Dynamik in der Mannschaft hat. In den meisten Fällen sind Trainer ausgebildet, haben Lizenzen erworben und verfügen über viel Erfahrung in der jeweiligen Sportart. Wenn Sie dennoch mal etwas loswerden müssen, dann suchen Sie das Gespräch mit der leitenden Person erst nach dem Training oder dem Wettkampf. Ganz wichtig ist es, dass Sie dem Trainer notwendige Informationen zu Ihrem Kind übermitteln, wie beispielsweise zu dessen Gesundheitszustand (Allergien, Epilepsie etc.) oder problematischen familiären Situationen (finanzielle Engpässe, Trennungen etc.). Denn nur so kann der Trainer adäquat auf das Verhalten Ihres Kindes reagieren und es optimal betreuen.

Bewegung für die Kleinen

Wenn wir von »Sportunterricht« sprechen, stellen wir uns eine klassische Sportstunde in der Turnhalle vor. Eine solche wird in einer Kindertagesstätte jedoch nie stattfinden. Wichtig ist in einer Kita vor allem, dass Bewegung dort nicht zu kurz kommt – wissen wir doch bereits, dass Sport und Bewegung in jedem Alter ein Entwicklungsmotor sind.

Im normalen Kita-Alltag halten sich die Kinder zu einem Großteil in den Räumen auf, einige Einrichtungen besitzen auch eine Außenanlage mit Spielgeräten. Die Räume sind in der Regel so gestaltet, dass sie die Kinder zur Bewegung auffordern. So haben viele Kitas in Gruppenräumen, Foyers oder speziellen Bewegungsräumen bestimmte Geräte, die zur spielerischen Bewegung anregen. Klettersprossen, Schaukeln, Medizinbälle, Krabbelschläuche sind nur einige der Gerätschaften, mit denen sich die Kinder auf Trab halten können. Den Erziehern kommt in dieser Umgebung eine ganz besondere Rolle zu: Ihre Aufgabe besteht darin, die Kinder für die gegebenen Gerätschaften zu interessieren. Diese sind per se schon höchst attraktiv für die Kleinen. Aber wirklich spannend wird es, wenn die Elemente von den Erziehern richtig in Szene gesetzt werden, beispielsweise in Form von Bewegungslandschaften. Diese gilt es dann als Parcours oder mit ganz speziellen Bewegungsaufgaben, die auch in eine Geschichte eingebettet werden können, zu durchklettern.

Doch nicht nur mit Hilfe der gegebenen Gerätschaften und Räumlichkeiten können Erzieher die sportliche Entwicklung der Kinder fördern. Auch in typischen Kitasituationen, wenn etwa ganz klassisch gemeinsam Kinderlieder gesungen und gleichzeitig getanzt oder gemimt werden, fördert das nicht nur die Sprachentwicklung der Kinder, sondern auch deren Koordinationsfähigkeit. Aufgabe der Erzieher ist es, über Bewegungsaufgaben alle Kinder zu integrieren und zu sozialisieren. Denn gerade das bewegte Miteinander regt zur Interaktion an. Erzieher in der Kita müssen keine ausgebildeten Sportlehrer sein, aber sie sollten wissen, wie sie die Kinder in Bewegung bringen, und ihnen interessante Bewegungsreize unterbreiten.

Bewegungsförderung ist Bestandteil der Erzieherinnen-Ausbildung, folglich sind diese in den meisten Fällen darin sehr kompetent. Wenn Sie sich eine besondere Bewegungsförderung für Ihr Kind wünschen, achten Sie bei der Kita-Wahl (wobei das beim aktuellen Kita-Mangel schwer werden könnte) darauf, dass es in der Kita Ihres Vertrauens Erzieherinnen gibt, die sich im Bereich Bewegung weitergebildet haben. So können Erzieherinnen beispielsweise Weiterbildungen für die psychomotorische Förderung von Kindern besucht haben. Oder Sie suchen gezielt nach einem »Bewegungs-Kindergarten«, der das Thema Bewegung und Sport – immerhin die wichtigste Entwicklungsressource – in den Mittelpunkt stellt.

In der Grundschule sieht es schon ganz anders aus. Auf dem Stundenplan steht selbstverständlich Sportunterricht! Sportlehrern in der Grundschule kommt die Aufgabe zu, Grundformen von Bewegungen zu vermitteln, auf die bei einer späteren

Spezialisierung für eine Sportart aufgebaut werden kann. Die Kinder eignen sich ein Bewegungsrepertoire an. Zur Anwendung und Übung der erworbenen Fähigkeiten gestalten Sportlehrer vielfältige Situationen wie Spiele und Wettbewerbe, lassen gezielt auf Lauf- oder Schwimmabzeichen oder für die Bundesjugendspiele trainieren. Der Sportunterricht kann also auch eine erste Möglichkeit des sportlichen Vergleichens, der Konkurrenz mit anderen sein. Ein weiterer Schwerpunkt im Sportunterricht ist das Mannschaftsspiel, das – möglicherweise zum ersten Mal – Erfahrungen im gemeinsamen zielgerichteten sportlichen Agieren ermöglicht. Der Sportunterricht bietet also für viele Kinder eine erste Schnittstelle zum zielgerichteten Bewegen, zum Erfahren von Sieg und Niederlage oder aber dem erfolgreichen (oder weniger erfolgreichen) Erlernen neuer Bewegungsformen.

Wird der Sportunterricht von den Kindern als positives Ereignis wahrgenommen, so steigt die Chance, dass sie auch in Zukunft dem Sport und der Bewegung zugeneigt bleiben. Deswegen kommt den Grundschullehrern eine so enorm wichtige Rolle zu: Um den Kindern Erfolge zu ermöglichen, muss der Unterricht so gestaltet sein, dass allen Kindern die ihrem Entwicklungsstand entsprechenden Bewegungs- und Lerngelegenheiten gegeben werden. Dafür wird den Sportlehrern während ihres Studiums jede Menge methodisches und pädagogisches Handwerkszeug mit auf den Weg gegeben. Damit können sie Kinder gezielt fördern und ihren Unterricht so differenziert gestalten, dass sich weit entwickelte oder talentierte Kinder nicht langweilen und den weniger weit entwickelten die Möglichkeit geboten wird, entsprechend ihren Fähigkeiten zu üben.

Von einer bewegten Kindheit kann bei vielen Kindern heute tatsächlich keine Rede mehr sein. Gleichzeitig haben wir große Chancen, den Kindern den Bewegungsvirus zu vermitteln. Schon im Kindergarten, im Hort oder der Krippe sollte man mit Bewegungsförderung anfangen. Kinder sollten möglichst früh Gelegenheit erhalten, viele Erfahrungen mit unterschiedlichen Dingen zu machen. Vor allem vielfältige Sinneserfahrungen spielen eine wichtige Rolle.

Achten Sie darauf, dass Ihr Kindergartenleiter bei den Worten Bewegung und Sport nicht zusammenzuckt. Die Erzieherinnen und Erzieher sind oft froh, wenn der Außenbereich für sie eher ein Platz zum Plaudern ist. Aber auch wenn Kinder meist selbstständig toben, laufen und springen, kann eine gewisse Anleitung hier und da nicht schaden. Kinder sind nicht alle gleich – genauso wie die Erzieher/-innen nicht alle gleich ausgebildet sind. Achten Sie darauf, dass neben dem freien Spiel zusätzlich Bewegungsangebote gemacht werden, die im besten Falle bestehende Defizite bearbeiten. Diese sollten möglichst in spielerischer Form präsentiert werden. Auch dafür gibt es spezielle Weiterbildungen. Es wäre schön, wenn sich der Tummelplatz der Kleinen damit schmücken könnte. Denn nicht nur Englisch ist wichtig für Vorschulkinder! Schauen Sie darauf, dass den Kindern genügend Bewegungsräume zur Verfügung stehen – ein großer Außenspielbereich und ein weiterer Spiel- und Mehrzweckraum. Auch sollten in einem »bewegten« Kindergarten genügend Materialien sichtbar sein, die einen hohen Aufforderungscharakter zum bewegten Spiel haben, zum Beispiel Bälle, Seile und Klettergerüste.

Eines scheint für die kindliche Gesamtentwicklung eine wesentliche Bedeutung zu haben: die Psychomotorik. Dieser Begriff verbindet die Motorik, also die Bewegung, und die sensorischen und psychischen Prozesse. Jedes menschliche Verhalten umfasst motorische, emotionale und kognitive Aspekte. Aus diesem Grund ist die Bewegung ein wichtiges Mittel, Informationen über die Umwelt und den eigenen Körper zu erfahren und zu begreifen. Die sportliche Betätigung ist also auch für die Wahrnehmung, die Emotionen und für die soziale Entwicklung von entscheidender Bedeutung. Schulung kann gerade in dieser Hinsicht der Kindergarten bieten, wenn er Sinnes- und Körpererfahrung genauso berücksichtigt wie Bewegungserfahrungen. Aus Sicht der Kinder sind Bewegung, Spiel und Sport aber sowieso nicht voneinander zu trennen. Das Spiel wird zum Sport, der Sport zum Spiel und beides bringt die Kleinen ordentlich in Bewegung. Sport sollte im Kindergarten immer Spiel bleiben.

Der Kindergarten ist nicht der Ort zum Erlernen spezieller sportartspezifischer Fertigkeiten, auch wenn die Kinder schon gerne mal Fußball spielen. Denn bei den Kleinsten ist es anfangs von geringer Bedeutung, dass sie zum Sport erzogen werden, sondern eher, dass der Sport ein Teil der Erziehung ist. Im Idealfall sorgt das schon für die Aktivierung des Bewegungsgens. Schön wäre es deshalb, wenn die Kinder tägliche Gelegenheit hätten, ihre Bewegungserfahrungen zu machen, damit sie ihre Fähig- und Fertigkeiten ständig verbessern könnten.

Bewegung im Kindergarten dient natürlich auch der Persönlichkeitsentwicklung. Machen Sie sich darauf gefasst, dass Bewegung nicht nur positive Erfahrungen bei den Kindern auslöst. Kinder müssen auch ihre Schwächen erkennen und mit ihnen leben lernen. In diesem Sinne dient Bewegung im Kindergarten auch der Persönlichkeitsentwicklung. Vielleicht fühlen sich die Kleinen unterlegen oder werden von anderen ausgeschlossen oder ausgelacht. Das kann passieren, hat aber keine schlimmen Folgen, wenn Sie Ihr Kind weiter bestärken.

Sport in der Schule

Was gibt es nicht alles für tolle Ergebnisse, wenn man die positiven Seiten des Schulsports betrachtet: Täglicher Schulsport fördert z. B. die kognitive Leistungsfähigkeit, bringt also Unterstützung und Fortschritte bei Fächern wie Deutsch und Mathematik. Das soll natürlich nicht heißen, dass Bewegung direkt schlauer macht, aber anscheinend verbessert sich die Gehirnleistung und das Aufmerksamkeitsniveau erhöht sich.

Komisch also, dass kein Fach in den deutschen Grundschulen so häufig ausfällt wie Sport. Immer noch wird er in manchen Schulen so wenig wertgeschätzt, dass der Sportunterricht meist als Erstes gestrichen wird. Als Grund hierfür wird oft die vermeintlich untergeordnete Rolle genannt, die Sport bei der lebenspraktischen Qualifikation der Schüler für Beruf und Gesellschaft spielt. Ähnlich verkannt werden übrigens auch die musisch-kreativen Fächer. Außerdem wird nach vorsichtigen Schätzungen 50 Prozent des Schulsports von nicht dafür ausgebildeten Lehrkräften unterrichtet. Mit diesen Widersprüchen im System müssen Eltern und Schüler anscheinend leben und tun das auch schon seit Jahrzehnten.

Schulen und Kindergärten können auch deshalb so wenig zum Ausgleich der schon hinlänglich bekannten motorischen Defizite beitragen, weil es dort so wenige qualifizierte Sportpädagogen gibt. Sie haben es sicher selbst erlebt: In Kindergarten und Schule steht Sport ständig auf der Streichliste. Zudem gibt es immer weniger Sportangebote an Schulen. Es wurde in den letzten Jahren an Schulen immer mehr in Computer und Internet investiert, weil die neuen Medien im Alltag der Kinder eine immer größere Rolle spielen. Die Sanierungen von Turnhallen und die Auffrischung der Sportgeräte wurde hingegen vernachlässigt. Oft hat sich die Ausstattung der Sporthallen seit 20 Jahren nicht verändert.

Neu aufkommende Sportarten konnten in diesem Zeitraum hingegen interessante und begeisternde Impulse geben. Die Schüler selbst wünschen sich mehr Sportunterricht, viele bezeichnen Sport als ihr Lieblingsfach. Das war übrigens bei mir auch so. Allerdings galt das nicht für jeden in meiner Klasse. Wer als Lehrer seinen Fokus auf die leistungsstärkeren Schüler legt, der wird auch nichts daran ändern, dass die »Kleinen« beim Mannschaftssport nicht gewählt und die

»Dicken« ins Tor gestellt werden. Hier gibt es immer noch einiges zu tun.

Lehrer sollten sich in diesem Bereich ständig selbst hinterfragen, denn sie selbst sind in der Regel über Leistung im Sport sozialisiert, sind sportbegeistert und wissen aus eigener Erfahrung um den Wert des Sports. Häufig treffen sie aber auf Kinder, bei denen das nicht so ist und vielleicht auch nie so sein wird. Das erfordert eine Veränderung im Verhalten der Lehrer. Wenn der größte Teil der Schüler kein oder wenig Interesse an Sport hat, sollte der Leistungsaspekt in den Hintergrund treten. Der Reiz von Bewegung ist nämlich auch bei »unsportlichen« Kindern vorhanden – ihn gilt es zu wecken durch einen kreativen Unterricht. Da zählt dann in der Leichtathletik vielleicht nicht nur, wer am höchsten springt, sondern auch, wer am lustigsten springen kann. Frei nach dem Motto: Jedes Kind kann was. Schaut man auf die Nachbarländer in Europas Norden, fällt auf, dass es auch anders geht. Sie liegen bei schulischen Vergleichen vorn, auch im Sport. So investieren die Skandinavier drei- bis viermal so viel im Grundschulbereich. In den Kindergärten dort haben die Erzieher ganz andere Möglichkeiten, da mehr ausgebildetes Personal zur Verfügung steht.

Dennoch könnten, glaubt man Experten, die Möglichkeiten des Sports in der Schule wesentlich systematischer ausgeschöpft werden. Ein Beispiel: Mathematik und Sport ließen sich so kombinieren, dass Schüler Rechnungen körperlich nachvollziehen können. 100 Meter als Maßeinheit kann man auch ablaufen, so ein Vorschlag des 2. Jugend- und Kindersportberichts. Auch hier wird die Förderung des Lernens durch Bewegung ausdrücklich unterstützt. Schon im Vorschulalter haben Kinder laut einer Studie der Berliner Humboldt-Universität positive Auswirkungen von spielerischen Bewegungsangeboten. Nach 2 Jahren hatten Kinder, die ein zusätzliches sportliches Angebot nutzten, weitaus bessere Fertigkeiten erlangt als die einer Kontrollgruppe.

Kinder im Schulalter benötigen ausreichend Spielräume, die bewegungsfreundlich sind. Da sind Schulen keineswegs optimal ausgestattet. Neben der Forderung, die Anzahl der Sportstunden zu erhöhen – die tägliche Sportstunde ist nun schon jahrzehntelang in Diskussion, wurde aber noch nie wirklich umgesetzt –, sieht der Diplom-Psychologe Klaus Krombholz aber auch inhaltlich Bedarf, etwas zu verändern. Es gilt neue Sportangebote und Sportarten, die der Lebenswelt der Schüler entsprechen, mit in den Unterricht einzubeziehen. Und wenn ein Schüler dann mal in die Rolle des Lehrers schlüpft und beispielsweise eine Unterrichtseinheit in Skateboarden gibt, ist das nicht nur ein tolles Experiment, sondern auch wünschenswert im Sinne der Mitgestaltung am Unterricht. Denn auch dies ist eine Forderung an modernen Sportunterricht: Gerade in den kritischen Jahren der Bewegungsunlust und in der Pubertät sollten Wünsche der Kinder stärker miteinbezogen werden. Warum also nicht den Sportunterricht mit Kindern und Jugendlichen planen? Und warum nicht Sport als Fach so ernst nehmen, dass auch hier Hausaufgaben eine Rolle spielen? Und dies nicht nur für Schüler, die in der weiterführenden Schule Sport als Hauptfach gewählt haben. Für die ist das ja normal. Nein, Sportpädagogen fordern gerade für die schwachen Schüler, dass diese mithilfe von Hausaufgaben Defizite aufarbeiten – und zwar unter Einbeziehung ihrer Eltern. Das verbessert vielleicht so ganz nebenbei auch den Stellenwert des Sports bei den Eltern und wird dann vielleicht nicht länger nur als Spaß- oder Unlustfach wahrgenommen.

Das offene Ganztagskonzept an Grund- und weiterführenden Schulen und das schnelle Abitur bringen ein weiteres Problem in die Diskussion. Oft wird die Möglichkeit zum Sport am Nachmittag blockiert oder es kommt zu einer stärkeren Zusammenarbeit zwischen Schule und Verein. Diese Zusammenarbeit ist ein altes Thema der Sportentwicklung im Kinder- und Jugendsport. Ohne viel Aufgeregtheit haben sich hier auf freiwilliger Basis immer schon die zusammengetan, denen klar war, dass es dieselben Kinder und Jugendlichen im selben Ort sind, für die durch die Zusammenarbeit der beiden Säulen des Kinder- und Jugendsports – staatlich verantworteter Schulsport und gemeinnütziger Sport der Vereine – ein Mehrwert entsteht. So entstehen neue Sportangebote und die Chance, Kinder dauerhaft für Sport zu begeistern, steigt.

Fachleute aber kritisieren, dass Verein und Schule grundsätzlich andere Ziele verfolgen sollten, die mit dieser Zusammenarbeit verschwimmen. »Schulsport darf kein Abbild von Vereinssport sein«, kritisiert Sportpädagoge Edgar Beckers und fürchtet, dass Vereine Nachwuchs rekrutieren wollen und Wettkampfstandards in die Schulen kommen, wo sie aber gar nicht hingehören. Die Talentsichtung ist für die Vereine zwar ein nachvollziehbares Ziel, sollte aber nicht zu Lasten der Schüler gehen, für die allgemeine Bewegungsangebote zur Förderung besser wären.

Weitere Tipps
Achten Sie also darauf, wie das Sportangebot in der Schule funktioniert. Gibt es den »Sport für alle«, nämlich für alle Kinder und Jugendlichen, die von ihren Eltern in einem Betreuungsangebot angemeldet wurden, oder Förderangebote für Kinder über eine Profilierung mit wettkampf- und leistungsorientierten Angeboten? Wichtig ist und bleibt: Bewegung, Sport und Spiel haben einen Wert an sich und brauchen keine Rechtfertigungen, warum sie genauso zur Bildung und zum Leben von Kindern gehören wie Mathematik oder Deutsch. Die hier in diesem Buch oft angesprochene Entwicklungsförderung vieler kognitiver Bereiche findet immer statt, wenn Kinder mit Freude Bewegung erleben. Und das sollte auch in der Schule erhalten bleiben. Schule ist und bleibt eine Hauptinstanz in der Verankerung von Bewegung in das Leben eines Kindes. Und das funktioniert nur, wenn Kinder im Sportunterricht Freude und

Spaß empfinden. Eine reine Wettkampforientierung kommt nur wenigen Schülern entgegen, bringt die Allgemeinheit aber nicht weiter. »Sport ist für alle da«, proklamieren sportpolitische Entscheidungsträger wie etwa die Ministerien und Sportbünde in Nordrhein-Westfalen: »Wir sind daher bestrebt, die Bildungs-, Erziehungs- und Betreuungsangebote in den offenen Ganztagsgrundschulen durch Angebote für Bewegung, Spiel und Sport einschließlich kompensatorischer Bewegungsförderung so zu ergänzen, dass möglichst jedes Kind seine sportlichen und motorischen Fähigkeiten entdecken, erfahren und entfalten kann.«

Ziele im Schulsport

Bewegungsfreude

Bewegung, Spiel und Sport bringen Freude ins Leben! Und die veranlasst Menschen, sich ihr Leben lang zu bewegen.

Gesundheitsbildung

Seinen Körper erfahren, die Wirkung von Anstrengung und Entspannung spüren, erleben, dass Bewegung guttut, das Wohlbefinden und auch das Leistungsvermögen steigert. Wird dies bewusst reflektiert, können Bewegung, Spiel und Sport zur Gesundheitsförderung beitragen.

Mitwirkung und Mitbestimmung

Wenn man gemeinsam Bewegungsideen entwickelt, diese im Team umsetzt, eventuell Rückschläge erlebt und doch weiter das Ziel verfolgt, gemeinsam etwas bewirkt, seine Meinung vertritt und für sich und die Gruppe Verantwortung übernimmt – dann erlebt man sich im sozialen Gefüge als wirksam.

Kinder stark machen

Seinen Körper zu kennen und zu akzeptieren und ein durch Sport entwickeltes gesundes Selbstbewusstsein sind wichtige Grundlagen, um in einer Welt, in der jeder seinen Weg selbst finden muss, zurechtzukommen.

Interkulturelles Lernen

Spiele aus aller Welt und bekannte Spiele mit unterschiedlichen Regeln werden im Sportunterricht gezielt vorgestellt. Spiele ermöglichen es, auch ohne Sprache aufeinander zugehen zu können, über kulturelle Grenzen hinweg zusammenzufinden und den »Fremden« ein bisschen besser zu verstehen.

Gleichberechtigte Teilhabe von Jungen und Mädchen

Die biologischen Geschlechtsunterschiede werden nicht als Legitimation für soziale Unterschiedlichkeiten in Bewegung, Spiel und Sport akzeptiert. Mädchen und Jungen müssen Räume und Angebote finden, die sich allein an ihren Interessen orientieren.

Sicherheitserziehung/Verkehrserziehung

Vielfältige Bewegungserfahrungen sind Grundlage für einen sicheren Umgang mit Risiken in Alltag und Verkehr (Bedrohungen oder Verkehrssituationen richtig einschätzen lernen).

Umweltbildung

Bewegung in der Natur und Outdoor-Sport entwickeln ein Verständnis für die natürliche Umgebung. Nur wenn Natur und Umwelt erfahren und positiv erlebt und bewertet werden, besteht die Chance, dass Kinder und Jugendliche komplexe Naturvorgänge verstehen und sich auch mit ökologischer Bedrohung auseinandersetzen.

Sport im Verein

Bewegung spielt in der Freizeit von Kindern eine große Rolle. Das zeigen Zahlen eindeutig. Sport ist bei über 80 Prozent der Kinder das meistgenannte Hobby. Davon treiben 40 Prozent der Kinder fast täglich Sport, 35 Prozent der Drittklässler und 45 Prozent der Fünftklässler sind Mitglied in einem Sportverein. Allerdings, das zeigen Untersuchungen auch, ist das sportliche Engagement unterschiedlich ausgeprägt: In den Vereinen sind mehr Jungen als Mädchen, mehr Kinder aus der höheren Bildungsschicht denn aus der bildungsfernen und mehr deutsche als ausländische Kinder vertreten. Warum aber gehen Kinder in den Verein und werden darin auch von den Eltern bestärkt? Sportvereine sind heute die mitgliederstärksten Organisationen, in denen Kinder- und Jugendarbeit stattfindet. Hier kommt Ihr Kind also endlich unter Kinder und seine Chancen, erste oder neue Freunde zu finden, steigen enorm. Der Sportverein kann dem allgemeinen Trend der Vereinzelung von Kindern entgegenwirken. Wenn »alles immer weniger« wird – die Zahl der Kinder in der Bevölkerung, die Anzahl der Geschwister, die Anwesenheit der Eltern (aufgrund von Scheidung oder Trennung) und die Zeit für die Erziehung (aufgrund der zunehmenden Berufstätigkeit beider Elternteile) –, kann auch hier der Verein ein wenig aushelfen. Kinder haben also immer weniger Erfahrung im Umgang mit anderen Kindern. Hier kommt dem Sportverein eine immense Bedeutung zu – er kann neben Familie und Schule eine Sozialisationsinstanz der Kindheit sein. Sport im Verein ist ein echtes kindheitsspezifisches Phänomen. Kinder werden heute so früh in den Verein gesteckt wie nie zuvor und das kann problematisch sein. Kann es doch, glaubt man Interpretationen des deutschen Jugendinstituts, dazu führen, dass »Kinder trainiert werden, bevor sie selbst spielen können«. Auch von einer

»Versportung der Kindheit« ist die Rede. Und das scheint sich auch in Zahlen belegen zu lassen. So war schon vor 10 Jahren laut damaliger DSB-Statistik jedes vierte Kind unter 6 Jahren Mitglied in einem Sportverein. Die Karriere im Verein, wenn man sie so nennen darf, beginnt also heute im Zeitraum zwischen 3 und 6 Jahren im Fußball und beim Mutter-Kind Turnen teilweise noch eher. Wie oben schon angedeutet, ist die Altersklasse der 10- bis 12-Jährigen am stärksten im Verein vertreten. Schon bei den etwas Älteren ändert sich das rapide: Dann treten mehr aus dem Verein aus, als ihm beitreten. Denn frühe Bindung hat auch seine Schattenseiten. Langeweile, Eintönigkeit und andere Interessen im späteren Jugendalter führen dazu, dass die Karrieren in Vereinen beendet werden. Und noch etwas wird deutlich: Bis zum Alter von 10 Jahren haben zwei Drittel der Kinder nicht nur schon den Verein, sondern auch mindestens einmal die Sportart gewechselt. Unter den Stichworten »breite Ausbildung« und »differenzierte Bewegungserfahrung« wäre das als positiv zu verbuchen. Und natürlich ist ein Grund dafür, dass die Zahl der Kindersportarten von 6–7 in den 1960er-Jahren auf über 50 angestiegen ist und somit eine Vielfalt an Versuchungen schafft. Andererseits aber steckt bei einem Wechsel von Verein und Sportart vielleicht noch mehr dahinter:

— zu starke Ausrichtung auf Wettkampf (den nicht alle Kinder zum gleichen Zeitpunkt gleich gut finden)
— Differenzen mit Spiel- und Sportkameraden oder dem Trainer
— geringe Unterstützung durch die Eltern und Freunde
— zu hohe Elternerwartungen
— Schulverschlechterung
— Erfolglosigkeit im Sport
— geringe Integration in die Trainingsgruppe

Es ist nicht immer ganz einfach, herauszufinden, woran ein Wechsel gelegen hat. Aber Sie können etwas dafür tun, dass sich Ihr Kind beim Sport wohl fühlt. Sie sollten Ihr Kind nicht nur in einen Verein bringen, weil Sie denken, Ihr Kleiner hätte eine besondere sportliche Begabung. Über Talent lässt sich so früh eh noch keine definitive Aussage treffen. Ihre Motivation sollte der Wunsch nach einer breiten Ausbildung für Ihr Kind sein, die spielerisch und freudvoll durchgeführt wird. In diesem Buch finden Sie ein paar Tipps, auf was Sie achten sollten, damit Ihr Kind den Spaß nicht verliert. Gänzlich verhindern können Sie diese Entwicklung leider eh nicht. Aber das war bei Ihnen, Hand aufs Herz, wahrscheinlich auch nicht anders. Der Verein jedenfalls ist in seiner gesamten Struktur eher an den begabten und leistungsmotivierten Kindern orientiert und vernachlässigt weniger talentierte Kinder ein bisschen. Falls Ihr Kind aus diesem Grund den Spaß verliert, handeln Sie! Besser eine Zeit ohne Verein als verlorene Zeit im Verein.

Denken Sie daran: Im Verein arbeiten viele Menschen, die wenigsten von ihnen bekommen dafür Geld und investieren dort trotzdem viele Stunden ihrer Freizeit. Das nennt man Ehrenamt. Wenn Sie Kritikpunkte haben, sollten Sie diesen Aspekt nicht vergessen. Ein Verein ist kein Dienstleister wie eine Wäscherei. Sie müssen schon auch selber etwas dafür tun, dass alles so funktioniert, wie Sie es gerne hätten. Engagieren Sie sich doch auch und stellen Sie Ihre Talente in den Dienst des Vereins. Diese müssen keine sportlichen sein. Vielleicht sind Sie ja gut am Grill. Die Kinder werden es Ihnen danken.

Informeller Sport

Es gibt auch ein kindliches Sportengagement, das außerhalb von Vereinen auf der Straße oder der Wiese und oft zusammen mit Freunden stattfindet. Informellen Sport nennt das der

Fachmann, für den aber gibt es keine eindeutige Definition. Es ist eher ein Sammelbegriff für Sport und Bewegung außerhalb von Schule und Verein und umfasst die Bereiche Trend-, Fun- und Alltagssport. Denn auch das sollten Sie beachten: Ihr Kind ist auch in seiner Freizeit sportlich aktiv. Viele Eltern halten diese zwanglosere Form nicht für richtige sportliche Betätigung, aber Vorsicht mit der Beurteilung: Sie besitzt nach Aussagen von pädagogischen Experten eine eigenständige Qualität. Informeller Sport ist offener, variabler, lässt manchmal selbstgemachte Regeln zu, hat freie Gestaltungsmöglichkeiten. Gerade dieser Alltags- und Lebensstilbezug hat für Jugendliche extreme Bedeutung, lässt ihnen viel Spielraum für die Selbstfindung und Selbstinszenierung. Ein Beispiel: Streetball kam in den 1990er-Jahren auf als eine freie Art des Basketballs, das auf der Straße gespielt wurde. Das Spiel hatte eine eigene Sprache und auch eigene Regeln, bis es wie andere Straßensportarten auch von der Industrie aufgegriffen, vereinnahmt und kommerziell vermarktet wurde.

Beim informellen Sport dominieren bei Kindern und Jugendlichen die Sportarten. Meist sind es solche, die in den Vereinen noch nicht etabliert werden konnten. Vereine haben die sich stark wandelnde Bewegungswelt der Jugend oft nicht berücksichtigt. Neue Bewegungsformen erfreuen sich großer Beliebtheit, werden aber im Verein und in der Schule noch nicht angeboten. Wobei dies eine echte Chance wäre: Vereine und auch die Schule können vom informellen Sport lernen. Ihn kennzeichnen ein hoher Grad von Selbstorganisation (in Vereinen nicht immer gern gesehen) und eine niedrige Einstiegsschwelle.

Schön wäre es doch, wenn Schüler auch in Institutionen wie Schule und Verein den Sport als »ihre Sache« erleben könnten. Das schafft natürlich auch andere Herausforderungen für Lehrer und Betreuer, wenn die Schüler oder Vereinsmitglieder auf einmal in die Rolle der Experten schlüpfen und das sportliche

Geschehen leiten und lenken. Ein tolles Experiment, das neue Erfahrungen garantiert. Für Lehrer und Schüler. Sprechen Sie das doch mal an.

Ansonsten gilt für den informellen Sport: Warum Anfahrtswege in Kauf nehmen, wenn ich direkt vor der Haustür skateboarden kann? Und auch zeitlich frei üben und Pausen machen kann, wann ich will. Denken Sie also immer daran, dass auch dies zum Sport- und Bewegungsverhalten Ihres Kindes dazugehört. Ihr Kind arbeitet dabei vielleicht nicht immer sportmedizinisch sinnvoll an seinem Körper – aber über die Bewegung an seiner Identität. Und deren Entwicklung sollte uns Eltern auch wichtig sein.

Die Zeit außerhalb von Schule und Verein wird oft zur Bewegung genutzt: Ob unser Nachwuchs nun skatet, Rad fährt, schwimmen geht, auf der Wiese Fußball mit Gleichaltrigen spielt ... Beurteilen Sie diese lockeren Zusammentreffen zum informellen Sport richtig: Auch hier trainiert Ihr Kind. Und das gilt nicht nur für den Körper, sondern hier greift ein leicht abgewandelter Spruch: »Nicht nur für den Körper, sondern auch für das Leben sporten wir!« Schließlich erobern sich die Kinder beim Treffen auf Plätzen und Straßen auch ein bisschen den Lebensraum zurück, der ihnen durch die Veränderung der Umwelt, oft aber auch durch die elterliche Vorsicht beinah abhandengekommen ist.

Das Schlecht-Wetter-Programm für die ganze Familie

Wer kennt das nicht: Man freut sich auf das lang ersehnte Wochenende und was ist vorhergesagt? Nichts als Regen. Also ist maximal ein Familienbesuch bei Verwandten drin oder wenn es sportlich werden soll(te), stürzt man sich eher »den Kindern zuliebe« in ein viel zu überfülltes Schwimmbad. Aber gäbe es da nicht auch ein abwechslungsreiches »Ersatzprogramm«, das sich für alle Beteiligten gleichermaßen »nach Wochenende anfühlt« und nicht in einem missmutigen Zwangsausflug endet?

Der ein oder andere würde jetzt wohl dazu tendieren, einfach einen Tag auf der Couch einzulegen. Dies hat ja auch seine Berechtigung ... aber macht Ihr Kind so etwas auch tatsächlich ganztägig mit? Wohl eher nicht. Denn spätestens am Nachmittag, wenn das Zuckertief eintritt, das dann womöglich mit einem leckeren Backwerk »ausgeglichen« wird, bricht plötzlich ein schier unbändiger Bewegungsdrang aus. Zumindest ist es bei uns so: Zucker-Peak und Bewegungsmangel vertragen sich nämlich alles andere als gut. Und was passiert dann? Die Kinder werden nölig, fangen an sich gegenseitig oder uns Erwachsene zu provozieren oder kommen mit dem Standardspruch um die Ecke, der natürlich bei einem Kinderzimmer, das einer Spielwarenabteilung gleicht, eigentlich kaum nachvollziehbar erscheint: »Mir ist langweilig!«

Und so kam die Idee – ursprünglich schon aus der Not geboren –, im eigenen Heim Bewegungsmöglichkeiten aufzuspüren. Anfangs fiel es noch recht schwer, sich etwas einfallen zu lassen, das sich auch auf kleinerem Raum umsetzen ließ. Aber mit Hilfe der Kinder entwickelte diese Suche eine Art Eigendynamik: Auf einmal wurden aus Alltagsgegenständen wie Kissen, Decken, Stühlen, Teppichen, Bänken, Treppen, Schnüren, Seilen etc. spannende Parcours quer durch das Wohnzimmer kreiert. So entstand zum Beispiel ein geheimnisvoller Dschungelpfad, auf dem man sich balancierend und kletternd von Gegenstand zu Gegenstand fortbewegen musste – der Boden durfte nicht berührt werden. Auch längst vergessen geglaubte Spiele aus den eigenen Kindheitstagen kamen wieder in den Sinn: Kennen Sie noch das gute alte Gummitwist oder das Kästchenhüpfspiel »Himmel und Hölle«?

Hierbei können auch wir Erwachsenen noch einmal in alten Erinnerungen schwelgen und/oder einfach mal ausprobieren, was von unseren früheren motorischen Fähigkeiten noch erhalten geblieben ist.

Im folgenden Pool von Bewegungsspielen finden Sie eine Auswahl von Möglichkeiten, die leicht und ohne immensen Platzbedarf umzusetzen sind. Je nach momentaner Stimmung oder Bedarf können die Spiele einzeln gespielt oder beliebig zusammengestellt werden. Auch über die Dauer der Spiele entscheiden Sie als Familie selbst. Sobald die Konzentration nachlässt, ist es ratsam, das Spiel zu wechseln. So verhindern wir, dass sich Unlust einstellt – denn wir wollen natürlich möglichst nur positive Bewegungserlebnisse befördern!

Wir wünschen viel Vergnügen beim Ausprobieren und Nachturnen!

Haltung und Koordination

Standgeschicklichkeit mit Ball
Benötigte Materialien: Tennisbälle, oder schwieriger: Golfbälle; ein Igelball erhöht den Massageeffekt;
Mitspieler: für Spielvariante B mindestens 3

Spielidee und Trainingswirkung: Die Füße werden mit mäßigem bis festerem Druck auf den Ball massiert, was die große Plantarfaszie (Sehnenplatte im Bereich der Fußsohle) entlastet und zu neuer Energie verhilft. Zudem fördert es die Feinmotorik und Muskelkraft der Füße, die häufig durch das Tragen von engen Schuhen verloren geht. Durch den kurzzeitigen Einbeinstand wird auf spielerische Weise auch die Gleichgewichtsfähigkeit geschult. Das genaue Zupassen des Balls von einem zum anderen erfordert darüber hinaus die Differenzierungsfähigkeit und Präzision des Krafteinsatzes beim Zuspiel.

Spielanleitung: Tennisball vor sich am Boden ablegen. Barfuß aufrecht hinstellen und die Gleichgewichtsverteilung des Körpers zwischen linkem und rechtem Fuß erspüren. Sind Unterschiede spürbar? Wird ein Fuß automatisch mehr belastet als der andere? Nun einen Fuß auf den Tennisball abgelegen und ihn langsam und kreisförmig bewegen, sodass die Fußsohle massiert wird. Schmerzpunkte können gezielt gehalten und der Druck verstärkt werden (Kinder reagieren eher empfindlicher). Danach erneut den aufrechten Stand (ohne Ball) erfühlen. Sind nun Unterschiede an den beiden Fußsohlen spürbar? Dann den anderen Fuß mit dem Ball massieren.

Varianten zur Förderung der Gleichgewichtsfähigkeit im Stand:
A: In einer leichten Kniebeugung auf ein Bein stellen, der andere Fuß ruht auf dem Tennisball. Die Arme können zur Gleichgewichtssteigerung leicht zur Seite oder nach hinten gehalten werden. Mit den Augen einen Punkt am Boden fixieren. Nun den Ball mit einem Fuß um das Standbein kreisen lassen – erst in eine, dann in die andere Richtung. Dann Fußwechsel. Spielidee: Wer schafft die meisten Umdrehungen ohne Bodenkontakt mit dem Fuß?
B: In Kreisaufstellung wird der Ball mit dem Fuß auf Zuruf und im Uhrzeigersinn an den Nachbarn weitergerollt.

Richtungswechsel kann derjenige mit Ballbesitz bestimmen; ebenso, ob vor oder hinter dem Körper weitergegeben wird.

Papier zerreißen
Benötigte Materialien: Altpapier und evtl. weitere nicht spitze Gegenstände, eine größere Kiste/Box
Mitspieler: beliebig
Spielidee und Trainingswirkung: Der noch formbare Fuß des Säuglings muss zur idealen Entwicklung der Fußmuskulatur ausreichende Kräftigungsreize erhalten. Ohne diese werden keine physiologischen Fußgewölbe ausgebildet, die für ein lebenslanges beschwerdefreies Gehen, Stehen und auch für die aufrechte Haltung zwingend erforderlich sind. Auch Erwachsene können mit Fußgymnastik Schmerzzustände lindern, im Idealfall arthrotische Veränderungen im Fußbereich sogar gänzlich vermeiden. Längeres tägliches Barfußlaufen auf weichen und möglichst verschiedenartigen Untergründen (und im Idealfall auch ein gezieltes viertelstündliches Fußtraining täglich) ist zu empfehlen.
Spielanleitung: Gegenstände und Zeitungspapier auf dem Boden verteilen. Im aufrechten Stand nun die alte Zeitung (ggf. auch Küchenrolle) nur mit den Füßen zerreißen. Wer schafft die kleinsten Schnipsel? Erst wenn keine kleineren Schnipsel (auch mit Hilfe der anderen) mehr möglich sind, wird alles (inklusive der anderen Gegenstände) in die Box geräumt – natürlich ebenfalls nur mit den Füßen!
Spielvarianten:
A: Die Zeitung nicht zerreißen, sondern bügeln, das heißt, erst mit den Zehen leicht zusammenraffen (= Wäsche zerknittern) und im Anschluss wieder glätten (= bügeln)
B: Mit Bunt- oder auch Filzstiften mit den Zehen ein Bild malen. Man kann auch ein Ratespiel daraus machen, indem

die anderen jeweils erraten müssen, was das Gemälde darstellen soll.

C: Verschiedene geeignete Gegenstände werden in einen Sack/ eine Tüte gelegt und müssen mit den Füßen mit verbundenen Augen herausgeholt und erraten werden.

Kraft aufbauen

Spinnenball
Benötigte Materialien: Ball (je kleiner, desto anspruchsvoller)
Mitspieler: mindestens 1
Spielidee und Trainingswirkung: Es wird die Stützkraft der Arm- und Schultermuskulatur gestärkt und die Stabilisation der Rumpfmuskulatur gefördert, da durch das wechselseitige kurze Lösen eines Fußes auch die tiefliegende schräge Rücken- und Bauchmuskulatur angesprochen wird. Dabei werden auch alle rückwärtigen Muskeln des Körpers (v. a. Gesäßmuskeln, untere Rückenmuskeln und Oberschenkelrückseite) gekräftigt. Durch das Hin-undher-Krabbeln wird natürlich auch das Herz-Kreislauf-System gut gefordert.
Spielanleitung: Die Mannschaften in zwei gleich große oder weitgehend leistungsähnliche Gruppen aufteilen. Auf jeder Spielfeldseite eine Torlinie markieren (zum Beispiel durch farbiges Klebeband oder je zwei Hütchen pro Seite). Nach einem Startzeichen versuchen alle Spieler den Ball im Spinnengang zu ergattern und mit dem Fuß über die gegnerische Linie zu schießen. Die Mannschaft, die das Tor kassieren musste, ist nun in Ballbesitz.
Spielvarianten: Es kann auch im Vierfüßlerstand gekrabbelt oder ohne Kniekontakt als Hund, Katze, Tiger gespielt werden. Dann wird mit Hand oder Kopf geschossen.

Hüpfekästchen
Benötigte Materialien: farbiges Klebeband (leicht und spurenfrei lösbar)
Mitspieler: beliebig
Spielidee und Trainingswirkung: Hierbei wird vor allem die gesamte Bein- und Gesäßmuskulatur stark beansprucht und trainiert. Wenn die Kästchen einbeinig »behüpft« werden, erhöht sich der Kräftigungseffekt auf der entsprechenden Seite und verbessert zudem die Gleichgewichtsfähigkeit. Das Rückwärtsspringen schult zusätzlich noch die Orientierungsfähigkeit.
Spielanleitung: Hüpfkästen auf dem Boden markieren. Alle Mitspieler dürfen sich eine beliebige Sprungkombination überlegen. Einer beginnt mit seiner Choreografie, der Rest hüpft die Bewegungsfolge nach. Dann stellt der Nächste seine Idee vor …
Spielvarianten zu »Himmel und Hölle«:
A: Hier muss die Hölle immer übersprungen werden. Im Himmel darf man sich hingegen vor dem Zurückspringen ausruhen. In geteilte Felder springt man nur mit einem Fuß, wobei die ungeteilten mit beiden Füßen betreten werden dürfen. Verschiedene Sprungarten sind in einer bestimmten Reihenfolge durchzuführen: einbeinig vorwärts, einbeinig rückwärts, mit halber Drehung (sodass man nach dem Sprung in der entgegengesetzten Richtung fortfährt), mit gekreuzten Beinen …
B: Steigerung der A-Variante: Es wird vorher festgelegt, welche Zahlen komplett übersprungen werden müssen.

Familien-Parcours
Benötigte Materialien: beliebig bzw. was gerade zur Verfügung steht und stabil genug scheint, z. B. Töpfe, Topfuntersetzer, alte Zeitungen, Holzstücke, Schnüre/Seile, Kissen, Decken, Stühle/Hocker/Bänke etc.

Mitspieler: am besten eine ganze Familie
Spielidee und Trainingswirkung: Hier steht vor allem die freie Entfaltung der Kreativität im Vordergrund. Besonders anregend und spannend wird es, wenn der Parcours zu einer Erlebnislandschaft mutiert: wenn etwa zwei Schnüre auf dem Boden mit Kissen dazwischen zu einer wackeligen Brücke im Dschungel werden etc. Wie sonst nur bei wenigen Spielen bietet so ein Parcours uns die Möglichkeit, unsere eigenen Spielregeln zu kreieren und unsere Spielideen frei zu entfalten. Und ganz von selbst – nahezu unbemerkt – steigern wir dabei unsere Differenzierungs- und Gleichgewichtsfähigkeit, vor allem aber auch unsere Körperwahrnehmung.
Spielanleitung: Es kann sich als sinnvoll erweisen, die Kinder anfangs ihre bevorzugten Materialien aussuchen und im Raum aufbauen zu lassen. Meistens erfinden sie währenddessen schon von selbst die passende Bewegungsidee dazu. Wir Erwachsenen bauen im Anschluss die restlichen Gegenstände dazwischen ein, sodass man nach der Fertigstellung aller Elemente eventuell eine Runde darüber laufen könnte – in welcher Form und Variation auch immer. Hocker und Stühle können dabei z. B. auch als kurze »Pausen-Insel« fungieren. Oder man baut direkt das Sofa mit ein. Sollten einem die Materialien dann doch mal als zu langweilig erscheinen, kann man auch einige Rollen einfaches Kreppband (gerne auch farbig) besorgen und kreuz und quer durch den Raum spannen (z. B. an Türgriffen, Tischbeinen, Türrahmen etc. befestigen). Dann ist die hohe Kunst der Geschicklichkeit beim Darunterdurchtauchen und Drübersteigen gefragt! Und beim Abbau macht natürlich das Einreißen des übergroßen »Spinnennetzes« besonders viel Spaß.

Für die Ausdauer

Seilspringen und Seil durchlaufen
Benötigte Materialien: ein gutes längeres Seil; am besten ein langes spezielles Rope-Skipping-Seil (bitte mit Schuhen bespringen – Seilkontakt ist schmerzhaft!); Stuhl oder Ähnliches zum Festbinden, wenn nur zwei Personen mitmachen; etwas mehr Raumfläche
Mitspieler: mindestens 1, besser 2 oder mehr
Spielidee und Trainingswirkung: Das Springen wirkt sich auf mehreren Ebenen gleichzeitig äußerst positiv aus. Durch den kurzzeitigen Kontaktverlust beider Füße zum Boden ist die Bewegung sehr intensiv und stärkt das Herz-Kreislauf-System. In der Beinmuskulatur wird durch die Pumpbewegung zusätzlich das Fasziengewebe elastisch gehalten und kann so Verklebungen und Schmerzen in den Beinen langfristig vorbeugen. Einbeinige Bewegungen fordern das Gleichgewicht und kräftigen die Bein-, Hüft- und Fußmuskulatur. Auch der Rücken »liebt« axiale Druck- und Entlastungsbelastungen. Durch Drehbewegungen wird die Orientierung im Raum gefördert und das Timing mit dem Seil oder zusätzlichen Reimen schult Anpassungs- und Reaktionsfähigkeit.
Spielanleitung: Entweder wird das Seil an einer Seite an eine Beinstrebe eines Stuhls befestigt (muss noch locker schwingen können) oder wird von zwei Personen jeweils an den Enden gehalten. Für kleinere Kinder empfiehlt sich, zunächst nur das Durchlaufen unter dem Seil zu üben. Die Läufer stellen sich dafür quer zum Seil mit Abstand auf und die seilschwingenden Personen beginnen, gleichmäßige, langsame Kreise von oben zu den Läufern hin (wichtig!) zu schwingen. Direkt loslaufen, nachdem das Seil den Boden berührt hat (»man läuft dem Seil hinterher«). Gesteigert wird diese Spielform, indem man im Anschluss das Reinlaufen und Weiterspringen übt, also dem Seil nur bis in die

Mitte nachläuft und vor dessen nächsten Bodenkontakt bereits abspringt. Die Seilschläge dürfen gerne laut mitgezählt werden (steigert die Motivation).

Spielvarianten:
A: Sprungformen ändern während des Springens: mal mit beiden Beinen gleichzeitig abspringen, mal einbeinig (Seiten abwechseln), mal mit Zwischenhüpfer, mal ohne, dann mit Viertel- oder Halbdrehungen oder mit Kicks etc.
B: Seilspringen mit vorgegebener Sprungfolge auf Reime:
1. Teddybär-Reim:
Teddybär, Teddybär, dreh dich um
(Springer dreht sich um)
Teddybär Teddybär, mach dich krumm
(Springer beugt sich nach vorne)
Teddybär, Teddybär, bau ein Haus
(Springer faltete die Hände über dem Kopf)
Teddybär, Teddybär, du bist raus
(Springer läuft aus dem Seil raus)
2. Die Uhr –
Einer sagt: »Die Uhr schlägt eins!« Nun müssen alle Springer nacheinander einmal ins Seil einlaufen, einmal springen und wieder rauslaufen. Wer einen Fehler macht, scheidet aus. Danach wird gerufen: »Die Uhr schlägt zwei!« Wieder laufen alle nacheinander ins Seil und springen zwei Mal. Das geht so weiter, bis es zwölf geschlagen hat. Die ersten zwei Spieler, die ausgeschieden sind, müssen die beiden Seilschläger ablösen.
C: Doppelseilspringen: Zwei große Seile werden von zwei Personen geschwungen. Das eine links herum und das andere rechts herum, beide Seile von oben zur Mitte hin (d. h. mit der rechten Hand nach links und umgekehrt). Die Springer müssen das Timing erlernen, um hineinzulaufen, dort mehrmals zu hüpfen und wieder hinauszulaufen. Auch hierbei kann einbeinig, beidbeinig etc. gesprungen werden.

D: Alle Varianten können auch mit mehreren Springern gleichzeitig ausprobiert werden. Dafür benötigt man allerdings sowohl einen ausreichend großen Raum als auch ausreichend lange Seile.

Kissenschlacht

Benötigte Materialien: weiche Kissen, möglichst ohne Knöpfe oder Reißverschlusszipper

Mitspieler: mindestens 1 bis beliebig viele; ab 4 können auch 2 Mannschaften gebildet werden

Spielidee und Trainingswirkung: Dieses klassische Kinderspiel wird häufig unterschätzt, trainiert aber auf spielerische Weise sowohl die Körperwahrnehmung (Einschätzen der eigenen Größenmaße beim Ausweichen und Ducken) als auch (durch das Fangen und Werfen) die Auge-Hand-Koordination, die damit verbundene Reaktionsfähigkeit und das richtige Timing. Durch das ständige Bücken beim Aufheben der Kissen wird zugleich die Ausdauer verbessert und die Beinmuskulatur sowie die hüftumgebene Muskulatur trainiert.

Spielanleitung: Das Ziel ist das Abwerfen des Gegners, aber auch die eigene Seite möglichst kissenfrei zu halten. Eine gegenüberliegende Aufstellung ist daher recht sinnvoll, zum Beispiel zwei Personen auf der Couch – zwei auf dem Boden. Eine Zeitabsprache kann hilfreich sein; allerdings kann auch einfach so lange (ab)geworfen werden, wie Spaß am Spiel besteht.

Gummitwist

Benötigte Materialien: ein etwa 4 Meter langes, an den Enden zusammengeknotetes Gummiband

Mitspieler: 0 (dann zwei Stühle nötig!), am besten aber mindestens 2

Spielidee und Trainingswirkung: Es geht darum, bestimmte Hüpfmuster in und am aufgespannten Gummiband zu absolvieren. Das Hüpfen trainiert die gesamte Bein- und Gesäßmuskulatur und das Herz-Kreislauf-System. Durch das gezielte Treffen oder Überhüpfen der Gummibänder in unterschiedlichen Höhen wird auch die Präzision der Bewegung (Differenzierungs- und Anpassungsfähigkeit) enorm gefordert bzw. verbessert.

Spielanleitung: 2 Mitspieler (nötigenfalls ersetzt von 1–2 Stühlen) stellen sich ins Gummiband und spannen eine hüftbreite Gasse, zunächst auf Sprunggelenkshöhe, in den nächsten Durchgängen wird je nach Fähigkeiten des Springers stufenweise erhöht. Solange ein Spieler die zuvor ausgemachten Übungen fehlerfrei »durchspringt«, wird erst im Anschluss an seine gesamten Durchgänge gewechselt, um Unruhe beim Wechseln zu vermeiden und die Belastungsdauer pro Person auch höher zu halten. Hier einige Sprungbeispiele (weitere finden Sie beispielsweise auf YouTube):

— Aus dem Laufen heraus über die gesamte Gasse springen
— Beidbeinig vorwärts in die Gasse springen und auf der anderen Seite hinaushüpfen
— Beidbeinig vorwärts auf das erste Band springen und über das Zweite hinüber
— Beidbeinig vorwärts in die Gasse springen und rückwärts wieder hinaus
— Schwieriger: Beim Sprung das erste Gummiband über das zweite mitnehmen und sich dann beim Herausspringen wieder komplett »befreien«
— Weitere Erschwernisse durch die Gummihalter (wenn zu dritt): Die Gummihalter ändern nach jedem Sprung die Beinstellung, z. B. zuerst gegrätscht, danach zusammen, wieder grätschen etc., der andere Halter kann es jeweils auch umgekehrt machen. Sobald der Springer einen Fehler macht, tauscht er den Platz mit einem der Halter.

Haltet das Feld frei

Benötigte Materialien: ca. 10–20 Luftballons, eine schmale Bank oder ein hüfthoch gespanntes Seil in der Mitte des Raumes als Spielfeldbegrenzung;
Mitspieler: mindestens 2, besser 4 Spieler, d.h. 2 pro Mannschaft
Spielidee und Trainingswirkung: Man versucht, auf eine bestimmte Zeit sein eigenes Feld von Luftballons freizuhalten. Die Luftballons werden mit der Hand über die Begrenzung auf die andere Seite des Spielfeldes geschlagen, die vom Gegner zurückkommenden werden entsprechend abgewehrt. Dadurch wird die (Reaktions-)Schnelligkeit und auch die allgemeine Ausdauer trainiert.
Spielanleitung: Auf einer Eieruhr etc. eine festgelegte Spieldauer einstellen (z. B. 2 × 5 Minuten). Jede Mannschaft erhält die gleiche Menge an Luftballons und versucht nach dem Startkommando, diese möglichst schnell loszuwerden. Wer besonders geübt ist, kann die Ballons auch mit dem Kopf oder dem Fuß aufnehmen und spielen.
Tipp/Spielvariante:
A: Bei ungleichen Mannschaftsstärken können Handicaps festgelegt werden: Starke Spieler dürfen nur mit der ungeschickteren Hand oder dem ungewohnten Fuß spielen etc.
B: Wenn nur zwei Spieler zusammen sind, kann auch das reine In-der-Luft-Halten von einem oder zwei Ballons gleichzeitig geübt werden (d.h. der Ballon/die Ballons dürfen so lange wie möglich nicht den Boden berühren, sonst »verbrennen« sie).

Stopp-Tanz

Benötigte Materialien: tanzbare Musik, Abspielgerät
Mitspieler: 1 DJ; je mehr, desto amüsanter
Spielidee und Trainingswirkung: Die freien Bewegungen zur Musik fördern Kreativität und Rhythmusgefühl. Das plötzliche Einfrieren einer Bewegung schult die Konzentration,

die Reaktionsschnelligkeit und auch das Gleichgewichtsgefühl. Je länger gespielt wird, desto größer ist der Effekt auch auf das Herz-Kreislauf-System. Man sollte also mindestens 10 Minuten Spieldauer einplanen. Beim Tanzen wird auch die Ausdauer gefördert, da man automatisch sehr viele und vor allem auch die großen Muskelgruppen in die Bewegungen integriert.

Spielanleitung: Ein Spieler wird ausgewählt, der die Musik nach Belieben mit Stopps unterbricht. Beim Musikstopp sollen alle Tänzer in der aktuellen Bewegung »einfrieren«. Wer dabei wackelt, scheidet aus. Sobald ein Gewinner feststeht, beginnt die neue Runde, bei dem der Gewinner zum »Musikbeauftragten« wird.

Spielvariationen/Steigerungen (auch als Handicap bei sehr unterschiedlich starken Spielern möglich):
A: Auf einem Bein hüpfend tanzen (Beinwechsel beachten)
B: Auf einer Stelle mit geschlossenen Augen tanzen (Achtung: zuvor ausreichend Abstand zum Nachbarn einkalkulieren)
C: Während des Tanzens ein Kirschkernsäckchen auf dem Kopf balancieren

Förderung der Feinmotorik

Der Geschicklichkeits-Stuhlkreis
Benötigte Materialien: Die jeweils benötigten Materialien sind fett unterlegt: siehe je nach Variation
Mitspieler: ab 2 (eher im Stehen zu empfehlen), sitzend ab 3
Spielidee und Trainingswirkung: Gegenstände werden unter Beachtung besonderer Aufgaben im Kreis herumgegeben. Dieses Spiel dient primär der Entwicklung der Feinmotorik, besonders einer gezielten Auge-Hand-Koordination (auch Auge-Mund). Zudem verbessert es spielerisch die Konzentrationsfähigkeit.

Spielanleitung bzw. Spielvariationsmöglichkeiten: Alle Spieler sitzen in einem Stuhlkreis eng nebeneinander und versuchen, den ankommenden Gegenstand je nach Aufgabenstellung fehlerfrei – d. h., ohne ihn herunterfallen zu lassen – weiterzugeben. Zuvor sollte man sich einigen, ob Fehler ein Ausscheiden bewirken und so ein Gewinner ermittelt werden soll. Nur bei möglichst gleich starken Spielern zu empfehlen. Gespielt wird im Uhrzeigersinn.

– Ein **Geldstück** wird von Finger zu Finger weitergegeben (gleiten gelassen).

– Mit Hilfe eines **Strohhalms** wird ein Stück **Papier** angesaugt und so zum Nachbarn weitergegeben.

– Einen **Tischtennisball** (oder **Häckisäck-Ball**) vom rechten Handrücken auf den linken Handrücken balancieren und an den Nächsten weitergeben.

– Einen kleineren **Ball** von **Löffel** zu **Löffel** weitergeben.

– Ein **Luftballon** (oder ein **Stock**) wird zwischen Beinen/Füßen weitergereicht.

– Stehend: Den Ball mit dem Fußrücken weitergeben (bei häufigem Üben auch richtiges Zuspielen möglich).

Bewusste Entschleunigung

Pizzabacken (Massage)
Benötigte Materialien: Decke oder Matte als Unterlage
Mitspieler: mindestens 1 (möglichst oberkörperfrei bzw. obenrum lediglich im T-Shirt)
Spielidee und Trainingswirkung: Die Massage dient der Entspannungsförderung des passiven Partners und der Anregung der Phantasie des Masseurs. Zur Begleitung seiner Handbewegungen erzählt der Masseur, wie er den »Pizzateig« (= Rücken des Partners) bearbeitet und mit welchen Zutaten er ihn dann lecker belegt.

Spielanleitung: Ein Partner liegt entspannt in der Bauchlage, der andere sitzt daneben (in der Fersenhocke z. B.). Es sollte im Vorfeld mit allen abgesprochen werden, dass die Wirbelsäule beim Massieren ausgespart wird, also kein Druck mit den Fingern/Händen auf sie ausgeübt werden soll. Kneifen ist ebenfalls unerwünscht. Der Masseur erzählt während der Massage, was er gerade tut:
— Teig herstellen: Den Muskelstrang links und rechts der Wirbelsäule leicht zwischen die beiden Hände nehmen und sanft von unten nach oben kneten.
— Teig ausrollen: Den Muskelstrang links und rechts der Wirbelsäule mit den Handgelenken in Fausthaltung von unten nach oben ausstreichen.
— Teig mit Tomatensauce bestreichen: Mit beiden flachen Händen gleichmäßig in kreisenden Bewegungen über den Rücken streichen.
— Teig belegen (Tomaten, Pilze, Mais, Salami, Käse, Zwiebeln etc.): Mit den Fingerspitzen auf den Rücken tippen etc.
Am Ende der Massage tauschen die Partner ihre Aufgaben.
Spielvariante mit Tennis- oder Igelball: Wenn man keine Lust aufs Erzählen hat, kann der Masseur auch einen Ball links und rechts der Wirbelsäule auf und ab bewegen. Nie über die Wirbelsäule rollen! Das Gesäß darf (nach Absprache) hingegen miteinbezogen werden. Hierbei kann gerne auch ruhige Musik im Hintergrund ablaufen

Phantasiereisen und Muskelentspannung
Benötigte Materialien: warme Unterlagen und je nach Bedarf eine Decke für jeden, eventuell ruhige Musik und Kerzen zur Erzeugung einer angenehmen Atmosphäre
Mitspieler: beliebig
Spielidee und Trainingswirkung: Das reglose Liegen mit geschlossenen Augen sowie die Konzentration auf die Stimme des Redners und die damit hervorgerufenen Eindrücke ha-

ben eine beruhigende Wirkung auf den Parasympathikus: Atmung und Herzschlag verlangsamen sich, was die Hauptvoraussetzung für Entspannung ist. Wenn man sich eine eigene Geschichte ausdenkt, regt dies die Phantasie und das Vorstellungsvermögen an.

Spielanleitung: Jeder Mitspieler erzählt reihum eine entspannende Geschichte zu einem ruhigen Thema, wie etwa zu einer Blumenwiese, zu einem Erlebnis am Meer, am Kamin, im Wald/Feld etc.

Spielvariation: Jeder Mitspieler nennt reihum eine Muskelgruppe, die kurz angespannt werden soll, und beschreibt, wie man das machen könnte. Kinder müssen das wahrscheinlich zunächst einmal üben. Wichtig ist, dass die Phase der Anspannung (zum Beispiel des Beines durch das Hochziehen der Fußzehen) nur etwa 5–10 Sekunden dauern sollte (innerlich langsam mitzählen) und in der anschließenden Entspannung etwa doppelt so lange nachgespürt wird. Auch im Gesicht sind lustige Anspannungsmöglichkeiten erlaubt (eingefrorene Grimasse machen, Stirn in Falten legen etc.).

Teil 2
Ernährung

Bloß keine Panik!

Pummelchen oder Bohnenstange

Eine erschreckende Nachricht kam im April 2017 aus Indien. Chahat war damals ein 8 Monate altes Baby mit einer unfassbaren Vita. Kaum geboren, wurde das Mädchen Tag für Tag dicker. Es war mit einem unglaublichen Appetit ausgestattet. Zur Geburt normalgewichtig, erreichte es mit 8 Monaten ein Körpergewicht von 19 Kilogramm. Das ist normalerweise das Gewicht eines 4-jährigen Kindes. Der Appetit eines 10-Jährigen aber ließ Chahat extrem fettleibig werden. Die Eltern hatten keine Erklärung. »Sie isst die ganze Zeit. Und wenn wir ihr nichts zu essen geben, beginnt sie zu schreien«, sagte die Mutter. Die Ärzte waren ratlos und Spezialisten konnten sich die Eltern nicht leisten. Sie übertrugen die Verantwortung an Gott. Er habe ihr diesen Appetit gegeben. Das Schicksal liege nicht in ihrer Hand.

Ein erschütternder Fall mit offenem Ende. Selbst wenn Chahat wieder in die Spur kommt, zeigt dieser Fall doch eines: Ratlosigkeit, die oft aufkommt, wenn man über das Thema Ernährung und Kinder redet.

Denn Essen gehört ja auf jeden Fall zu den kindlichen Bedürfnissen. Und damit wird es sicher nicht einfacher. Die Zahlen sprechen eine deutliche Sprache. 15 Prozent der 3- bis 17-Jährigen sind übergewichtig, jeder zweite sogar stark. Weltweit sind rund 10 Prozent der Kinder übergewichtig, in Europa ist sogar jedes fünfte Kind zu dick. Die Gründe hierfür sind vielfältig. Ganz sicher aber spielen die Gene genauso eine Rolle wie die Bewegung, das Essverhalten, der Medienkonsum und der sogenannte sozioökonomische Status. Es kommt auf all diese Komponenten an. Aber auch auf das Vorbild. Wie gehe ich selbst mit Bewegung und Ernährung um? Ein wesentlicher Faktor, der sich meist beim Kind spiegelt. Übergewicht bei Kindern bedeutet in vielen Fällen, dass auch die Eltern zu viel Gewicht mit sich herumschleppen. Was nicht heißt, dass übergewichtige Eltern zwangsläufig übergewichtige Kinder haben. Und ebenso kann auch bei schlanken Eltern ein Pummelchen gedeihen. Dennoch: Kinder adipöser Eltern haben ein 300 Prozent höheres Risiko, auch übergewichtig zu werden. Und mit dem Übergewicht drohen auch gesundheitliche Folgen.

Fatal ist, dass besonders Kinder aus sozial schwachen Familien gefährdet sind. Bildung hat Einfluss auf das Gewicht. Klingt komisch, ist aber so. Eine Langzeitstudie wies nach, dass anfangs schlanke Kinder innerhalb von 6 Jahren sechsmal häufiger übergewichtig werden, wenn das Bildungsniveau niedrig ist. Nicht dass wir uns falsch verstehen: Das Problem trifft alle. Die Schlauen, Reichen und Schönen sind nicht fein raus, denn das Phänomen gibt es natürlich bei allen Bevölkerungsgruppen und Schichten. Auch haben Magersucht und Diätwahn deutlich zugenommen. Alles, weil sich viele zu wenig und einige zu viel mit den Folgen von Essen beschäftigen.

Die Prognose ist eher ernüchternd. Glaubt man Studien, die Daten von Grundschulen auswerteten, so könnte man den Trend folgendermaßen beschreiben: Einmal übergewichtig, immer übergewichtig. Denn in Langzeitbeobachtungen fand man heraus, dass Kinder, die im Vorschulalter etwas dicker waren, noch als Erwachsene mit ihrem Gewicht zu kämpfen hatten. Und auch wir Eltern sind im Umgang mit der Thematik nicht einfach. Kinderärzte beklagen, dass manche Eltern das Problem bewusst ignorieren. Eine Frankfurter Studie belegt dies. Über 70 Prozent der Eltern mit übergewichtigen Kindern schätzten das Gewicht ihrer Kleinen als »genau richtig« ein. Die Gründe können nur vermutet werden, liegen aber psychologisch nahe. Wer sowieso schon stigmatisiert wird, möchte innerhalb der Familie Rückendeckung. Und hat sich oft schon an sein »Schicksal« gewöhnt. Vielleicht hat sich das gesellschaftliche Bild auch schon verändert. Wenn die Kinder und Jugendlichen generell pummeliger sind und werden, dann nimmt man das eigene Übergewicht als normal wahr.

Gibt es keinen Ausweg? Panik jedenfalls ist der falsche Weg, dem Problem zu begegnen. Denn gerade der permanente Blick auf das Gewicht ist selbst eine Gefahr. Bei Erwachsenen wie auch bei Kindern und Jugendlichen. Ernährungswissenschaftler bemängeln das schon lange. Wer kennt das Phänomen nicht: Kinder wachsen heran und in jeder der verschiedenen Entwicklungsphasen sind sie gekennzeichnet durch den Wechsel von Proportionen. Mal sind Kinder total dünn, dann scheinen sie plötzlich dick zu sein. Ein häufiges Gesprächsthema unter Eltern: Gerade noch haben sie die Schlankheit ihrer Tochter gelobt und dabei etwas naserümpfend das Nachbarkind betrachtet, das etwas dicklicher geworden ist. Da schlägt das Schicksal erbarmungslos zu – auch die eigene Tochter wächst plötzlich in die Breite! Und vorbei ist der entspannte Blick. Wer jetzt ständig auf seine Kinder einwirkt (»Du musst weniger essen« oder »Jetzt ist aber gut«), bringt diese schon unbemerkt in eine Spirale, die deren ständige Beschäftigung mit dem Gewicht fördert.

So haben amerikanische Forscher nach einer Untersuchung an 2400 Mädchen die These formuliert, dass Mädchen, die als dick bezeichnet werden, später ein höheres Risiko für Fettleibigkeit haben. Der Grund dafür sei vermutlich die durch die Stigmatisierung entstehende Angst vor weiterer Diskriminierung. Das löse Stress aus, der mit Essen kompensiert wird. Außerdem fördert Stress die Ausschüttung von Cortisol im Körper. Das hemmt wiederum die Fettverbrennung. In den meisten Fällen ist die Angst sowieso eher unnötig. Denn bei mehr als einem Drittel der Kinder, die mal als zu dick erscheinen, regelt das Wachstum alles wieder. Wichtig ist, die Entwicklung im Auge zu behalten. Das tut im Übrigen auch der Kinderarzt. Bei übergewichtigen Kindern im Vorschulalter reicht es aus, aufmerksam und bewusst mit dem Thema umzugehen. Und vor allem das Gewicht zu stabilisieren. Ist Ihr Kind älter, so ist es bei Übergewicht das Ziel, das Gewicht zu halten, da sich der sogenannte Body-Mass-Index dann durch das Wachstum verringert. Es geht immer hin und her, das Spiel mit der Breite und der Länge. Seien Sie wachsam, aber nicht panisch.

In der Pubertät laufen die Dinge nochmal anders. Da fragen sich auch besorgte Väter, warum die Hosen ihrer Kinder nicht mehr passen, und vor allem, woran das liegt. Heimlich konferieren die Eltern, damit es der Teenager nicht mitbekommt: Kommt jetzt hoffentlich bald mal der Wachstumsschub oder müssen wir schon mal einen Diät-Drink anrühren? Normal ist, dass Kinder in der Vorpubertät fülliger werden. Das sichtbare Fett ist nicht überflüssig. Es ist nötig, um in die Pubertät zu starten. Denn rein evolutionstechnisch sind Menschen nur dann zur Fortpflanzung geeignet, wenn sie genügend Energiereserven haben. Erst dann startet tatsächlich die Pubertät. Das ist auch der Grund, warum bei Leistungssportlerinnen, die über wenig Fettpolster verfügen, die Pubertät oft verspätet einsetzt. Also alles entspannt? Nicht ganz. Denn im Gegensatz zu den 1980-er Jahren schleppen die Kinder deutlich mehr Gewicht mit in die Vorpubertät. Und in der Pubertät kommt dann die Ruhe. Nur nicht bei den Eltern. Die werden dann nervös. Nein, die vorher noch lieben Kleinen schränken ihren Bewegungsdrang drastisch ein. Deshalb steigt auch in der Pubertät nochmal das Risiko für Übergewicht. Denn Untersuchungen deuten an, dass gerade in der Phase des größten Wachstumsschubes der Energieverbrauch um ein Viertel sinken kann. Die körperliche Aktivität nimmt ab, gerade bei Mädchen. Und die wäre eigentlich nötig. Denn im Gegensatz zu früher, als Kalorien angespart wurden, um Wachstum zu ermöglichen, führt der geringere Verbrauch beim heutigen Überangebot an Essen tendenziell eher zu Übergewicht.

Die Gesundheit von Kindern

Eine kurze Einschätzung und Bestandsaufnahme zu Beginn: Das Robert Koch-Institut führte eine Langzeitstudie zur Gesundheit von Kindern und Jugendlichen in Deutschland (KiGGS) durch, 12 000 Kinder und Jugendliche im Alter von 1 bis 17 Jahren und deren Eltern wurden dabei befragt. Es ging unter anderem um körperliche Gesundheit, Gesundheitsverhalten und die soziale Lage. Nimmt man die Ergebnisse für den allgemeinen Gesundheitszustand, sieht alles blendend aus. 94 Prozent der Kinder und Jugendlichen weisen nach Aussagen der Eltern einen sehr guten bis guten Gesundheitszustand auf. Auch die Lebensqualität bezogen auf die Gesundheit wird überwiegend positiv bewertet. Allerdings zeigt auch dieser Bericht, dass der soziale Status starken Einfluss hat auf den allgemeinen Gesundheitszustand. Salopp gesagt: Wem es finanziell schlechter geht, wer keinen Job und eine mindere Berufs- oder Schulbildung hat, dessen Kind hat ein 3,5-fach höheres Risiko für einen ebenfalls schlechteren Gesundheitszustand. Und auch Belastung, Stress und Zeitprobleme sind Auslöser für gesundheitliche Beschwerden. Ist man in der Familie eher unzufrieden, verdoppeln sich nach einer AOK-Studie die Beschwerden. Interessant ist dabei, dass es immer auch eine subjektive Seite gibt. Wie schon bei den Eltern, die ihre Kinder im Regelfall für normalgewichtig halten, obwohl sie es nicht sind, gibt es das Phänomen auch bei den Kindern, nur genau andersherum ausgeprägt. Denn bei den 15-Jährigen sind gut 20 Prozent der Jungen und 13 Prozent der Mädchen übergewichtig. Dies ist der objektive Wert. Fragt man aber diese Altersgruppe, wie sie sich bezüglich ihres Gewichts selbst einschätzt, so findet sich ein Viertel der Jungen zu dick. Bei den Mädchen sind es sogar 50 Prozent. Überrascht Sie das? Uns nun wirklich nicht. Denn gerade in dieser Altersstufe ist Gewicht natürlich ein Riesenthema. Und die Werbung hat den Jugendlichen und besonders den Mädchen ja lange genug eingeredet, wie man am besten aussehen soll. Dass dies der Realität meistens nicht entspricht, wird kaum thematisiert. Man lässt die Kinder und Eltern damit alleine. Eines der Hauptwörter der Pubertät ist der Zweifel. Und so ist es nicht verwunderlich, dass die Heranwachsenden an den Eltern zweifeln, aber auch an sich selbst. Zumal jede Figur individuelle Proportionen hat und nicht durch ein bestimmtes Körpergewicht manipuliert werden kann. Aber wenn man online und in der Werbung nur bestimmte Figur-Modelle bewundern kann, ist es klar, dass die Vorbilder unsere Kinder verzweifeln lassen. Und wenn wir ehrlich sind: uns selber auch! Dass Ihre Kinder das in der Pubertät nicht verstehen, ist klar. Sie aber sollten immer im Hinterkopf haben: Ein niedriges Körpergewicht garantiert nicht automatisch eine Traumfigur. Seien Sie wachsam, wenn 15-Jährige nach Diäten fragen und damit leider voll im Trend liegen. Unvorstellbare 25 Prozent der 15-jährigen Mädchen haben schon eine Diät gemacht oder versucht anderweitig abzunehmen. Kein Wunder. Denn fast die Hälfte aller Mädchen in diesem Alter fühlt sich zu dick. Schon bei den 11-Jährigen ist es fast ein Drittel. Erschreckende Zahlen. Denn nur jedes siebte von hundert Mädchen ist tatsächlich übergewichtig. Wer ist schuld? Generell kann man sagen: Wie schön wäre es, wenn unsere Schönheitsideale vielfältig und nicht so eindimensional wären!

Es gibt sogar Studien, deren Ergebnisse folgendes Erstaunliche belegen. Auch das Verhalten der Eltern vor der Zeugung bestimmt anscheinend, ob Kinder zum Dickwerden neigen. Demnach beeinflussen beispielsweise Rauchen und ungesunde Ernährung, welche Gene im Erbgut aktiviert werden und welche nicht – und das sei genauso vererbbar wie die Gene selbst. Damit beschäftigt sich die Epigenetik, die erforscht, wie Umweltfaktoren die genetische Vererbung begünstigen oder bremsen. So zeigten Wissenschaftler aus Kopenhagen, dass die Anfälligkeit für Übergewicht auch bei Menschen an die nächste Generation weitergegeben werden kann. In beiden Fällen fanden die Forscher epigenetische Veränderungen in Spermien; sie betrafen etwa die Regulierung von Genen zur Steuerung von Appetit. Eine Untersuchung in Norwegen zeigte wiederum, dass Kinder von Ex-Rauchern ein erheblich höheres Asthmarisiko haben, selbst wenn die Väter lange vor der Zeugung mit dem Laster aufgehört hatten. Wer vor der Zeugung mehr als 10 Jahre rauchte, erhöhte demnach das Asthmarisiko seiner Kinder um 50 Prozent.

Im Umkehrschluss gilt: Guter Lebenswandel zahlt sich noch Generationen später aus. Denn epigenetische Vererbung ist, anders als genetische Vererbung, prinzipiell reversibel, also umkehrbar. Die Disposition für Fettleibigkeit und Diabetes Typ 2 könnte also bei entsprechendem Lebenswandel über die Generationen wieder abnehmen.

Einflussmöglichkeiten gibt es also reichlich. Genetische Anlagen entscheiden zwar mit darüber, ob jemand dick oder dünn wird oder schwerer abnehmen kann, aber bei weitem nicht allein! Denn unsere Ernährung und die Bewegung beeinflussen den Stoffwechsel. Und dies ist der optimale Ansatzpunkt. Leider haben hier einige ein Kopfproblem: Ihre eigenen Gedanken spielen ihnen einen Streich. Untersuchungen zeigen deutlich, dass diejenigen, die glauben, ihr Übergewicht sei angeboren, tatsächlich ungesünder leben – und so auch wirklich häufiger übergewichtig werden. Psychologen von der Texas University untersuchten fast 10 000 Männer und Frauen. Das Ergebnis: Menschen, die das Körpergewicht als angeborene Eigenschaft ansahen, ernährten sich mit steigendem Alter weniger gesund als diejenigen, die ihr Gewicht als beeinflussbar betrachteten. Auch führte der Glaube an ein vererbtes Gewicht zu weniger

Bewegungsbereitschaft. Das Fazit der Psychologen lautete: Will man Menschen zu einer gesünderen Lebensweise animieren, muss man die Vorstellung bekämpfen, dass Gewicht reine Veranlagung ist.

Und ein Beweis für die These, dass es für viele sowieso zu schwer ist, ein »normales« Körpergewicht zu erreichen, ist eine Auswertung von 48 Abnehm-Programmen mit über 5000 Teilnehmern der Uni Duisburg-Essen. Nach zwei Jahren waren die untersuchten Kinder und Jugendlichen immer noch dick. So schwer es scheint, die Traumbilder müssen weg. Lieber 10 Kilo mit Spaß losgeworden als 30 Kilo unter Zwang und mit Jo-Jo-Effekt. Der Körper hat Grenzen, die man nicht überschreiten kann.

Zudem registrieren die Experten laut Stiftung Kindergesundheit eine Zunahme von chronischen Erkrankungen bei Kindern und Jugendlichen. Sie forderten, die Aufmerksamkeit zu verschieben: Denn die Ausgaben des deutschen Gesundheitssystems lagen im Jahr 2015 bei fast 345 Milliarden Euro. Nur 3 Prozent der Ausgaben fallen allerdings auf den Bereich der Prävention. 11 Milliarden – klingt viel, ist aber nur ein Tropfen auf den heißen Stein. Gerade weil die Möglichkeiten groß wären. Die Grundlagen für glückliche und gesunde Kinder werden ja schon in der Schwangerschaft und im Kindesalter gelegt.

Und am Ende nochmal zur KiGGS-Studie und deren Aussage zum Sport. Auch hier sind Ergebnisse auf den ersten Blick beruhigend: Fast 80 Prozent der 3- bis 17-Jährigen treiben Sport, 60 Prozent sind im Verein. Aber nur etwas mehr als ein Viertel aller Befragten entsprechen der Empfehlung der Weltgesundheitsorganisation WHO, täglich eine Stunde körperlich aktiv zu sein. Es gibt viel zu tun, packen wir es an!

Wie Ernährungsverhalten entsteht

Lange ist es her, aber ich sehe mich noch wie heute gegenüber meiner 7 Monate alten Tochter sitzen. Nach dem Stillen sollte es erstmals andere Nahrung geben. Natürlich gesund und selbst püriert. Zucchini und Brokkoli. Absolut ungesalzen. Noch war der grüne Brei so heiß, dass man sich die Zunge verbrannt hätte. Deshalb pustete ich darauf und tat so, als ob mich die Nahrungspampe in Begeisterung versetzen würde. Meine Tochter schaute eher skeptisch, so als ob sie den Braten riechen würde. Und ich dachte: »Wenn es nur Braten wäre!« Ich tat aber weiter so, als ob ich mich am liebsten selbst draufstürzen wollte. Denn in Wirklichkeit fand ich damals Zucchini und Brokkoli auch nicht besonders lecker. Als »gutes« Vorbild schob ich mir aber nach dem Abkühlen diverse Löffel selbst in den Mund, begleitet von so manch lautem »Mhhhh«. Als ich ihr aber einen Löffel verabreichen wollte, schüttelte sie sich nur und begann zu weinen. Nix wurde es mit der ersten tollen Gemüseration. Es hat noch mehrere Anläufe gebraucht, bis es funktionierte.

Aus heutiger Sicht gehe ich davon aus, dass meine Tochter damals intuitiv gemerkt hat, dass ich nur ein Begeisterungstheater aufführte, obwohl mir selbst vor dem Gemüsebrei grauste. Somit war ich auch kein überzeugendes Vorbild. Kein Drama: Eltern müssen nicht alles mögen, was Kinder essen sollen. Sie sollten aber bedenken, dass sie eine enorme Wirkung auf das Verhalten ihrer Kinder haben.

Ernährungsexperten wissen das schon lange. Und der schöne Satz von Thomas Elrott, Ernährungspsychologe an der Uni Göttingen, macht es deutlich: »Kinder messen ihre Eltern daran, was sie tun – und nicht daran, was sie sagen.« Also nicht lange reden, sondern machen. Das gilt für alle Bereiche – wenn es um Ernährung geht: kochen, probieren, genießen, mit Freude essen und auch auf die Zutaten achten. Hier sind besonders die Getränke zu erwähnen, die später ausführlich behandelt werden. Kinder lernen durch Beobachten und Nachahmen. Optimal wäre es, jede Menge Geduld mitzubringen und vor allem auch eine große Portion Gelassenheit. Stress und Essen passen nicht zusammen. Vor allem nicht der ständige Blick auf das Verhalten des Kindes. Blicken Sie auf sich: Arbeiten Sie mit Druck oder Verboten? Machen Sie ständig Vorschriften oder halten Vorträge über gesundes und ungesundes Essen? Dann liegt der Optimierungsbedarf deutlich bei Ihnen.

Das zeigen auch Zahlen, die das Bundesministerium für Landwirtschaft und Ernährung 2017 veröffentlichte. Zwar sagen 99 Prozent der Deutschen, dass Essen schmecken soll, und 89 Prozent, dass es gesund sein soll – allerdings bevorzugt über die Hälfte der Menschen im kochfähigen Alter die schnelle Zubereitung. Erstmal nicht so schlimm. Aber die junge Generation zeigt uns, was damit gemeint ist. Denn über 70 Prozent der 19- bis 27-Jährigen hat »keine Zeit« für eine vernünftige Essenszubereitung und jeder Dritte bevorzugt Tiefkühlkost. Und hier besonders die ungesunde Variante: Pizza etc.

Was das alleine kalorisch bedeutet, auch das werden Sie später noch lesen können. Vorab schon mal: Nichts Gutes! Während Fleisch und Pasta zu den Lieblingsspeisen der Gesamtbevölkerung gehören, steht Gemüse nur bei jedem Fünften auf dem Essensplan. Wirklich verwunderlich, denn die vielen Kochbücher und Kochshows scheinen ja zu zeigen, dass das Interesse an Zubereitung und Selbermachen eigentlich groß sein muss. Auch hier sprechen die Zahlen leider eine andere Sprache. Die Kochlust der Deutschen nimmt nämlich tatsächlich ab. In Deutschlands Küchen wird immer weniger gekocht. Nur 40 Prozent kochen täglich, 33 Prozent noch zwei- bis dreimal in der Woche und 12 Prozent gar nicht. Bei den Jugendlichen ist die Zahl noch höher: Da geben schon 30 Prozent an, niemals zu kochen.

Also, Deutschland ist nur gefühlt ein Land von Köchen und Köchinnen. Die Realität sieht anders aus, das spiegelt gerade die junge Generation wider. Das hat vielfältige Gründe, die auch in der veränderten Arbeitswelt und in komplizierter werdenden Familienstrukturen zu finden sind. Fakt aber ist: »TO GO« steht derzeit vor »TO DO«. Und an dieser Schraube können Sie als Eltern drehen. Es spricht nichts dagegen, dass Kinder früh lernen, einfache Gerichte selber zuzubereiten. Warum lassen Sie sich nicht einmal in der Woche ins Kinder-Restaurant einladen und freuen sich auf ein Menü Ihrer Kinder? Sicher, das erfordert Geduld und Zeit. Aber die sollten Sie sich nehmen.

Kinder essen intuitiv

In vielen Filmen, in denen Erwachsene zum Therapeuten gehen, wird die Kindheit zum Erklärungsmodell Nummer 1. Das klingt oft recht pauschal. Aber tatsächlich haben wir mit den Folgen unserer Erziehung zu leben, haben eventuell Probleme beim Heranwachsen und auch als Erwachsene, obwohl wir uns kaum noch an die Einzelheiten der Kindheit erinnern können.

Vieles ist allerdings vermeidbar. Wenn wir nur ein paar Dinge beherzigen, können wir vorbeugen. Und auch wenn wir keine hundertprozentige Sicherheit erhalten, dass bei Maßnahme A auch Resultat B herauskommt – schließlich reden wir ja immer noch von Menschen und nicht von Maschinen –, ist die Wahrscheinlichkeit hoch, dass zumindest etwas vom Input auch ankommt. Das gilt auch für das Ernährungsverhalten, das tatsächlich ein komplexes Konstrukt aus Erfahrungen, bewussten wie unbewussten, aber auch Lernprozessen ist. Außerdem mischen natürlich noch unsere genetischen Anlagen, die uns der gute alte Steinzeitmensch mitgegeben hat, mit.

Au weia, werden Sie jetzt sagen, wie soll ich mich denn da auskennen? Und muss ich jetzt studieren, um zu verstehen, was ich besser machen kann? Keine Angst, müssen Sie nicht. Wir bieten Ihnen hier erst einmal einen kurzen Überblick, wie das Ernährungsverhalten entsteht. Damit Sie später mit den Tipps rund um die Ernährung besser klarkommen. Es wird Ihnen sicher so gehen wie uns bei der Beschäftigung damit: Es ist unglaublich spannend, zu erfahren, wie alles zusammenhängt. Unser Verhalten mit dem der Kinder. Und dass »gut gemeint« nicht immer »gut gemacht« ist. Optimieren Sie also Ihr eigenes Verhalten. Ob Sie nun heranwachsende, kleine oder noch ungeborene Kinder haben: Sie haben es in der Hand! Sie nehmen ständig Einfluss durch Ihr Verhalten – anscheinend auch schon auf Ihr Kind im Mutterleib. Wissenschaftler sind sich nicht ganz einig. Aber das macht die Sache nicht weniger spannend. Die einen sprechen von einer pränatalen, also vorgeburtlichen, Prägung. Das Essverhalten der Mutter während der Schwangerschaft soll die späteren Vorlieben des Kindes also beeinflussen können. Ab der 13. Woche reifen nämlich die Geschmacksnerven des Fötus. Experimente sollen gezeigt haben, dass Kinder durch das Fruchtwasser und das Blut der Nabelschnur niedrige Konzentrationen dessen »konsumieren«, was die Mutter zu sich nimmt. Dies würde sich dann mit dem Stillen fortsetzen und so könnten sich Geschmackseindrücke verfestigen, die noch lange erhalten blieben. So ergab eine amerikanische Studie vor Jahren, dass der Konsum von Karottensaft in der Schwangerschaft und in der Stillzeit beim Kind später eine höhere Präferenz für karottenhaltigen Gemüsebrei nach sich zieht. Wie viel Karottensaft allerdings tatsächlich in der Muttermilch ankommt, kann keiner so genau sagen.

Experten der Aromaforschung der Uni Erlangen-Nürnberg untersuchten die Muttermilch verschiedener Frauen nach dem Konsum von Knoblauch, Fischöl und Stilltees. Das Resultat: Lediglich vom Knoblauch konnten sie ein Abbauprodukt finden. Und auch da gibt es wohl Unterschiede von Frau zu Frau. Ein bisschen was scheint auf jeden Fall dran zu sein. Und auf abwechslungsreiche Kost in der Schwangerschaft zu achten, schadet bestimmt nicht.

Vielleicht ist aber ein ganz anderer Erklärungspfad der bessere: Das Forschungsinstitut für Ernährung in Dortmund hat herausgefunden, wie wichtig es für die Prägung von Kindern ist, was sie als Babys olfaktorisch wahrnehmen, wenn sie beispielsweise beim Kochen an der Schulter der Mutter getragen werden. Oder wenn sie beim Stillen Haut und Kleidung der Mutter »beschnüffeln« und so bestimmte Nahrungsmittel und Gewürze riechen. Es zeigt sich also schon wieder, wie wichtig Sie als Vorbild sind. Das werden Sie hier noch öfter hören. Es gibt allerdings etwas, das Sie nicht beeinflussen können. Angeboren, verankert in unseren steinzeitlich angelegten Genen ist die Gier nach Süßem und nach Fett. »Moment!«, wenden Sie jetzt zu Recht ein, »was hat die mit den Neandertalern zu tun?« Denn als Mutter wissen Sie, dass Muttermilch süß schmeckt. Und nach dem, was Sie gerade gelesen haben, prägt dies dann die Geschmacksvorliebe! Also ist das Bedürfnis nach Süßem doch bloß erlernt und nicht programmiert durch die Menschheitsgeschichte? Leider doch. Und wir betonen: leider – denn das brockt uns heutzutage eine Menge Ärger ein. Aber es ist so, wie es ist. Also: Die ersten Menschen wussten intuitiv, was »süß« in freier Wildbahn versprach. Nämlich einen hohen Energiegehalt, und der war wichtig für das Überleben. Früchte zum Beispiel gehörten zum bevorzugten Speiseplan. Wer viel davon fand bei der täglichen Suche, hatte mehr Energie, die ihm dann im entscheidenden Augenblick vielleicht den lebenswichtigen Vorsprung vor Bär oder Tiger verschaffen konnte – mehr Kalorien bedeuteten also ein längeres Leben.

Ähnliches gilt für Fette. Denn die fungierten schon damals nicht nur als wichtige Energieträger, sondern auch wie heute noch als wichtige Geschmacksträger. Noch einen weiteren Vorteil hatte übrigens die Geschmacksnote süß. Gifte hatten und haben heute noch einen bitteren Geschmack. Insofern war der zurückhaltende Verzehr von Grünzeug beim frühen Menschen auch ein Schutz vor dem möglichen Tod. Auch heute haben noch viele diese Genvarianten, die sie auf »bitter« mit »nein danke« reagieren lassen. Beispiele lassen Sie bestimmt hellhörig werden: Brokkoli, Kohl, Kohlrabi, Radieschen, Chicorée, Rucola, Grapefruit ... Gehört alles nicht zu den Lieblingsspeisen von Kindern. Aber auch hier gilt: Umprogrammieren möglich – leider ohne Erfolgsgarantie.

Hier und heute, im Jahre 2017, weiß man Sachen, von denen man vor dreißig Jahren noch nie etwas gehört hatte. Zum Beispiel das Phänomen »Neophobie« – der Begriff beschreibt die Angst der Kinder vor neuem Essen. Eine Phase, die Sie als Eltern alle kennen, ohne dass Sie deshalb mit Ihrem Kind zum Psychologen gegangen sind. Diese Phase ist bedeutsam, denn in ihr wird der Grundstein für das Interesse an vielfältigem Genuss gelegt. Experten wissen, dass diese Angst aktiv verlernt werden kann, wenn verschiedenste Lebensmittel immer wieder angeboten werden. Eine europäische Studie konnte tatsächlich belegen, dass ein abgelehntes Nahrungsmittel bzw. Gericht im Schnitt acht bis zehn Mal wieder angeboten werden musste, bis es akzeptiert und gern gegessen wurde. Wichtig ist, dass Sie geduldig bleiben. Denn: Frühe Abwechslung zahlt sich langfristig aus! Und beugt der sogenannten »spezifisch-sensorischen Sättigung« vor. Sich ständig wiederholende Geschmacksqualitäten führen nämlich eher zu einer Abneigung. Es ist ein bisschen wie bei der zu frühen Spezialisierung beim Sport. Auch da waren ja die vielseitig Ausgebildeten später die »besseren« Sportler. Und bitte nicht mit Zeigefinger und Verboten hantieren. Und schon gar nicht mit dem Wort »gesund«! Aber dazu später mehr.

Bei Kindern ist Essen auch mit Emotionen besetzt. Dies bleibt teilweise noch lange bis ins Erwachsenenalter bestehen. Wenn Ihnen als Kind bei einer bestimmten Speise übel geworden ist, werden Sie sich auch später noch daran erinnern. Und diese weiterhin verschmähen. Das Gehirn speichert besonders solche Erfahrungen, die mit Gefühlen verbunden sind, egal ob das gute oder schlechte waren. Falls Sie also Ihrem Kind Süßigkeiten geben, wenn es in der Öffentlichkeit mal ausflippt oder wenn es nicht stören soll, dann wird dieser Zusammenhang gespeichert! Und führt eventuell zu schwerwiegenden Störungen, weil Ihr Kind letzten Endes gelernt hat, sich bei Frust, Langeweile oder Trauer mit Essen zu trösten.

Bleiben wir noch kurz beim Umprogrammieren. Das tun wir auch selbst, ohne uns dessen bewusst zu sein. Und ohne zu wissen, was wir bei unseren Kindern damit anrichten können. Blicken wir auf den Geschmack: Der wird gesteuert und empfunden durch Geschmacksknospen auf der Zunge. Angelegt sind Rezeptoren für süß und salzig, sauer und bitter und umami. Letzteres ist die Bezeichnung für den Geschmack von Fleisch. Auf der Zunge findet dann also der Erstkontakt mit der jeweiligen Speise statt. Erst später kommt es im Rachen und in der Schleimhaut der Nase zu einer weiteren Differenzierung. Wir essen nämlich mit allen Sinnen. Tast- und Schmerzsinn kommen ebenso dazu wie die Geräusche, die Nahrung macht, und natürlich – das Auge isst mit – wie sie aussieht. Vor diesem Hintergrund wird verständlich, warum es so wichtig ist, dass Kinder einen differenzierten Geschmackssinn entwickeln. Manchmal haben sie jedoch kaum eine Chance: Sie werden fehlprogrammiert – durch zu viel Süßes zum Beispiel. Gibt man Kindern ständig süße Getränke, werden sie einen Apfel nicht mehr als deutlich süß erkennen. Untersuchungen haben gezeigt, dass es Übergewichtigen schwerfällt, deutlich Geschmack zu empfinden. Die Rezeptoren sind »abgestumpft«. Es muss daher immer salziger, süßer und bitterer sein, damit wirklich Geschmack empfunden wird. Tun wir also besser alles dafür, dass unser Geschmack differenziert und rein bleibt!

Im Allgemeinen steht beim Säugling und auch noch beim Baby die Befriedigung der Primärbedürfnisse im Vordergrund. Die Beseitigung von Hunger und Durst haben oberste Priorität. Sättigung ist das Wohlgefühl schlechthin. Dies wird später anders, dann kommen sogenannte Sekundärbedürfnisse hinzu. Die sind abgekoppelt von Hunger und Durst und werden in einem langen Lernprozess erworben. Innenreize verlieren ihre Dominanz, Außenreize werden wichtiger. Es heißt dann nicht mehr so sehr »Ich habe Hunger, ich will essen«, sondern »Es ist Mittag, es gibt Essen«. Sie ahnen schon, was jetzt kommt – wir können es Ihnen nicht ersparen: Denn immer, wenn Lernprozesse eine Rolle spielen, betrifft das auch die Eltern. Kinder lernen durch Beobachten und Imitieren, sehen also auch beim Essen Rollenmodelle in uns und übernehmen unser Verhalten. Und das der Großeltern, großen Brüder und Schwestern. Später schauen sie sich auch einiges von Klassenkameraden und Freunden ab. Aber Ausgangspunkt des Lernprozesses sind immer Sie als Eltern! Studien haben festgestellt, dass das kindliche Ernährungsmuster in hohem Maße dem der elterlichen Vorbilder entspricht. Seien Sie sich also dieser Funktion bewusst. Vieles von Ihnen werden Sie bei Ihrem Kind wiedersehen. Positives wie Negatives. Deshalb können Sie hinterher auch nicht sagen, Sie hätten damit nichts zu tun! Sie haben dieses Verhalten ja zumindest toleriert und meist sogar gefördert. Ein Beispiel gefällig? Kinder lernen über Emotionen, über positive wie negative Erlebnisse. Es ist also Ihre Erziehung, wenn die lieben Kleinen ständig gefüttert werden, weil Sie sie gerne beschäftigt haben. Oder wenn es mal gerade nicht passt und das Kind quengelt. Immer Essen parat zu haben, um Kinder zu beruhigen, legt eine Spur, die bei Erwachsenen später zu großen Problemen führt. Ständig zu essen ist so unnötig wie dick machend. Auch entwertet es den Stellenwert des Essens und führt bedenklich nah an den Bereich, wo Übergewicht und Essstörungen entstehen.

Natürlich essen Kinder gerne. Und eben auch bei den großen Fast-Food-Ketten. Sie bekommen dort ja auch noch ein Spielzeug dafür. Essen muss aber nicht belohnt werden. Essen soll Freude machen und gut schmecken. Das ist die Belohnung.

In der Tat spielt dieser Faktor eine nicht unwesentliche Rolle. Kinder mögen es, wenn es gut schmeckt, wenn die Stimmung beim Essen gut ist und wenn sie sich auch mal ein Gericht wünschen dürfen. Soziale Motive spielen also eine große Rolle. Nutzen Sie diese, so oft es geht, denn bald schon verlieren Sie an Einfluss. Sie bleiben zwar ein Teil des »Ernährungsnetzwerks« Ihres Kindes, doch werden Freunde und andere soziale Kontakte immer wichtiger. Die Möglichkeiten zu Interventionen sind dann nur noch gering. Um im Futterbild zu bleiben: Die Saat ist aufgegangen. Jetzt hilft nur noch Daumen drücken, ob der Anbau tatsächlich Früchte tragen wird.

Die verschiedenen Phasen des Ernährungsverhaltens im Überblick

— *Im Mutterleib passive und kontinuierliche Ernährung*
— *Phase der Milch- und Beikostzeit mit den Grundbedürfnissen Hunger, Durst, Sättigung*
— *Übergang zu Phase der Neugierde, 11–18. Monat Beginn des Imitierens, Spaß und Spiel*
— *Bis zum 8.–10. Lebensjahr mehr Selbstbestimmung, Gemeinschaft, Trotz und Futterneid*
— *Ab 10 dann Abgrenzung vom Elternverhalten, Freunde, Image etc. werden wichtiger*

(nach Edith Gäthjen, Oec. troph.)

Die wichtigsten Bausteine der Ernährung von Jugendlichen

Jugendliche sind keine Kinder mehr, darauf legen sie auch großen Wert. Aber sie sind auch keine »kleinen Erwachsenen« und müssen daher anders essen. Der Körper befindet sich mitten im Wachstum und das braucht Energie und Nährstoffe. Gerade auch die hormonelle Umstellung in der Pubertät ist für den jugendlichen Organismus echter Leistungssport. Zusätzlich zu den gravierenden körperlichen Veränderungen kommt es in diesem Zeitabschnitt zu massiven Veränderungen in der seelischen und persönlichen Entwicklung. Teenager suchen nach eigenen Wegen, die sich möglichst von denen der Eltern und anderer Erwachsener unterscheiden. Die Freunde bzw. Freundinnen werden die wichtigsten Kommunikations- und Austauschpartner und bestimmen so ihren neuen »Lebensstil«. Das zeigt sich zunehmend auch in der Ernährung, denn Jugendliche entwickeln in der Regel eine eigene Esskultur, die nicht immer nur gut und erst recht nicht am tatsächlichen Bedarf der Teens ausgerichtet ist. Fast Food ist cool und bestimmt zunehmend das Essverhalten. Besonders Mädchen beginnen nun bestimmten Schönheitsidealen nachzuhungern oder lehnen plötzlich den Verzehr von Fleisch völlig ab. Die Jungen dagegen lassen nun ihre Muskeln spielen, verzichten auf Kohlenhydrate und beginnen zunehmend Proteinquellen in allen Variationen zu sich zu nehmen. So etwas ist nicht unüblich und grundsätzlich auch okay, sofern die wichtige Nährstoffversorgung in dieser Altersgruppe nicht ins Ungleichgewicht gerät.

Der Bedarf an Energie, Eiweiß und Fetten wird meist durch Fast Food & Co. ganz gut gedeckt. Bei den wichtigen Mikronährstoffen aber stellt die Deutsche Gesellschaft für Ernährung zunehmend Defizite bei den Jugendlichen fest. Zu diesen kritischen Nährstoffen zählen insbesondere die Mineralien Calcium, Magnesium und Jod sowie speziell bei Mädchen: das Eisen.

Calcium – der wichtigste Baustoff
Gerade für eine hohe Knochenfestigkeit und -dichte bis ins hohe Alter ist es bedeutsam, dass in der Zeit der Jugend viel Calcium in das Gewebe und Gerüst der Knochen eingebaut wird. Denn Calcium ist unter anderem für die Stabilität des Knochens wichtig und so wird in dieser Lebensphase der Grundstein für feste und stabile Knochen gelegt. In dieser Zeit benötigen die Teenager daher sogar mehr Calcium als Erwachsene. 1200 mg Calcium pro Tag sollte die tägliche Zufuhr daher betragen. Brokkoli, Lauch, Grünkohl, Milchprodukte oder auch calciumangereicherte Mineralwasser (> 150 mg/l) liefern hier täglich die Möglichkeit, den Bedarf hochwertig zu decken.

Magnesium – Nerven und Muskeln profitieren davon
Für die Reizweiterleitung von den Nerven zu den Muskeln und auch für das Wachstum dieser Strukturen ist das Mineral Magnesium enorm wichtig. Darüber hinaus beteiligt sich Magnesium ebenfalls am Knochenwachstum und unterstützt so die Entwicklung der Jugendlichen. Mindestens 300–400 mg pro Tag müssen daher davon zugeführt und aufgenommen werden. Gute Lieferanten dafür sind Milchprodukte, Kartoffeln, Geflügel und Vollkornprodukte im Müsli oder Brot.

Jod – für einen aktiven Stoffwechsel
Jod ist ein wichtiger Bestandteil der Schilddrüsenhormone, die den Stoffwechsel fördern und auf Trab halten. Diese Hormone regeln unter anderem so bedeutsame Funktionen wie den jugendlichen Energiebedarf, die Reifung des Skeletts und somit den gesamten Wachstumsprozess. Laut Einschätzung der Weltgesundheitsorganisation (WHO) ist Deutschland ein Jod-Mangelgebiet, weshalb es so wichtig ist, gezielt auf die Jodzufuhr zu achten. Jodiertes Speisesalz, aber vor allem auch Fisch, Milchprodukte und Eier sind die besten natürlichen Lieferanten dieses so wichtigen Minerals.

Übrigens: Bisher gibt es keine wissenschaftlichen Beweise dafür, dass bestimmte Lebensmittel oder Nährstoffe zur Aknebildung beitragen. Die häufig zu hörende Warnung vor einer Jod-Akne durch zu viel jodiertes Speisesalz ist in der Regel unbegründet, da hierzu recht hohe Mengen aufgenommen werden müssten. Jod kann zwar zu akneartigen Hautveränderungen führen, aber meist nur bei übermäßigem Konsum von mit jodiertem Speisesalz zubereiteten Produkten wie Wurstwaren, Brot und Käse.

Eisen – unser Sauerstofftransporter im Blut
Die Eisenversorgung von Jungen ist in den meisten Fällen ausreichend, da diese gerne Eisenquellen wie Fleisch konsumieren. Weibliche Jugendliche leiden aber nicht selten an einem Mangel an Eisen und so leidet die Sauerstoffversorgung des ganzen Körpers, was in den leichten Fällen zu Müdigkeit und Konzentrationsstörungen führt. Gerade ab dem Einsetzen der Menstruation und dem damit einhergehenden Eisenverlust durch die Blutungen bedarf es einer gewissen Zufuhr von Lebensmitteln mit Eisen. Vegan oder vegetarisch lebende Mädchen haben dann sogar noch größere Probleme, da das aus pflanzlichen Lebensmitteln bereitgestellte Eisen vom Körper nicht so gut und effektiv verarbeitet werden kann. Die besten Quellen für Eisen sind Fleisch und Fleischwaren und alternativ dazu Pilze und Nüsse.

Rohkost-Verweigerer und jugendliche Veganer

Rohe Möhren, knackige Salate oder saftige Gurken und Zucchini sind so wertvoll. Warum wollen unsere Kinder das nur nicht verstehen? Bei der Rohkost werden meist pflanzliche Lebensmittel verzehrt, ohne diese vorher zu erhitzen. Als »erhitzt« gilt ein Lebensmittel dann, wenn es eine Temperatur von 42 Grad Celsius überschritten hat, auch wenn es nur kurzfristig war. Manche Proteine, wie auch Eiweiße im Blut, beginnen ab 42 Grad zu denaturieren, was die Lebensmittel dann verändert. Aber auch viele Vitamine, wie zum Beispiel Vitamin C, werden bei der Erwärmung oder Erhitzung zerstört.

Verweigern Kinder die Rohkost, weil sie ihnen nicht schmeckt oder einfach nur zu hart ist, dann muss man schon mal zu Tricks greifen. Pürierte Smoothies oder Suppen in allen Variationen (am besten ohne Gewürze) können hier eine Lösung sein.

Dabei müssen wir aber auch wissen, dass Rohkost nicht immer zu einer optimalen Versorgung führt. Denn einige Vitamine und Nährstoffe werden erst durch die Erhitzung biologisch richtig verfügbar. Hierzu zählen unter anderem Vitamin A und E. Es muss also ein Kompromiss gefunden werden, wie man Gemüse und Salate schmackhaft zubereitet und gleichzeitig Vitamine und Vitalstoffe optimal für den heranwachsenden Organismus bereitstellt.

Eine Idee wäre zum Beispiel, Gemüse (wie Möhren, Kartoffeln, Kohlrabi, Zucchini) klein zu schneiden und in Öl geschwenkt im Backofen kurz zu erwärmen. Dazu vielleicht einen Quark-Dip mit frischen Kräutern aus dem Garten anbieten oder auch guten Bio-Ketchup ohne zugesetzten Zucker. Gute »Verstecke« für Gemüse sind auch der pürierte Kartoffelbrei, in den gedünstetes Gemüse eingestampft wird und so (fast) verschwindet. Bei einigen Kindern funktionieren wohl auch Gemüsewaffeln oder deftige Muffins. Und gerade zu Nudeln kann man sehr schön pürierte Gemüsesaucen servieren.

Smoothies bieten die Möglichkeit, ungeliebtes Obst auf eine andere Art zu schmecken. Oder auch frische Obststücke mit Wasser einzufrieren und dann wie ein »echtes Eis« zu lutschen oder zu knabbern bringt Kinder manchmal auf einfache Art auf einen anderen Geschmack. So werden die Kinder langsam, fast unmerklich, an andere, gesunde Lebensmittel gewöhnt. Und wenn der erste Schritt geschafft ist, ist der weiteren Kreativität keine Grenze mehr gesetzt.

Und wie verhält es sich mit dem anderen Extrem? Teenies kommen ja spontan auf die ausgefallensten Ideen und nicht selten verändern sie ihr Essverhalten plötzlich und radikal und werden zu Veganern oder Vegetariern. Auch weil sie sich kritisch mit den Eltern auseinandersetzen und eben anders sein und werden wollen. Und da ist die Abgrenzung durch eine eigenständige Esskultur ein deutliches Zeichen. Früher so gerne gegessene Lebensmittel wie Fleisch und Wurst sind dann plötzlich ein absolutes No-Go. Eine streng vegane oder auch vegetarische Ernährung ist ja auch absolut in Ordnung, sofern gerade in der Wachstumsphase des kindlichen und jugendlichen Körpers auf die Zufuhr der wichtigen Baustoffe geachtet wird. Tierische Produkte sind nun mal (leider) die besten Quellen für die bei Jugendlichen oft kritischen Mineralstoffe sowie für die Vitamine B_1, B_2 und B_{12}. Der Eisenbedarf von pubertierenden Mädchen ist ohne tierische Produkte auch nur schwierig zu decken. Es bedarf in dieser Phase oder bei diesen Lebensstilen einer ganz bewussten Versorgung mit den kritischen Mineralen und Vitaminen. Denn eine Unterversorgung führt kurz- und vor allem auch langfristig zu nicht unerheblichen Problemen in der Entwicklung und dem Wachstum der Kids.

Das gilt übrigens genauso umgekehrt: Wenn die Eltern vegan leben oder vegetarisch essen, dann ist das zwar eine bewusste Entscheidung, die sie für sich getroffen haben, aber das heißt nicht, dass dies gleichzeitig auch die beste Lösung für ihr heranwachsendes Kind oder ihren Jugendlichen ist. Denn wir müssen dabei immer bedenken, dass der heranwachsende Organismus kein erwachsener Organismus ist und völlig andere Bedürfnisse hat. Wir helfen diesem »kleinen« Organismus langfristig viel mehr, wenn wir ihn mit allem Möglichen konfrontieren und ihm so das Rüstzeug dafür geben, das spätere

Erwachsenendasein selbstständig und optimal gestalten zu können. Bieten wir diesem Organismus viele Lebensmittelgruppen nicht an, so kann der Körper den Umgang damit nicht erlernen. Und so werden ganze Bakteriengruppen im Darm nicht ausgebildet, was nicht nur das Immunsystem, sondern den gesamten Stoffwechsel schwächt. Ein nicht ideologischer Umgang mit Essen scheint auch hier der richtige Weg zu sein. Wie sie später leben wollen, sollten unsere Kinder selber entscheiden können. Geben wir ihnen die beste Ausrüstung mit!

Wer Fettzellen sät, wird Übergewicht ernten

Einmal dick, immer dick – diese oft behauptete Annahme trifft tatsächlich häufiger zu, als man denkt. 75 Prozent der Kinder, die schon in jungen Jahren mit Übergewicht kämpfen müssen, werden im Erwachsenenalter fettleibig werden oder bleiben. Im Gegensatz dazu haben es normalgewichtige Kinder leichter, von ihnen werden später nur 10 Prozent übergewichtig. In der Kindheit wird also die Basis für das Übergewicht gelegt.

Die Gründe lassen sich nicht nur auf eine Ursache reduzieren: Die genetische Disposition, die Erziehung, die Lebensumstände oder auch die Anzahl der Fettzellen haben Einfluss auf das Übergewicht. Ein übergewichtiges Kind muss einen sehr mühsamen und langwierigen Weg auf sich nehmen, um zu einem normalgewichtigen Erwachsenen heranzuwachsen. Aber es ist möglich.

Da die Grundbausteine für die Fettleibigkeit im Kindesalter gelegt werden, ist es von größter Bedeutung, Kinder frühzeitig gesund und ausgewogen zu ernähren und ausreichend Bewegung in deren Alltag zu integrieren.

Das Übergewicht eines Menschen wird von zwei Faktoren bestimmt: der Anzahl der Fettzellen im Körper und deren Volumen. Die Anzahl der Fettzellen, der sogenannten Adipozyten, im Organismus variiert bei einem erwachsenen Menschen zwischen 40 und 120 Milliarden und hängt neben der genetischen Veranlagung auch stark von den Ernährungs- und Bewegungsgewohnheiten in der Kindheit ab.

Neuere Forschungen zeigen, dass die Anzahl der Fettzellen im Kindes- und Jugendalter festgelegt wird und anschließend im Erwachsenenalter konstant bleibt. Das bedeutet, wenn Fettzellen erst einmal bestehen, wird die Anzahl nicht mehr reduziert, lediglich das Volumen der einzelnen vorhandenen Zellen kann verringert werden. Diese Volumenverringerung kann zum Beispiel durch eine Ernährungsumstellung oder regelmäßige sportliche Aktivität erreicht werden.

Durch eine falsche Ernährung oder zu viel Essen in Kombination mit Bewegungsmangel wird im Kindes- und Jugendalter die Anzahl der Fettzellen festgelegt, welche sich spätestens ab dem 20. Lebensjahr nicht mehr verändert. Selbst strikte Diäten oder auch eine Magenverkleinerung können dann die Zahl der Adipozyten nicht mehr reduzieren. Eltern haben es also in der Hand. Und je weniger Fettzellen ein Kind entwickelt, umso besser ist es.

Eine Studie des Karolinska-Institutes Stockholm zeigte, dass selbst bei fettleibigen Menschen, die durch eine Magenoperation ihr Körpergewicht um bis zu 20 Prozent reduzierten, sich lediglich die Größe, jedoch nicht mehr die Anzahl der Fettzellen änderte. Das Gleiche gilt anscheinend auch für Menschen, die im Erwachsenenalter an Gewicht zulegen, auch hier vermutet man keine Veränderung in der Zahl der Adipozyten. Jedoch kann man in diesem Fall nicht ausschließen, dass bei einer sehr extremen Gewichtszunahme oder während einer Schwangerschaft nicht doch neue Fettzellen im menschlichen Körper gebildet werden können.

Das Fettgewebe ist ab dem Erwachsenenalter keine starre oder unveränderbare Masse. Etwa 10 Prozent aller Fettzellen im menschlichen Körper werden jährlich durch die Adipogenese, die natürliche Differenzierung der Fettzellen, sowie durch die Apoptose, den natürlichen Zelltod, verändert und beeinflussen somit die Zusammensetzung der Fettmasse – unabhängig von der körperlichen Statur. Das heißt, dass etwa 10 Prozent unserer Fettanteile sich ständig verändern – absterben und wieder neu entstehen. Somit haben wir die Möglichkeit jährlich diese 10 Prozent direkt zu beeinflussen und nicht wieder neu entstehen zu lassen.

Demnach gibt es bei Erwachsenen einen bemerkenswerten Umsatz an Fettzellen, der jedoch keinen Einfluss auf die Anzahl der Adipozyten hat. Der Körper reguliert seinen Stoffwechsel so, dass die einmal festgelegte Anzahl an Fettzellen stetig konstant bleibt.

Dies erklärt auch, warum aus übergewichtigen Kindern oft übergewichtige oder gar adipöse Erwachsene werden. Kinderkörper speichern Fett, indem sie ihre Speicherkapazität durch die Steigerung der Anzahl der Fettzellen erhöhen. Die hohe Gesamtzahl der Fettzellen, die sich während der Kindheit angesammelt hat, bleibt im Erwachsenenalter konstant, hier muss dann enorm auf die Ernährung und ausreichend Bewegung geachtet werden, um nicht noch mehr an Gewicht zuzulegen.

Die Gewichtszunahme oder -reduktion geht bei Erwachsenen mit einer Veränderung der Größe der Fettzellen einher. Je mehr Fettzellen vorhanden sind, desto mehr Fett kann gespeichert werden.

Menschen, die während ihrer Kindheit an Gewicht zulegen, haben es im späteren Leben schwerer, ihr Gewicht zu reduzieren, verglichen mit Personen, die erst während ihres Erwachsenenlebens Pfunde zulegen.

Durch die sich nicht verändernde Zahl der Adipozyten haben adipöse Personen auch Probleme bei der Beibehaltung eines Gewichtsverlustes und müssen oft mit dem bekannten Jo-Jo-Effekt kämpfen, da die vorhandenen Fettzellen evolutionsbedingt gerne Energie speichern.

Um dem entgegenzuwirken, ist es wichtig, schon im Kindesalter zu handeln und eine gesunde und ausgewogene Ernährung zu gewährleisten, die ausschlaggebend für die Entwicklung und das Wachstum des Körpers ist.

Kinder, die einmal übergewichtig waren, müssen meist ein Leben lang damit kämpfen, dass das Gewicht nicht in ungewollte Höhen schnellt. Eltern sind also dafür verantwortlich, wie viele Fettzellen ein Kind entwickelt. Eltern säen mit der unkontrollierten Zufuhr von Nahrung immer mehr Fettzellen. Nicht selten finden sich dann später in den jugendlichen Körpern mehr als 200 Milliarden Fettzellen, die sich in ihrem Volumen jeweils um das 200-Fache ausdehnen können. Und das Schlimmste ist, dass sie nie mehr verschwinden, sondern nur noch »schrumpfen« können. Die Fettzellen werden somit zum Schicksal und Feind in den kindlichen Körpern, die wir den Kindern mit auf den Weg geben.

Die süßen Verführer

Experten predigen Wasser als einzig echten und wahren Durstlöscher für Kinder und Jugendliche. Doch Kinder lieben es süß und bunt und das nicht nur im Sommer bei 30 Grad. Das weiß die Industrie ganz genau und kreiert immer farbenfrohere Drinks, die mit vollmundigen Werbebotschaften angepriesen werden. Die Industrie weiß schon sehr genau, dass nicht gesund ist, was sie so anbietet, aber die Kinder mögen es – leider!

Fatal ist, dass diese Drinks und Limos eben nicht nur den Durst löschen, sondern sehr viele Kalorien liefern und den Körper mit »gefährlich« viel Zucker überschwemmen. Außerdem fördern diese Getränke massiv den Heißhunger auf Süßes, also auf noch mehr Zucker, und können damit die gesundheitlichen Risiken wie Diabetes, Übergewicht und »Fettleber« begünstigen. Natürlich ist es nicht schlimm und schadet der Gesundheit nicht, wenn Kinder ab und zu mal ein Gläschen Cola oder Limonade trinken. Wenn es jedoch tagein und tagaus getrunken wird, dann erhöht sich das Diabetesrisiko um mehr als 25 Prozent. Und so ist es nicht verwunderlich, dass immer mehr Kinder heute an Diabetes Typ 2 (früher Alters-Diabetes genannt) erkranken und ein ganzes Leben darunter leiden. Der Kinder-

Kardiologe Prof. Thomas Danne aus Hannover hat ermittelt, dass 6-Jährige heutzutage pro Jahr 5 kg reinen Zucker über Cola und Limonaden zu sich nehmen. Noch viel schlimmer wird es dann in der Jugend, in der 30 kg Zucker pro Jahr allein schon über die süßen Getränke dem heranwachsenden Körper zugemutet werden. Limonade ist nun einmal nur aromatisiertes Zuckerwasser und daher, wenn es täglich getrunken wird, eine echte Qual für den kindlichen Organismus.

Auf Cola oder Limo mit Süßstoff umzusteigen, ist auch keine Lösung. Es werden zwar weniger Kalorien aufgenommen, aber dem Körper wird trotzdem »süß« signalisiert, was dann oft noch viel größere und intensivere Heißhungerattacken nach Süßem auslöst. Denn der Körper fühlt sich betrogen und will dann umso heftiger seine Gier nach Süßem stillen. Süßstoff ist also eine »trügerische« Alternative, die es oft noch schlimmer macht.

Etwas besser sind da schon Saftschorlen, sofern diese einen relativ hohen Wasseranteil haben. Das Verhältnis sollte etwa 1 Teil Saft zu 3 Teilen Wasser sein, damit es ein gesunder Drink wird. Die fertigen Durstlöscher und Fruchtschorlen aus dem Supermarkt sind dagegen keine Alternative, denn auch dort ist meist viel zu viel Zucker enthalten. Oft ist das aber auf dem Etikett nur schwer zu erkennen. Auch in Säften summiert sich der Fruchtzucker mit dem zusätzlich zugefügten Zucker zu einer richtigen Zuckerbombe. Leider ist nämlich, auch wenn es erst einmal so klingt, der Fruchtzucker nicht besser für den kindlichen Organismus als der ganz normale Industriezucker. Noch viel schlimmer ist es bei sogenanntem Fruchtnektar, denn in dem ist kaum noch Fruchtsaft enthalten. Wenn schon Fruchtsaft, dann natürlich – also zur Fruchtpresse greifen und selber herstellen. Grundsätzlich ist aber auch der selbstgepresste Saft kein Durstlöscher. Und das gilt auch für den auf deutschen Frühstückstischen so beliebten Orangensaft.

Das Forschungsinstitut für Kinderernährung empfiehlt als tägliche Trinkmenge für 2- bis 6-jährige Kinder etwa 800 ml und für Grundschulkinder bis 10 Jahre etwa 1000 ml. Ein Teenager benötigt dagegen schon mindestens 1500 ml pro Tag.

Bedarf	1-4 Jahre	4-7 Jahre	7-10 Jahre	10-13 Jahre	13-15 Jahre	15-19 Jahre
Gesamtwasserzufuhr in ml	1300	1600	1800	2150	2450	2800
aus Getränken in ml	820	940	970	1170	1330	1530
aus fester Nahrung in ml	350	480	600	710	810	920

Schwankungen in der Trinkmenge sind von Kind zu Kind aber völlig normal. Und natürlich beeinflussen auch die Umgebungsbedingungen die Trinkmenge. Beim Sport, beim Toben und an heißen Tagen steigt der Flüssigkeitsbedarf schnell auf das Doppelte an. Die relativen Flüssigkeitsverluste sind bei Kindern nämlich auch deutlich größer als bei uns Erwachsenen. Denn Kinder haben grundsätzlich ein größeres Atemminutenvolumen, während gleichzeitig die Abgabe von Flüssigkeit an die Luft durch das Atmen erhöht ist. Außerdem besitzen die Kinder im Verhältnis zum Körpervolumen eine größere Körperoberfläche, haben eine höhere Stoffwechselintensität und besitzen eine geringere Wasserspeicherungskapazität. Hieraus ergibt sich zum Beispiel bei einem Neugeborenen ein 3-mal so hoher Wasserumsatz im Vergleich zum Erwachsenen. So benötigen gerade auch Frühgeborene eine tägliche Wasserzufuhr von etwa 20 Prozent ihres Körpergewichtes (Säugling: 10–15 Prozent, Erwachsene: 3–5 Prozent). In besonderen Situationen ist es übrigens wichtig, umso mehr auf den Wasserhaushalt zu achten. So erhöht sich der Bedarf der Trinkmenge bei Fieber pro Grad Celsius über der Normalkörpertemperatur jeweils um 10 Prozent.

Und nun? Wie schafft man es, die gewohnten und geliebten Süßgetränke auszutauschen? Es ist gar nicht so schwierig, wenn Sie ein wenig Kreativität und Phantasie für die »Entwicklung« neuer Getränkevariationen zulassen. Ohne groß zu zaubern, kann es dann sogar gelingen, langweiliges Wasser richtig attraktiv aufzupeppen.

Versuchen Sie es doch einmal damit, frische Früchte zu pürieren und mit eiskaltem Mineralwasser aufzufüllen. Dies sieht nicht nur klasse aus, sondern erfrischt. Wasser mit gefrorenen Beeren statt faden Eiswürfeln oder auch eine pürierte und entkernte Wassermelone lassen Kinderherzen schnell höher schlagen. Schulkindern kann man Mineralwasser auch schon mit Zitronensaft oder Ingwerscheiben anbieten – ab diesem Alter wird Säure sehr viel besser vertragen.

Spannend sehen selbst gemachte Eiswürfel aus Fruchtpüree aus. An heißen Tagen sind dann eisgekühlte Pfefferminz- oder Zitronenmelisse-Tees nicht nur lecker, sondern auch gesund.

Pure Milch ist übrigens genauso wie Kakao eher ein Nahrungsergänzungsmittel als ein echtes Getränk. Gerade auch die fertigen Kakao- und Milchmixgetränke aus dem Kühlregal der Supermärkte sind viel eher flüssige Süßigkeiten als erfrischende Drinks. Milch ist daher als Getränk meist nicht zu empfehlen – gerade auch wenn Sie ein wenig auf die Kalorienzufuhr achten wollen.

Mehr Mythos als Wahrheit ist übrigens, dass Steinobst plus Wasser bei Kindern und Jugendlichen Bauchschmerzen verursacht. Klar, wer sehr viel Pflaumen oder Kirschen isst, kann durchaus Bauchweh bekommen. Das liegt an den vielen Hefebakterien aus dem verspeisten Obst. Normalerweise kann die Magensäure diese Bakterien abtöten. Wenn es aber zu viele sind, dann gären sie im Magen und führen zu Blähungen, die Bauchweh verursachen können. Mit Wasser hat das Ganze also gar nichts zu tun.

Vitamine & Co – die Dosis macht das Gift!

»Vitamine« – wie das schon klingt. Das muss doch gesund sein! Und es wird ja auch deswegen so vielen Produkten zugesetzt, weil sie so gut und wichtig sind. Oder? Eine brandaktuelle Studie aus Amerika zeigt aber, dass Kinder und Jugendliche meist viel zu viel Vitamin A, Vitamin C, Zink und Niacin pro Tag aufnehmen. Verursacher ist hier auch eindeutig die Industrie, die meist alle Lebensmittel und auch die Getränke künstlich mit Mineralstoffen und Vitaminen anreichert, um damit zu werben. Und das führt in die Irre und vor allem zu einer Überdosis für unsere Kids. Wichtig ist, dass wir uns für sie eben nicht an den Nährwertangaben für uns Erwachsene orientieren, sondern an speziellen altersbezogenen und kinderrelevanten Angaben orientieren. Der Nährstoffbedarf von Kindern und Jugendlichen liegt nun einmal deutlich niedriger und so kommt es nicht selten zu einer Überdosierung. Kinder haben in der Regel eine um das 3-Fache niedrigere Bedarfssituation als Erwachsene.

Im Schnitt nehmen Kinder heute durch die angereicherten Lebensmittel und vor allem auch durch die Limonaden, Säfte und Tees 45 Prozent zu viel Zink, 25 Prozent zu viele Vitamine und etwa 10 Prozent mehr Niacin auf. Und leider sind gerade Vitamine eben nicht nur gesund, sondern bei einer Überdosierung langfristig auch sehr problematisch und krankheitsfördernd. Ein dauerhafter, regelmäßiger Konsum von zu viel

	1–4 Jahre	4–7 Jahre	7–10 Jahre	10–13 Jahre	13–15 Jahre	15–19 Jahre
Vitamin A	0,6 mg	0,7 mg	0,8 mg	0,9 mg	1–1,1 mg	0,9 -1,1 mg
Vitamin D	20 µga	20 C µga	20 C µga	20 C µga	20 C µga	20 C µga
Vitamin E	5–6 mg äquivalent	8 mg äquivalent	9–10 mg äquivalent	11–13 mg äquivalent	12–14 mg äquivalent	12–15 mg äquivalent
Vitamin K	15 µga	20 µga	30 µga	40 µga	50 µga	60–70 µga
Vitamin B$_6$	0,4 mg	0,5 mg	0,7 mg	1 mg	1,4 mg	1,2–1,6 mg
Vitamin B$_{12}$	1 µga	1,5 µga	1,8 µga	2 µga	3 µga	3 µga
Vitamin C	20 mg	30 mg	45 mg	65 mg	85 mg	90–105 mg
Natrium	400 mg	500 mg	750 mg	1100 mg	1400 mg	1500 mg
Chlorid	600 mg	750 mg	1150 mg	1700 mg	2150 mg	2300 mg
Kalium	1100 mg	1300 mg	2000 mg	2900 mg	3600 mg	4000 mg
Calcium	600 mg	750 mg	900 mg	1100 mg	1200 mg	1200 mg
Magnesium	80 mg	120 mg	170 mg	230–250 mg	310 mg	350–400 mg
Eisen	8 mg	8 mg	10 mg	12–15 mg	12–15 mg	12–15 mg
Selen	15 µga	20 µga	30 µga	45 µga	60 µga	60–70 µga
Zink	3 mg	5 mg	7 mg	7–9 mg	7–9,5 mg	7–10 mg
Vitamine/ Mineralien	1–4 Jahre	4–7 Jahre	7–10 Jahre	10–13 Jahre	13–15 Jahre	15–19 Jahre
Jod	100 µga	120 µga	140 µga	180 µga	200 µga	200 µga

Vitaminen führt bei Kindern und Jugendlichen zu Schäden am Knochensystem und sogar zu Leberschäden. Die Überdosierung von Niacin kann ebenfalls die Leberfunktion stark beeinträchtigen und zu viel Zink führt nicht selten zu einer dauerhaften Schwächung des Immunsystems. Eine neue Studie zeigt, dass ein erhöhter Konsum von Vitamin C bei 4- bis 8-Jährigen schon nach kurzer Zeit zu Magen-Darm-Erkrankungen und zu Problemen im Stoffwechsel führen kann.

Gerade Vitamin C ist aber doch so wichtig. Ja, richtig – aber die Dosis macht eben das Gift! Ein 8-monatiges Kind benötigt etwa 55 mg Vitamin C am Tag. Ein 4-jähriges Kind benötigt aber auch nur 60 mg, sodass der Bedarf sich gar nicht so wesentlich erhöht.

Ein geschälter Apfel (100 g) enthält etwa 4 mg Vitamin C und ein nicht geschälter Apfel (100 g) etwa 12 mg. Das Beste liegt also bekanntlich direkt unter der Schale. Ob Sie die Äpfel mit oder ohne Schale »füttern« können, hängt natürlich vom Alter des Kindes und der entsprechenden Anzahl schon vorhandener Zähne ab. Sie können den ungeschälten Apfel aber auch leicht dünsten, wodurch die Schale deutlich weicher wird, oder Sie raspeln den kompletten Apfel einfach mit seiner Schale.

Und auch Gemüse enthält in der Regel recht viel Vitamin C. 50 g gegarte Kartoffeln enthalten etwa 6 mg, 100 g gegarte Zucchini 14 mg, 100 g gegarter Blumenkohl sogar 40 mg.

Viel ist also nicht immer gut und kann sogar richtig Probleme bereiten.

Dickes Kind – und nun?

In Deutschland ist rund jedes sechste Kind übergewichtig. Ein zu dickes Kind ist also keine Seltenheit und auch kein Grund, in Panik zu verfallen. Denn es gibt klare Stellschrauben, an denen wir Eltern drehen können. Und diese lauten nicht »Friss die Hälfte« oder »Marathontraining«. Vielmehr können schon kleine Veränderungen im Alltag helfen, langfristig an Gewicht zu verlieren.

Das Prinzip einer Gewichtszunahme ist uns allen klar: Wenn der Körper mehr Kalorien zugeführt bekommt, als er verbraucht, dann legt er Fettpolster an. Und seien wir mal ganz ehrlich: Wir alle wissen, worin die Kalorien stecken. Was das Fass letztendlich zum Überlaufen bringt, sind die vielen kleinen, alltäglichen Leckereien, die wir uns zwischendurch gönnen: mal eben ein Schokolädchen, ein paar Kekse oder ein Brötchen. Und wir geben uns nicht mit einem prallgefüllten Teller zufrieden, sondern wir nehmen noch einen Nachschlag, weil es nun einmal super lecker ist. Regelmäßig, das heißt tagein und tagaus, über unseren Bedarf zu konsumieren ist das eigentliche Problem. Und genau an der Regelmäßigkeit dieses Problems setzt unser Lösungsvorschlag an.

Die 100-Kalorien-Challenge

Die Lösung für das Problem eines übergewichtigen Kindes lautet: 100 Kalorien am Tag einsparen. Das klingt nicht viel. Aber viel hilft auch nicht immer viel. Beim Abnehmen ist es sehr wichtig, geduldig zu sein und an einer langfristig und vor allem andauernden Gewichtsabnahme zu arbeiten. Denn mit kurzfristigen Diäten kommt nur der unbeliebte Jo-Jo-Effekt ins Spiel.

Mit einem Rechenbeispiel wollen wir Ihnen verdeutlichen, was diese 100 Kalorien bewirken können: Wenn Ihr Kind an 365 Tagen im Jahr 100 Kalorien einspart, dann sind das insgesamt 36.500 Kalorien. Da 1 Kilogramm Fett etwa 9000 Kalorien Energie liefert, macht das nach einem Jahr einen Gewichtsverlust von 4 Kilogramm aus. Und 4 Kilogramm sind für einen Kinderkörper schon eine ganze Menge. Das Tolle daran ist: 100 Kalorien einzusparen ist keine Kunst und hat vor allem gar nichts mit Qual oder Verzicht zu tun. Zum Vergleich: ein einziger Schokoriegel hat oft schon über 150 Kalorien, ein 0,25 l Glas Limonade hat um die 100 Kalorien, genauso wie in Knäckebrot mit Käse. Schon der Verzicht auf kleine Snacks zwischendurch kann viel bewirken.

Den Effekt können Sie natürlich noch verstärken, wenn Sie Ihr Kind dazu ermutigen, sich mehr zu bewegen. Dann kommen zu den eingesparten 100 Kalorien noch 200 verbrannte hinzu. Die Gewichtsabnahme erfolgt dadurch natürlich etwas schneller. Wichtig ist bei beidem, dass die neuen Verhaltensweisen aufrechterhalten bleiben und Ihr Kind (und Sie) nicht nach einiger Zeit wieder in alte Muster verfallen. Denn wer es nicht schafft, die Waage zwischen zugeführten und verbrauchten Kalorien zu halten, gesteuert über Ernährung oder Bewegung, der wird sein Leben lang mit Übergewicht zu kämpfen haben. Maßvoll und genussvoll leben – das ist das Motto dieser Challenge. Und genau deshalb ist sie auch so erfolgreich. Kein Hungern, keine Spitzensportaktivität – einfach normal weiterleben und an einer ganz kleinen Schraube drehen.

Wenn das Gewicht aus dem Ruder läuft: Reagieren Sie, aber ohne Hysterie!

Wie genau Sie 100 Kalorien einsparen können, zeigt Ihnen die Tabelle auf der folgenden Seite.

Lebensmittel	Wie viel davon?
Pizza	⅛ Pizza
Hamburger (McDonald's)	⅓ Hamburger
Portion Pommes frittiert (150 g)	⅔ Portion
Portion Chips (25 g)	⅔ Portion
Schokoriegel (Snickers)	½ Riegel
Milchspeiseeis (Schoko/Vanille)	¾ Kugel/1 Kugel
Dönertasche	⅙ Döner
Tüte Goldbären (200 g)	1 Handvoll, 12 Goldbären
Mittelgroßer Apfel	1 + ¼ Apfel
Mittelgroße Banane	⅔ Banane
Mittelgroßes Bäckerbrötchen ohne Aufstrich	⅔ Brötchen
Vollkornbrot	1 Scheibe
Weizenbrot	¾ Scheibe
Mittelgroßes Ei, gekocht	1 + ¼ Eier
Nutella	1 × dick bestrichene Schicht
Käse, Gouda 45 % Fett i. T.	1 Scheibe
Salami	2 Scheiben
Portion Früchtemüsli (40 g, ohne Milch)	⅔ Portion
Portion Schokomüsli (40 g, ohne Milch)	½ Portion
Milch fettarm 1,5 %	1 Glas (250 ml)
Apfelschorle	1 + ⅔ Glas (400 ml)
Cola	1 Glas (250 ml)
Kakao (Vollmilch)	½ Glas (100 ml)
Orangensaft (milde Orange)	1 Glas (250 ml)

Die folgende Tabelle zeigt Ihnen, wie viel sich Ihr Kind bewegen muss, um 100 Kalorien zu verbrennen. Dabei haben wir zwischen verschiedenen Gewichtsklassen unterschieden und vor allem Sportarten ausgewählt, die auch in der Freizeit ohne viel Aufwand betrieben werden können.

Gewichtsklasse	Sportart	Minuten
15 kg	Fußball (kicken)	60
	Schwimmen	84
	Trampolin	102
	Skateboard	84
	Badminton/Federball	70
20 kg	Fußball	45
	Schwimmen	60
	Trampolin	75
	Skateboard	60
	Badminton/Federball	55
30 kg	Fußball	30
	Schwimmen	40
	Trampolin	50
	Skateboard	40
	Badminton/Federball	35
40 kg	Fußball	25
	Schwimmen	30
	Trampolin	40
	Skateboard	30
	Badminton/Federball	25
50 kg	Fußball	20
	Schwimmen	25
	Trampolin	30
	Skateboard	25
	Badminton/Federball	20

Sorgenthema Nr. 1: Zucker

Schokolade – verführerisch, aber nicht ungefährlich!

Wer mag sie nicht, liebt nicht den zarten Schmelz auf der Zunge? Die Schweizer haben sie erfunden – die Milchschokolade. Und seitdem gibt es sie in so vielen Variationen, dass für jeden Geschmack und für jedes Alter das besondere Produkt dabei ist. Gerade für Kinder sind die Tafeln im Supermarkt immer so in Greifhöhe, dass man ihnen nur sehr schwierig entgehen kann, auch wenn man große Runden und Umwege in den Gängen fährt. Steht man dann endlich vor der Kasse, leuchten plötzlich die Kinderaugen, denn dort sind sie: die vielen verführerischen Riegel. Das soll zwar Schokolade sein und auch die Milch darin ist ja angeblich für das Kind so besonders gut, aber wenn man die Analysedaten betrachtet, wird einem ganz anders. Nicht nur, dass die Kalorienzahl recht hoch ist (558 kcal pro 100 g, was etwa 5 Riegeln entspricht), insbesondere der Zuckergehalt von mehr als 50 Prozent macht das Produkt so problematisch. Kakao findet man gerade mal zu 13 Prozent – dabei sollte der doch gerade das Wichtigste in der Schokolade sein, oder?

Noch schlimmer ist aber, dass Foodwatch in einer groß angelegten Studie im Jahre 2016 ein weitaus größeres, richtig schwerwiegendes Problem entdeckt hat: In den Produkten sind aromatisierte Mineralöle (MOAH) enthalten, die dort ja nun wirklich nicht hingehören. Mineralölen wird eine krebsauslösende Wirkung nachgesagt, sie sollen das menschliche Erbgut schädigen und gravierende Veränderungen im Hormonsystem bewirken. Natürlich ist es immer auch eine Frage der Dosis, aber in einen kindlichen Körper gehören diese Stoffe nun wirklich nicht. Auf die Ergebnisse reagierte der Konzern Ferrero leider nur mit Schulterzucken und somit hat sich an den Produkten wohl immer noch nichts geändert. Woher die Mineralöle kommen, ist unklar. Vermutet wird, dass die Druckfarben der Verpackungen dafür verantwortlich sein könnten – oder auch kontaminierte Kakaobohnen, die in verunreinigten Jutesäcken transportiert wurden. Es könnte auch an Abgasen der Industrie oder Maschinenölen liegen. Da hilft letztendlich nur eins, ein Boykott derartig verunreinigter Süßigkeiten, sonst reagieren die Konzerne wohl nie. Gerade Produkte für unsere Kinder brauchen höchste Qualität, denn der heranwachsende Organismus kann mit den Giften und Fremdstoffen nicht so gut umgehen, sie nicht so leicht unschädlich machen, wie wir Großen das teilweise können. Das kindliche Immunsystem ist noch nicht komplett entwickelt und dadurch anfälliger. Wir müssen unsere Kinder also unbedingt schützen!

Wenn wir unseren Kindern schon einmal Schokolade gönnen, dann sollte es wirklich die gute und genussvolle Schokolade sein. Mir ist schon bewusst, dass die Bitterschokolade Kindern nicht richtig schmeckt, für den kindlichen Geschmack sogar absolut ungenießbar zu sein scheint. Je bitterer die Schokolade aber ist, umso höher ist der Kakaoanteil und das macht die Schokolade einfach »gesünder«. Leider können erst wir Erwachsenen uns an diesen bitteren Geschmack gewöhnen, da unsere Sensorik sich im Lauf des Lebens verändert und wir nicht mehr so intensiv schmecken wie in unserer Kindheit. Insofern ist es völlig normal, dass Kinder lieber Milchschokolade essen. Diese sollte aber dann eine wirklich gute Qualität haben und am besten aus dem Bio-Laden stammen. Und leider erkennt man eine gute Schokolade meist auch an dem höheren Preis. Schokolade war immer schon etwas Besonderes, und deswegen ist gerade hier die Qualität von enormer Bedeutung.

Wenn Zucker auf der Zutatenliste ganz vorne steht, dann kann es keine gute Schokolade sein. Ich würde mir wünschen, dass in Greifhöhe für die Kinder die wirklich guten Produkte zu erreichen wären und wir getrost das Ergriffene in den Einkaufswagen legen könnten. Dann gäbe es auch weniger Geschrei und Sie wären sicher, dass ihr Kind nicht das Falsche isst.

Hitzige Debatte

Eigentlich wollen doch alle nur das Beste für ihr Kind ... Also warum nur wird dann immer und immer wieder nervenaufreibend über das Thema Zucker diskutiert und debattiert? Jeder weiß doch prinzipiell, dass dieser nicht wirklich gesund ist. Was steckt dahinter?

Bei mancher Debatte gewinnt man den Eindruck, dass bei diesem Thema keiner so richtig sachlich bleiben kann ... es sich unterschwellig vielleicht »wie ein Angriff auf den eigenen Erziehungsstil anfühlt« ... egal ob in die eine oder die andere Richtung. Oder sind es die Bedenken, sein Leben durch »Zuckerreduktion« komplett umstellen zu müssen? »Zucker gab es doch eigentlich schon immer« wird man dann oft zu hören bekommen, oder:

»Ich habe schon immer Süßes gegessen und lebe ja auch noch.«

Aber wenn wir objektiv zurückblicken: War es früher wirklich schon so extrem wie heute? Litten zum Beispiel auch damals schon Babys im Alter von gerade mal sechs Monaten an Adipositas oder entwickelten schon kleine Kinder eine Fettleber?

Fakt ist jedenfalls: Wenn man den weltweiten Anstieg an Übergewichtigen betrachtet und kritisch hinterfragen möchte, kann man den Zuckerkonsum nicht auf Dauer ignorieren. Denn egal ob Kind oder Erwachsener: Es wird nicht mehr lange dauern, bis es eine Ausnahme sein wird, ein schlanker Mensch zu sein! Aktuelle Hochrechnungen der Weltgesundheitsorganisation (WHO) gehen davon aus, dass allein in Deutschland bis zum Jahr 2030 47 Prozent der Frauen und 65 Prozent der Männer an Übergewicht leiden und davon sogar 21 Prozent der Frauen und 24 Prozent der Männer fettleibig sein werden. Weltweit gesehen waren bereits im vergangenen Jahr 2016 mindestens 41 Millionen Kinder unter 5 Jahren zu dick oder gar fettleibig. Das entspricht bereits über 6 Prozent aller Kinder dieser Altersstufe. Wo früher ein Jugendlicher mit Diabetes Typ 2 noch als Ausnahme galt, machen sie heute ein Drittel aller neu diagnostizierten Fälle aus.

Es ist also höchste Zeit, nach den Ursachen für eine solche globale Entwicklung zu suchen. Denn wie Sie weiter unten sehen werden, ist hier schon lange nicht mehr die Rede von »normalem Zuckerkonsum«, wie immer wieder behauptet wird. Was ist denn »gerade noch normal«, was heißt »in Maßen«? Könnten Sie dies so ad hoc in konkrete Zahlen und Beispiele fassen? Die meisten von Ihnen denken nun sicherlich an alltägliche Situationen ... Wenn zum Beispiel auf dem Spielplatz die ersten Eltern die Keksdose zücken oder wenn unmittelbar nach Sportstunden schon standardmäßig Fruchtgummis »zur Belohnung« verteilt werden. Überall werden wir damit konfrontiert. Ob wir wollen oder nicht. In Supermärkten werden die Süßigkeiten bewusst in Kindeshöhe platziert und natürlich auch noch direkt an der Kasse. In der Werbung werden »Die Eiskönigin«, »Star Wars« und viele weitere Comic- oder Kinohelden mit überzuckerten Frühstückscerealien oder Joghurts in Verbindung gebracht, im Getränkemarkt wird dem Kind schon einmal ungefragt ein Lolli unter die Nase gehalten, im Sommer klingelt der Eiswagen täglich seine Runden durchs Wohngebiet und zu den »Special Events« wie Ostern, Nikolaus, Weihnachten und selbstverständlich den zahlreichen Geburtstagen, werden die Süßigkeiten dann auch schon morgens in der Schule oder im Kindergarten verteilt. Verabredet man sich mittags mit Freunden, stehen nicht selten nochmals süße Teilchen auf dem Tisch. Diejenigen unter uns, die bereits verzweifelt versuchen, den Zuckerkonsum konsequent und drastisch zu verringern oder gar ganz zu vermeiden, dürfen sich dann gerne anhören, Gefahr zu laufen, dass es sich ihre Kinder dann später in doppelter und dreifacher Hinsicht »zurückholen« werden. Oder sie werden direkt als »Spielverderber« oder Hypochonder betitelt oder gar als Helikoptereltern eingestuft. Auf der anderen Seite wird sicherlich zu Recht argumentiert, dass wir den maßvollen Umgang mit Süßem erst erlernen müssen. Aber wer macht es denn nun richtig? Sind nun die einen gar fahrlässig oder handhaben es die anderen komplett übertrieben?

Akribisches Sammeln und Ausdiskutieren von Fakten hilft bei diesem Thema häufig leider nur bedingt weiter. Vielleicht haben Sie auch schon einmal versucht, sich in einer Kita oder Schulkantine für die Abschaffung zuckerhaltiger Produkte einzusetzen? Sollten Sie mit dem Gedanken spielen, benötigen Sie in jedem Fall ein äußerst dickes Fell und einen hohen Grad an Frustrationstoleranz – denn es gibt ja so viele, die der Meinung sind, dass lediglich die Menge das Gift macht und dass Kohlenhydrate gleich Kohlenhydrate sind ... und damit ist dann leider meistens schon »Ende der Diskussion«.

Aus diesem Grund möchten wir nun versuchen, zunächst einmal die wissenschaftliche Seite der Medaille aufzuzeigen, und lediglich sachliche, fundierte Fakten zu den Themen Zucker und Fetten zusammentragen.

Also was ist eigentlich so besonders an diesem Stoff mit der chemischen Bezeichnung $C_{12}H_{22}O_{11}$? Der europäische Durchschnittsbürger verbraucht laut statistischem Bundesamt 37,8 kg reinen Weißzucker pro Jahr – das entspricht in etwa einer halben Schubkarrenfüllung ... oder einem Tageskonsum von 100 g, d. h. ca. 33 Zuckerwürfeln oder 22–24 Teelöffeln pro Tag. Ein Blick zurück in der Geschichte: Aus den Zollaufzeichnungen des Deutschen Reiches lässt sich ablesen, dass im Jahr 1874 der Pro-Kopf-Zuckerkonsum noch bei lediglich 6,2 Kilogramm pro Jahr lag.

Auch laut Weltgesundheitsorganisation (WHO) wird angeraten, nicht mehr als 10 Prozent der Gesamtkalorien pro Tag an Zucker zu konsumieren (also maximal 50 Gramm oder 10 Teelöffeln). Noch besser sei es, mit höchstens 5 Prozent reinem Zucker auszukommen, was etwa 25 g oder 6 Teelöffeln Zucker entspricht. Diese 6 Teelöffel sollten laut WHO auch das Tagesmaximum an Zucker für ein Kind darstellen. Wesentlich besser wären für 1- bis 3-jährige Kinder jedoch nur ca. 3 Teelöffel und für 4- bis 6-jährige Kinder ca. 4 Teelöffel pro Tag.

Dr. Francesco Branca, Direktor der Abteilung Nutrition for Health and Development der World Health Organization (WHO) in Genf, spricht in diesem Zusammenhang auch von einer klaren Dosis-Beziehung, da vor allem auch Karieserkrankungen bei Personen, die weniger als 5 Prozent Zucker konsumieren, praktisch nicht mehr auftreten. Im Gegensatz dazu weisen Personen mit einem mehr als 10-prozentigen Zuckerkonsum, also ab einer Tagesdosis von 50 g und mehr, ein deutlich erhöhtes Kariesrisiko auf.

Natürlich haben wir bereits selbst in unserer Jugend gelernt, dass Zucker unsere Zähne stark angreift und förmlich durchlöchert. Wenn man nun aber bedenkt, dass Zähne aus dem härtesten Material unseres Körpers bestehen, sollte man sich da nicht vielleicht einmal die Frage stellen, was er im Rest des Körpers so alles anstellen könnte? Zahnforscher konnten in dieser Beziehung längst nachweisen, dass unsere Zähne den gleichen Stoffwechselprozessen unterliegen wie auch der Rest unseres Körpers.

Oder anders formuliert: Zucker ist eine Säure, und genauso wie sie den Zahnschmelz zerrüttet, wütet sie auch an anderen Stellen in unserem Körper. Besonders betroffen davon ist unser Dünndarm. Vielleicht haben Sie in diesem Zusammenhang schon einmal von dem Leaky-Gut-Syndrom gehört. Es beschreibt eine immer durchlässiger oder löchriger werdende Darmschleimhaut, die in den häufigsten Fällen klar auf das Konto eines übermäßigen Zuckerkonsums geht.

Oft zeigt sich, dass sich Betroffene bevorzugt von Zucker und isolierten Kohlenhydraten (Zucker, weißer Reis, Weißmehlprodukte wie Brot, Nudeln usw.) ernähren und gleichzeitig nur wenig Ballaststoffe und Gemüse konsumieren. Da eine schlechte Darmflora schon längst mit einer Vielzahl an Erkrankungen in Verbindung gebracht werden kann, sind die Folgen auch beim Leaky-Gut-Syndrom weitreichend. Von Neurodermitis, Diabetes Typ 1, Reizdarm, Rheuma, Zöliakie als auch Herz-Kreislauf-Beschwerden bis hin zu Multipler Sklerose – fast immer ist ein stark aus dem Lot geratenes Darmmilieu zu finden. Wir kommen weiter unten noch einmal darauf zu sprechen.

Wie schnell sich die genannte Summe von 6 Teelöffeln reinen Zuckers nicht selten auch schon durch nur EIN einziges Lebensmittel anhäuft, zeigt dieser Kurzüberblick:

- *43 g Nutella (reicht etwa für ein Brot)*
- *4–5 Kekse mit Schokofüllung*
- *ca. 200 g Puddingcreme von namenhaften Anbietern*
- *ein 200-ml-Fläschchen vieler Frucht-Smoothies*
- *ca. 250 ml Erdbeer-/Schoko-/Vanillemilch (gerne als Schulmilch beworben)*

Zwischenfazit: Das bedeutet, dass wir hier nicht einmal von exzessivem, sondern von einem ganz durchschnittlichen Zuckerverzehr reden, der unserer Gesundheit schon gefährlich wird!

Aber sind wir selbst »schuld« an unseren überschüssigen Pfunden und denen unserer Kinder oder sind wir eher Opfer einer undurchsichtigen Lebensmittelindustrie?

So viel ist sicher: Die Zuckerindustrie hat es schon lange verstanden, uns unbewusst und schon von klein auf zu lebenslangen Zuckerkonsumenten zu machen. Da Zucker nicht nur besonders preisgünstig ist, sondern sich auch positiv auf Konsistenz und Haltbarkeit von Nahrungsmitteln auswirkt, wird er auch nicht nur in Keksen, Eis und anderen Leckereien verarbeitet – von deren erhöhtem Zuckeranteil gehen wir ja immerhin von vorneherein aus. Nein, um uns auf den gesüßten Geschmack zu trimmen, wird Zucker in möglichst vielen »unauffälligen« Produkten wie etwa Wurst, Saucen, Fertiggerichten, Müsli, Fruchtjoghurts, Essig, Obst- und Gemüsekonserven, Fertigsalaten, Pesto etc. »versteckt«. Nur einen Bruchteil des Zuckers, den wir täglich konsumieren, fügen wir unserer Nahrung selbst bewusst hinzu. Wie etwa den Zucker, den wir in unseren Kaffee rühren. Oder den, den wir ab und an beim Backen eines Kuchens abwiegen.

Zucker hat viele Namen

Das Verstecken von Zuckern geht am einfachsten, indem man auf seine »Verwandten« setzt. In der Zutatenliste des Etiketts fällt uns ein Zuckerverwandter (wie etwa Glucose, Fructose, Glucose-Fructose-Sirup, Maltose, Lactose, Maltodextrin etc.) im ersten Moment weniger ins Auge. Meist handelt es sich jedoch um ein ebenfalls billiges Ersatzprodukt, das – wie zum Beispiel die Fructose – lange Zeit verkannt wurde und das zum Teil noch gravierendere Auswirkungen zur Folge haben kann als der weiße Zucker selbst. Daran merken Sie schon, dass es zwingend erforderlich ist, Zucker nicht allgemein mit Kohlenhydraten gleichzusetzen. Zucker ist also nicht gleich Zucker. Man kann Kohlenhydrate aufgrund ihrer Zusammensetzung aus Kohlenstoff (C) und Wasser (H_2O) in Einfach-, Zweifach- oder Mehrfachzucker unterscheiden.

Dabei ist der Einfachzucker am süßesten und je länger die Zuckerkette wird, desto weniger Süßgeschmack verbleibt. Für unseren Organismus wichtiger als der Geschmack ist jedoch die Wirkung auf den Blutzuckerspiegel und unsere Insulinausschüttung. So versorgen uns manche Zuckersorten schnell mit Energie, bei anderen sind wir länger satt (siehe glykämischer Index). Wenn wir ab jetzt zur Vereinfachung lediglich von Zucker sprechen, meinen wir immer den gewöhnlichen weißen Haushaltszucker (siehe Zweifachzucker).

Einfachzucker
Einfachzucker enthalten Moleküle mit meist fünf bis sechs Kohlenstoffteilchen, die man als sogenannte Monosaccharide bezeichnet. Sie dienen als Grundsubstanz, auf der alle anderen Kohlenhydrate aufbauen. Zu diesen Einfachzuckern zählen Traubenzucker (Glucose), Fruchtzucker (Fructose) und auch Schleimzucker (Galactose). Die Glucose ist dabei die Substanz, die unsere Körperzellen am schnellsten und effektivsten mit Energie versorgt, wohingegen Fructose und Galactose keinen Anstieg des Blutzuckerspiegels auslösen. Fructose steckt z. B. in Obst, Gemüse und Honig. Galactose ist ein wichtiger Bestandteil des Milchzuckers (Lactose).

Exkurs Fructose: Schon seit geraumer Zeit ist immer mehr von der Schädlichkeit der Fructose die Rede – und diese Sorge ist leider auch begründet. Denn egal ob Fruchtgummi, Pralinen, Kekse, Milchschnitten, Grießbreidesserts, Schokoriegel, Marmorkuchen, Essiggürkchen, Ketchup, Salatsaucen, Limonaden & Co. – sie alle werden immer häufiger mit Fructose oder einem Fructosegemisch/-sirup gesüßt. Und das aus folgendem Grund: Sie ist nahezu doppelt so süß wie reine Glucose und dazu noch sehr kostengünstig. Natürlich wäre die Lebensmittelindustrie »schön blöd«, wenn sie die Fructose nicht großzügig einsetzen würde. Auch in Fertigprodukten findet man häufig Mischvarianten dieser Zuckerform, die dann unter der Bezeichnung Glucose-Fructose-Sirup (Glucose-Anteil ist hier höher als 50 Prozent) oder Fructose-Glucose-Sirup (hier ist der Fructose-Anteil höher als 50 Prozent) geführt werden. Im Vergleich zu Haushaltszucker mit einem 50-prozentigen Fructoseanteil gibt es aber mittlerweile v. a. im amerikanischen Raum bereits sogenannten High Fructose Corn Syrup oder einfach HFCS genannt, der mit sagenhaften 60–90 Prozent Fructoseanteil zu Buche schlägt. Obwohl dieser Anteil kaum zu toppen ist, sollten Sie auch mit Trockenfrüchten, Honig und zahlreichen anderen Dicksäften und Sirupvarianten generell sparsam umgehen. Denn wie Sie weiter unten erfahren werden, ist nicht nur unsere Leber vor so einer Flut an Zucker nicht gewappnet. Zudem bereitet diese massive Probleme im Darm, v. a. im Dünndarm, da er die Fructose nicht vollständig an das Blut abgeben kann und so ein Teil weiter in den Dickdarm wandert. Die dort vorherrschenden unerwünschten Bakterien, Pilze und Parasiten freuen sich regelrecht über dieses »Futter« – es bietet eine ideale Grundlage, um sich zu vermehren und unangenehme Gase und Säuren zu produzieren, die sich dann als Bauchweh, Durchfall und Blähungen bemerkbar machen können. Aber das Szenario ist hiermit noch nicht beendet: Das saure Milieu und eine resultierende gestörte Darmflora führt langfristig zu Pilzinfektionen, chronischen Entzündungsprozessen (Leaky-Gut-Syndrom), Depressionen und sogar Krebserkrankungen – da ein aus dem Balance geratener Stoffwechsel im Magen-Darm-Trakt immer auch mit einer Schwächung des Immunsystems einhergeht. Selbst Gicht und Nierensteine lassen sich mittlerweile auf einen übermäßigen Fructose-Konsum zurückführen, weil beim Fructose-Abbau in der Leber gleichzeitig große Mengen an Harnsäure entstehen. Interessanterweise belegen Studien heute eindeutig, dass diese Wirkung bei keinem anderen Kohlenhydrat auftritt.

Ein hoher Harnsäurespiegel kann dann wiederum langfristig auch die Sensibilität unserer Körperzellen (v. a. der Muskelzellen) gegenüber Insulin herabsetzen, da Insulin nämlich nur bei Vorhandensein von NO (Stickoxid) an den Insulinrezeptoren der Zellen gebunden werden kann – der aber bei einer hohen Konzentration an Harnsäure reduziert vorliegt und so die Empfindlichkeit der Insulinrezeptoren absenkt. Und wie es dann im weiteren Verlauf bereits im Kindesalter zu einer sogenannten Fettleber kommen kann, erfahren Sie weiter unten.

Zweifachzucker
Ein weiterer Bestandteil des Milchzuckers ist die Lactose, die allerdings aus zwei miteinander verbundenen Einfachzuckermolekülen, sogenannten Disacchariden (Zweifachzuckern), besteht: Es handelt sich um die Moleküle Galactose und Glucose. Muttermilch enthält etwa 7,5 Prozent des Energiespenders; in Kuhmilch stecken hingegen nur 4,5 Prozent. Manche Menschen können, weil es ihnen von Geburt an oder durch eine Erkrankung an einem Enzym namens Laktase mangelt, keinen Milchzucker im Dünndarm mehr spalten. Nach dem Verzehr von Lactose leiden diese Personen dann häufig unter starken Bauchschmerzen, Blähungen oder Durchfall oder starken Bauchschmerzen.

Auch der aus Zuckerrohr oder Zuckerrüben gewonnene Haushaltszucker (Saccharose) setzt sich aus Glucose und Fructose zusammen und findet vor allem als Kristallzucker Verwendung. Saccharose kann ebenfalls schnell vom Darm aus ins Blut aufgenommen werden und somit binnen kürzester Zeit Energie freisetzen. Maltose (Malzzucker) kommt unter anderem in Gerstenkeimen und in Kartoffelkeimen vor und produziert einen leicht karamellartigen Geschmack. Deswegen wird er gerne für Backwaren, Getränke, Süßwaren, Spirituosen und Kindernahrung verwendet. Maltose sorgt für einen schnellen Blutzuckerspiegelanstieg, da sie durch das Enzym Maltase direkt im Dünndarm in zwei Moleküle Glucose aufgespalten wird. Hingegen steigert die sogenannte Isomaltose aus je einem Molekül Glucose und Fructose, die vor allem in Zuckerrohrextrakt und in geringen Mengen in Honig vorkommt, den Blutzuckerspiegel nur langsam.

Mehrfachzucker
Mehrfachzucker (Oligosaccharide) bestehen meist aus langen Ketten mit drei bis neun Einfachzuckern (z. B. Stachyose und Verbascose) und kommen beispielweise auch in Erbsen und Hülsenfrüchten vor. Je mehr Einzelzucker aneinandergebunden werden, desto weniger süß schmecken sie. Spaltet man Oligosaccharide lebensmitteltechnologisch in kleinere Bruchstücke, gewinnt man zum Beispiel das schwach süße Maltodextrin. Dieses dient in Lebensmitteln nicht nur als Zutat, sondern unter anderem auch als Stabilisator und Füllstoff. Andere Oligosaccharide hingegen, wie zum Beispiel Oligofructose, gelten als Ballaststoff, da sie von den menschlichen Verdauungsenzymen nicht zerlegt werden können. Wenn Oligofructose in den Dickdarm gelangt, fördert es das Wachstum von gesunden Darmbakterien. Vielleicht ist Ihnen unter diesem Aspekt auch schon einmal der Name Inulin begegnet, welcher natürlicherweise in bestimmten Pflanzen wie zum Beispiel der Artischocke oder dem Chicorée vorkommt. Inulin und die daraus gewonnene Oligofructose werden bestimmten Lebensmitteln auch in isolierter Form beigemengt und dann als Präbiotika angeboten.

Vielfachzucker
Von Vielfachzuckern (Polysaccharide) spricht man in der Regel ab mindestens zehn Einfachzuckern, wie es auch bei der wichtigsten Quelle für Mehrfachzucker, der pflanzlichen Stärke, der Fall ist. Hierunter zählen sowohl alle Getreide und Getreideprodukte (Gebäck, Brot, Nudeln) als auch Reis, Mais, Kartoffeln und Knollengemüse. Ballaststoffe stellen chemisch betrachtet ebenfalls Mehrfachzucker dar. Dabei handelt es sich um Teile pflanzlicher Lebensmittel, die der Körper nicht

verdauen kann, die aber dennoch gesundheitsfördernde Wirkungen aufweisen. Im Hinblick auf die Stärke kann man allerdings nochmals zwischen Molekülen aus langen Ketten oder auch baumartig verzweigten Zuckergebilden unterscheiden. Die unverzweigte Stärke wie etwa aus Hülsenfrüchten bewirkt dabei eine eher langsame Steigerung des Blutzuckers, wohingegen die verzweigte Form der Stärke wie z. B. in Mais, Weizen und Kartoffeln einen z. T. noch schnelleren Anstieg als manche Einfach- oder Zweifachzucker hervorruft, sodass diese eher sparsamer verwendet werden sollten.

Auch Lebensmittel, in denen nicht nur Zucker oder Stärke, sondern auch Ballaststoffe enthalten sind, zum Beispiel Früchte oder Vollkorn-Getreideprodukte, erzeugen ein längeres Sättigungsgefühl und lassen den Blutzucker langsamer ansteigen als zucker- beziehungsweise stärkereiche Lebensmittel ohne Ballaststoffe wie Weißmehlprodukte oder Süßigkeiten.

Man spricht in diesem Zusammenhang auch vom sogenannten Glykämischen Index (GI). Dies ist das Maß zur Bestimmung der Wirkung eines kohlenhydrathaltigen Lebensmittels auf den Blutzuckerspiegel. Niedrigglykämische Nahrungsmittel können als primär förderlich für unser Wohlbefinden eingestuft werden, da sie keinen rapiden, sondern einen langsamen und gleichmäßigen Anstieg des Blutzuckerspiegels hervorrufen.

Hochglykämische Lebensmittel bewirken hingegen innerhalb kürzester Zeit einen sprunghaften Anstieg des Blutzuckers. Haushaltszucker und viele Lebensmittel, die isolierte Kohlenhydrate (z. B. Weißmehlprodukte) beinhalten, zählen daher zu den hochglykämischen Lebensmitteln und rufen eine starke Insulinausschüttung durch die Bauchspeicheldrüse hervor. Das Problem: Der Hunger kommt im Gegensatz zu den niedrigglykämischen Produkten schnell wieder zurück.

Wie Zucker auf den Organismus wirkt

Glucose ist von allen genannten der wichtigste Energielieferant des Körpers und hat den großen Vorteil, dass sie von jeder Zelle des Körpers sowohl aufgenommen als auch zur Energiegewinnung herangezogen werden kann. Von den 200 g Glucose pro Tag, die ein Erwachsener durchschnittlich im Ruhezustand ohne große körperliche Aktivität benötigt, werden allein 75 Prozent von unserem Gehirn verbraucht (etwa 120 g pro Tag).

Glucose gelangt auch weitaus schneller ins Blut als die Fructose, die sich erst »über Umwege« zur Energieproduktion in Körperzellen nutzen lässt. Fructose kann auch fast nur von unserer Leber aufgenommen werden, da alle anderen Körperzellen nicht über den entsprechenden Transporter (GLUT 5) verfügen, um sie aus dem Blut in die Zellen zu schleusen. Solange Fructose nur in kleineren Mengen konsumiert wird, kann die Leber sie noch problemlos »verbrennen« oder aber auch in Glucose umwandeln. Durchströmen die Leber allerdings in kurzer Zeit zu große Mengen an Fructose, werden die normalen Stoffwechselwege gestört. Die Umwandlung in sogenanntes Glykogen (die Speicherform der Glucose) gelingt nicht mehr reibungslos und die überforderte Leber ist stattdessen gezwungen, die überschüssige Energie in Fette zu überführen. Das ist ihr einziger Ausweg.

Nun gibt es zwei Möglichkeiten: Entweder das neu gebildete Fett wird von der Leber ins Blut abgegeben oder es bleibt bei übermäßigem Zuckerverzehr regelrecht in der Leber »stecken«. Ähnlich wie beim übermäßigen Alkoholkonsum kann es dadurch zu einer regelrechten Verfettung der Leberzellen kommen, wodurch diese Störung auch als nichtalkoholische Fettleber bezeichnet wird.

Aber der Teufelskreis ist hiermit noch lange nicht beendet ... Denn verfettete Zellen regeln mit der Zeit auch ihre

Empfindlichkeit gegenüber Insulin herunter. Dem in der Bauchspeicheldrüse produzierten Insulin kommt jedoch die lebenswichtige Aufgabe zu, unseren durch besonders kohlenhydratreiche Nahrung erhöhten Blutzuckerspiegel immer wieder auf ein normales Niveau zu senken. Nur durch Insulin kann der Blutzucker vor allem in den Muskel- und Leberzellen aufgenommen und verbrannt werden. Überschüssige Nahrungsenergie wird jedoch ebenfalls mit Hilfe von Insulin in die Fettzellen geleitet, um als Vorrat – für oftmals nie eintretende »schlechtere Zeiten« – zu dienen. Gleichzeitig wird aber auch die Fettausschüttung der Fettzellen durch das Vorhandensein von Insulin gebremst, damit der Körper stets auf die Energie aus dem mit Zucker angereicherten Blut zurückgreift. So nach dem Motto: Man weiß ja nie, wann der nächste Zustrom an Zucker eintritt – und so wird fleißig in Form von Körperfettgewebe »gebunkert«.

Werden also sehr oft und vor allem zu viele Kohlenhydrate gegessen, muss folglich ständig neues Insulin ausgeschüttet werden, was nach und nach zu einem Abstumpfen der Insulinrezeptoren führt, d. h. sie reagieren nicht mehr empfindlich genug auf das (sehr wohl vorhandene) Insulin. Man spricht dann bereits von einer Insulinresistenz. Je ausgeprägter die Insulinresistenz der Körperzellen ist, desto mehr Insulin wird notwendig, um den Blutzuckerspiegel dennoch in den normalen Bereich zu senken (Hyperinsulinismus). In diesem Stadium wird von einem Prädiabetes gesprochen. Zeitgleich kommt es zu einem Anstieg des Körperfetts an unerwünschten Stellen, da der Körper keinen anderen Mechanismus zur Verfügung hat, wie er mit den ständigen Kohlenhydrat-Überschüssen umgehen könnte.

Zur Einlagerung des Fettes dient insbesondere der innere Bauchraum, da er sich nah der Leber befindet, um schnelle Stoffwechselwege gewährleisten zu können. Das Problem: Genau dieses innere Bauchfett, auch als intraabdominales Fettgewebe oder Viszeralfett bezeichnet, ist besonders stoffwechselaktiv. Allerdings nicht im positiven Sinne ... Es produziert mehr als zwanzig Hormone und verschiedene andere Substanzen, die direkt ins Blut abgegeben und mittlerweile nachweislich mit Herz-Kreislauf-Erkrankungen, Gefäßleiden, Diabetes mellitus Typ 2 und einem erhöhten Risiko für Krebserkrankungen in Verbindung gebracht werden.

Dabei kommen vor allem zwei dieser Hormone besondere Rollen zu – zum einen unserem Stresshormon Cortisol und zum anderen unserem Sättigungshormon Leptin.

Leptin

Dieses Hormon wird direkt von unseren Fettzellen gebildet, um unserem Gehirn bei ansteigenden Fettspiegeln signalisieren zu können: »Wir sind satt und benötigen momentan keine weitere Nahrung.« Lagern wir nun übermäßig viel Körperfett ein, steigert sich folglich auch die Leptin-Produktion. Bei Übergewichtigen müsste sich daher so viel Leptin bilden, dass sie eigentlich kaum Hunger verspüren sollten. Ähnlich wie bei der Abstumpfung unserer Insulinwirkung machen allerdings auch die Nervenzellen im Gehirn, die als Rezeptoren für Leptin dienen, irgendwann »schlapp« und es entsteht eine Leptin-Resistenz. Viel mehr noch – es entsteht sogar eine fatale Wechselwirkung mit dem Insulin, das leider die Aufgaben des Leptins zusätzlich behindert.

Im Klartext: Durch das ständige Überangebot von Leptin im Blut wird der Körper regelrecht unempfindlich gegenüber seiner appetithemmenden Wirkung. Es verändert also die gesamten neurochemischen Prozesse der sensiblen Rückkopplungsmechanismen, die für ein gesundes Sättigungs- und Hungergefühl vonnöten wären. Somit führt die erworbene Leptin-Resistenz auch zu einem ungebremsten Hungergefühl! Parallel dazu leitet es den Körper an, Fett zu speichern, wann immer es geht. Das Gehirn versteht es also als eine Art Mangelsituation und meldet auf der einen Seite: »Wir sind unterversorgt! Wir müssen unser Überleben sichern!«, und auf der anderen: »Wir dürfen uns nicht zu viel bewegen, um die Energie nicht zu vergeuden.« Übergewichtige sind damit regelrecht Gefangene ihrer gestörten körpereigenen Regulationsmechanismen und nicht – wie leider viel zu häufig behauptet wird –»einfach verfressen und faul«. Es reicht nicht, sie dazu aufzufordern, »sich beim Essen einfach mal zusammenzureißen«, und sie zu animieren, nun »endlich mal den inneren Schweinehund zu überwinden und sich in Bewegung zu setzen«.

Der renommierte Zucker-Forscher, Kinderarzt und Neuroendokrinologe Dr. Robert Lustig von der University of California konnte diese Schädigung im Bereich des sogenannten Hypothalamus im Gehirn bereits an Kindern sehen. Der Körper der Kinder zeigte Reaktionen, als würde er verhungern, und veranlasste das weitere Ausschütten von Insulin, um den Blutzucker zu senken. Als Lustig diese Reaktion versuchsweise mit Hilfe eines Medikaments unterdrückte, aßen die Kinder im Schnitt direkt 700 Kalorien weniger pro Tag, nahmen an Körpergewicht ab und fanden wieder Energie zur Bewegung und gewannen die Lust an ihr zurück.

Cortisol

Das nächste Problem lässt sich im sogenannten Cortisol aufspüren: Das Bauchfett dient leider auch als gute Grundlage, um möglichst viel dieses gerne als Stresshormon bezeichneten Cortisols einzulagern. Und da Cortisol die Wirksamkeit des Insulins blockiert, wird die Entstehung einer Insulinresistenz durch dauerhaft erhöhte Cortisol-Spiegel, die eine falsche Alarmbereitschaft signalisieren, natürlich gefördert.

Das in der Nebennierenrinde, unter anderem aus Cholesterin gebildete, sogenannte Glukokortikoid Cortisol zählt zu unseren ureigensten Schutzsystemen, das unserem Körper im Notfall durch Sympathikusaktivierung schnell Energie zur Verfügung stellt für eine Kampf- oder Fluchtreaktion. Diese Funktion benötigen allerdings weder Kinder, die still in der Schule sitzen, noch Erwachsene, die »lediglich« Computerarbeit verrichten. Die dann im Blut zirkulierende Glucose (sie kann bei Bedarf schneller als Fette oder Eiweiße zu Energie verwertet werden) wird deswegen nach einiger Zeit in Glykogen umgewandelt und durch Insulin als Fett in unser Gewebe eingelagert. Dazu kommt: Durch den Abtransport wird auch unser Blutzuckerspiegel wieder gesenkt und der Heißhunger auf Süßes kommt schnell zurück. Ein weiterer Teufelskreis, dem man sich nur schwer entziehen kann, beginnt. Somit können sich natürlich auch die Insulinresistenz und die Einlagerung von innerem Bauchfett, das nach und nach auch auf andere Organe übergreift und diese verfettet, mithilfe des Cortisols immer weiter aufschaukeln.

Wenn Sie nun davon ausgehen, dass zumindest unsere Kinder doch noch keinem Stress ausgesetzt sind, liegen Sie leider falsch. Laut einer großangelegten Studie der Universität Bielefeld aus dem Jahr 2015, bei der mehr als 2000 Kinder/Jugendliche und Eltern befragt wurden, leiden bereits jedes sechste Kind und jeder fünfte Jugendliche in Deutschland unter deutlichem Stress. Und dies betrifft keinesfalls nur übergewichtige Kinder und Jugendliche, die aufgrund ihres Äußeren gemobbt oder gar ausgeschlossen werden.

Daher lassen sich alle genannten Reaktionen interessanterweise auch nicht nur bei Übergewichtigen nachweisen, sondern werden auch immer wieder bei schlanken Erwachsenen und eben leider auch Kindern(!) beobachtet. Das Gefährliche: Eindeutige Symptome stellen sich häufig erst sehr spät ein oder werden schlichtweg nicht als Anzeichen für Schlimmeres erkannt, da sie »harmloseren« körperlichen Beeinträchtigungen ähneln können wie etwa Müdigkeit, Schwäche, ständiges Hungergefühl (häufig einhergehend mit ansteigendem Körpergewicht) und depressiver Verstimmung.

Dr. Robert Lustig spricht daher von zwei Krankheiten, die erst seit den letzten 35 Jahren im Kindesalter weltweit und quasi unaufhaltsam ansteigen: Typ-2-Diabetes und Fettlebererkrankung. In den 1980er-Jahren waren diese Erkrankungen noch sehr bezeichnend für Alkoholkonsum: Alkohol fördert die Entwicklung von Typ-2-Diabetes und ist auch verantwortlich für die Fettleber. Und heute sehen wir auf einmal Kinder mit genau diesen Erkrankungen, sodass heutzutage bereits 20 Prozent aller Kinder und 40 Prozent aller übergewichtigen Kinder diese Krankheiten entwickeln. Zucker, der heute in Rekordmengen produziert wird, wirkt also ähnlich wie dessen Derivat Alkohol! Im Gegensatz zum Alkohol ist Kindern der Zugang zu Zucker jedoch alles andere als verwehrt.

Eine neuere amerikanische Studie der University of Stanford aus dem Jahr 2013 lässt darauf schließen, dass Fettleibigkeit und Diabetes nicht allein von der Kalorienmenge abhängen, sondern auch von der Qualität der Lebensmittel und deren Bestandteilen. In 175 Ländern wurde das Vorkommen von zuckerreicher Ernährung und der Häufigkeit von Typ-2-Diabetes in Relation gesetzt. Auch hier konnte untermauert werden: Bei Menschen, die verhältnismäßig viel mehr Kalorien aus Zuckerquellen bezogen als aus anderer Nahrung, stieg der Anteil an Diabetikern elfmal schneller – und das unabhängig von ihrem Body-Mass-Index (BMI). Selbst ein höheres Sportpensum konnte diese drastischen Reaktionen nicht unterbinden.

Smoothies statt Softdrinks?

Wie anfangs bereits angesprochen, fügen wir unseren Produkten den Zucker selten bewusst selbst zu. Vor allem zuckergesüßte Getränke scheinen ein ganz besonderes Problem darzustellen. Forschungsarbeiten konnten dazu aufzeigen, dass EIN einziges zuckerreiches Getränk pro Tag ausreicht, um das

Risiko für Typ-2-Diabetes um 26 Prozent zu erhöhen. Und hierbei ist ja noch nicht die Zuckerzufuhr aus weiteren Nahrungsmitteln eingerechnet!

Da sich parallel immer auch vermeintlich gesunde Trends entwickeln, sind in letzter Zeit die »fast« frisch gepressten Smoothies in unseren Kühlregalen aufgetaucht. Gerade für alle, die Obst pur sonst eher ablehnen, scheint dies eine gesunde und vitaminreiche »Lösung« zu sein. Auf der anderen Seite enthält Obst ja bekanntermaßen auch viel des »gefährlichen« Fruchtzuckers. Was stimmt denn also nun? Für »Obst pur« (also in nicht pürierter Form) kann an dieser Stelle klar Entwarnung gegeben werden. Denn einerseits ist der Fruchtzuckergehalt von Obst gar nicht mal so immens hoch, wie man es annehmen mag, und auf der anderen Seite enthält es eine Vielzahl an Ballaststoffen, die erst zerkaut werden und auch zunächst eine ganze Weile im Magen verweilen müssen, wodurch sie eher langsam verdaut werden. Die Ballaststoffe sorgen zudem dafür, dass der Körper nicht die gesamte Fructose aufnimmt, was unter anderem durch eine Reihe sogenannter sekundärer Pflanzenstoffe deutlich gehemmt wird. Der Fruchtzucker wird folglich nur nach und nach in kleinen Dosen in das Blut und auf diesem Weg zur Leber überführt, womit unsere Leber im Normalfall sehr gut »fertig« wird. Außerdem würde man kaum auf die Idee kommen, mehrere Orangen, Äpfel etc. hintereinander zu essen.

Bei Obstsäften und Fruchtsmoothies sieht es allerdings schon wieder ganz anders aus. Leider aber ist es gar nicht kompliziert, aus Orangen ein großes Glas Saft zu gewinnen und dieses in kurzer Zeit hinunterzustürzen. Die Verweildauer im Magen ist damit weitaus geringer und die hohen Mengen an Fruchtzucker gelangen in viel kürzerer Zeit zu unserer Leber. Wenn Sie aber ein Smoothie-Freund sind: Mischen Sie Ihre Getränke mit einem hohen Anteil an (am besten grünem) Gemüse!

Obst enthält aber niemals »leere Kalorien«, sondern versorgt den kindlichen Organismus mit vielen wichtigen Vitaminen, Mineralien und Spurenelementen. Und selbst bei einer sehr süßen Frucht wie einer Banane müsste man etwa ganze 9 Bananen essen, um es vom Zuckergehalt her betrachtet mit einem Liter Cola aufnehmen zu können.

Alternativen zu Zucker

Bei dieser Frage sind sich selbst renommierte Wissenschaftler uneinig, da die Datenlage sehr undurchsichtig ist, was gesundheitliche Risiken der Ersatzstoffe anbelangt. Man geht auch nach wie vor davon aus, dass sich der Körper die Kalorien, die ihm durch die Süßstoffe eigentlich signalisiert werden, im Laufe des Tages auf anderen Wegen doch noch holt, da auch eine erhöhte Süßstoffzufuhr bei vielen Menschen den Appetit anregt. Gerade Lightgetränke sollen diesen Effekt am deutlichsten hervorrufen. Daher ist auch hier die Warnung: Den Körper auszutricksen könnte nach hinten losgehen! Es ist deshalb wirklich lohnenswert, sich nach und nach von der »Süße« in egal welcher Form zu distanzieren. Dies stärkt gleichzeitig unsere Geschmacksrezeptoren für Süßes: Es klingt zwar paradox, aber essen wir eine Zeit lang zuckerarm, schmecken viele Nahrungsmittel auf einmal von Natur aus viel süßer aus zuvor!

Ersatzsüße
Natürlich ist die beste Alternative, gänzlich auf raffinierten Zucker zu verzichten. Wenn ein Produkt dennoch süß schmecken soll (der Geburtstagskuchen, die selbstgebackenen Kekse, Muffins etc.), dann stößt man heutzutage auf eine Vielzahl an Ersatzprodukten. Sogenannter Vollrohrzucker liefert, ebenso wie Agavendicksaft und andere vollwertige Süßungsmittel (z. B. Apfeldicksaft), zumindest im Vergleich zu Saccharose

(Zweifachzucker) noch eine Portion an Mineralstoffen und zum Teil auch Antioxidantien mit. Dennoch ist der in ihnen enthaltene Fructoseanteil ebenfalls relativ hoch, sodass auch hier zu mäßigem Verzehr geraten wird. Bei der sogenannten Melasse zieht man die wertvollen Inhaltsstoffe von Zuckerrüben und Zuckerrohr bei der Raffination heraus und trennt sie weitgehend von der Saccharose, wodurch das Endprodukt viele wertvolle Antioxidantien enthält und nur noch etwa 60 Prozent Saccharose. Der Nachteil ist jedoch die geringere Süßkraft und der lakritzähnliche Eigengeschmack, den Kinder eher selten mögen. Melasse erhält man zudem häufig nur in Reformhäusern, Naturkostläden oder im Onlineversand.

Sehr zu empfehlen sind hingegen weniger bekannte Varianten an Süßungsmitteln, die in bei uns eher unbekannten Obstsorten aus dem amerikanischen Raum vorkommen wie etwa Mesquite, Carob oder Lucuma. Theoretisch kann man diese frisch, getrocknet, eingeweicht, püriert oder fertig in Pulverform vorfinden. Das klare Plus: Mesquite weist einen karamellartigen, natürlich süßen Geschmack auf und liefert gleichzeitig hochwertige Nährstoffe wie Eiweiße, Vitamine, Mineralien und Antioxidantien. Carob eignet sich zum Beispiel wunderbar als Kakao-Ersatz! Daher werden diese Produkte auch häufig als Superfood angepriesen – weniger »super« ist vielleicht der gewaltige Preis: 250 g Mesquite kosten um die 10 Euro! Zur täglichen Anwendung (oder bei größeren Mengen etwa zum Backen) kann es sich somit wohl leider nicht jeder leisten.

Eine nach bisherigem Kenntnisstand weitere gesunde Variante stammt vor allem aus der Rinde der Birke und wird daher auch als Birkenzucker oder Xylit bzw. Xylitol bezeichnet. Xylit enthält zum einen weniger Kalorien und kann »praktischerweise« ohne Insulin verstoffwechselt werden, wodurch er auch für Diabetiker zu empfehlen ist. Xylit kennt man vielleicht auch schon von Zahnpasta oder Kaugummi, ihm wurde eine kariesvorbeugende Wirkung nachgewiesen. Das Praktische: Xylit ist in seinem Aussehen, der Süßkraft und dem Geschmack der Saccharose äußerst ähnlich. Die gravierendsten Nachteile von Xylit bestehen hingegen in seinem fast 9-fach höheren Preis gegenüber dem Haushaltszucker und seiner abführenden Wirkung bei übermäßigem Konsum. Dies könnte man aber auch fast als Vorteil werten, um sich generell einen sparsameren Umgang mit Süßungsmitteln anzugewöhnen.

Kokosblütenzucker wird aus dem Nektar der Kokospalme gewonnen. Der Nachteil vorab: Es gibt leider nur wenige Hersteller, die auf eine nachhaltige und ökologische Produktion von Kokosprodukten achten. Gesundheitlich betrachtet überwiegen allerdings die Vorteile mit vielen gesundheitsförderlichen Eigenschaften, denn Kokosblüten haben einen sehr geringen glykämischen Index und lassen den Blutzucker dadurch kaum ansteigen. Darüber hinaus enthält dieser Zucker ebenfalls viele Mineralstoffe und Spurenelemente wie etwa Kalium, Magnesium, Eisen, Bor, Zink, Schwefel und Kupfer. Ebenso wie Xylit auch kann er 1:1 wie Zucker verwendet werden, hat allerdings weniger Süßkraft und schmeckt ähnlich wie Mesquite eher karamellartig.

Die kleine Pflanze namens Stevia rebaudiana, auch Honigkraut genannt, stammt aus Südamerika. Im Vergleich zu Haushaltszucker schmeckt sie etwa 300-mal süßer und muss daher auch viel sparsamer eingesetzt werden. Aber das Beste: Stevia enthält keine Kalorien und ist daher ebenfalls für Diabetiker geeignet! Darüber hinaus hat sich der Süßstoff in einigen Studien sogar als leicht gefäßerweiternd erwiesen und könnte sich daher positiv auf den Blutdruck auswirken. Dennoch können wir Stevia zum bisherigen Zeitpunkt noch nicht uneingeschränkt empfehlen, da es auch einige Nachteile gibt. Unseren Kindern könnte auch hier wieder die lakritzartige Note im Nachgeschmack missfallen. Zudem gibt es häufig Probleme bei der Dosierungsumrechnung und der Verwendung. Möchte ich zum Beispiel den Zucker beim Kuchenbacken komplett durch Stevia ersetzen, muss ich dem Teig nur eine sehr kleine Menge zugeben und es wird an Volumen fehlen. Der gravierendste Nachteil ist jedoch eine mögliche Beeinträchtigung der Fruchtbarkeit, die bisher allerdings nur in Tierversuchen beobachtet wurde. Experten raten daher, den Gebrauch von Stevia auf die unbedenkliche Dosis von 4 mg/kg Körpergewicht pro Tag zu begrenzen.

Beim Kauf des vom kanadischen Zuckerahornbaum gewonnenen Ahornsirups muss man auf seine Reinheit achten, denn in Europa wird gerne gepanscht und mit Zuckerwasser »aufgefüllt«. Achten Sie daher auch bei Bio-Marken darauf, dass 100 Prozent reiner Ahornsirup ausgewiesen wird. Obwohl mittlerweile viel darüber geredet wurde, dass Ahornsirup über fünfzig wertvolle Stoffe beinhalten soll (worunter auch einer zählt, der Antibiotika positiv verstärkt), sind in der Gesamtsumme gesehen nur relativ kleine Mengen von zum Beispiel Polyphenolen zu finden. Hinzu kommt noch eine ordentliche Portion Zucker. Der Polyphenolgehalt im Ahornsirup ist übrigens umso höher, je dunkler der Sirup ist. Im Gegensatz zu normalem Haushaltszucker, der eine glykämische Last (GL) von 70 hat, liegt der Ahornsirup bei nur etwa 43. Zum Vergleich: Maissirup kommt auf 80 und Traubenzucker natürlich auf 100. Auch Honig schafft mit einer GL von 49 mehr als Ahornsirup. Interessanterweise gehört Agavendicksaft hingegen zu den eher niedrigeren »Kandidaten« mit einer GL von nur 11.

Hiervon sollte man sich jedoch nicht täuschen lassen, da der Agavendicksaft – im Gegensatz zum Ahornsirup – ja wiederum sehr viel Fruchtzucker (Fructose) enthält – der zwar den Blutzucker nicht hebt, aber die oben genannten starken Nachteile auf den Leberstoffwechsel mit sich bringt!

Last but not least: Honig!
Obwohl sich in hochwertigen Honigsorten bis zu 245 natürliche Inhaltsstoffe befinden sollen, beinhaltet Honig 20 Prozent Wasser, schlägt aber ansonsten mit bis zu 80 Prozent reinem

Zucker zu Buche, wobei schon 38 Prozent auf die besonders bedenkliche Fructose fallen. Dabei ist das Fructose-Glucose-Verhältnis auch für seine Konsistenz entscheidend: Da Glucose im Honig schneller kristallisiert als Fructose, zeigt sich ein hoher Glucoseanteil in einer cremigen bis festen Konsistenz, wohingegen ein höherer Fructosegehalt eine flüssigere Sorte kennzeichnet. Auch wenn verschiedene Honigsorten für ihre heilenden Kräfte und Wirkstoffe bekannt sind (z. B. Manuka-Honig), muss bei einem regelmäßigen Verzehr dennoch der recht hohe Fructose-Anteil im Auge behalten werden (siehe auch Exkurs Fructose). Ein weiterer Tipp: Achten Sie zudem beim Kochen, Backen oder bei der Zubereitung von Tee darauf, dass Honig bereits ab Temperaturen über 40 °C seine gesundheitlichen Vorzüge verlieren kann! Die bekannte heiße Milch oder der Lieblingstee Ihres Kindes sollte daher nur abgekühlt mit Honig gesüßt werden.

Tipps für weniger Zuckerkonsum

Wir kennen es alle: Die Süß-Freunde beginnen ihren Tag schon mit einer Schüssel gezuckerter Frühstückscerealien oder süßem Brotaufstrich auf hellem, meist auch gezuckertem Toast, Brot oder Brötchen. Bei uns Erwachsenen kommen noch schnell ein bis zwei Teelöffel Zucker in den Kaffee dazu. Bereits jetzt hätten wir das empfohlene untere Tageslimit (25 g) bald erreicht. Von dem der Kinder ganz zu schweigen – haben sie doch ob ihres geringeren Körpergewichtes ein entsprechend niedriges Limit! Zum Mittagessen kommt dann spätestens Eistee, Limo oder Cola auf den Tisch – bei den Kindern in Kindergarten und Schule Kakao oder Ähnliches. Zum Nachtisch dann noch ein Dessert. Und nach dem Abholen macht man beim Bäcker Halt und besorgt sich Rosinenweckchen, Kekse oder auch mal ein Stück Kuchen. Kaffee für uns und Fruchtschorle für die Kinder dazu? Und zum Abendbrot gibt es Wurst (mit Zuckerzusatz) oder schnelle Küche mit Tiefkühlpizza und vor dem Fernseher noch mal Süßigkeiten on top ... Finden Sie das zu überspitzt? Leider ist dies häufig schon zur Normalität und nicht zu einem Sonderfall geworden. Besonders unsere Kinder kommen so problemlos auf einen Zuckerverbrauch von über 100 g am Tag.

Wir geben Ihnen hier daher gerne ein paar Tipps an die Hand, wie Sie leicht ein paar Zuckerquellen und damit auch viele unnötige Kalorien vermeiden können.

Schritt 1: Konsumieren Sie keine Softdrinks und anderweitig gesüßten Getränke

Achten Sie einfach mal bei nächster Gelegenheit darauf, wie viel Gramm Zucker pro 100 ml eine Limonade enthält, und rechnen Sie sich zur Motivation Ihre eingesparten Kalorien zusammen. Sollten Ihre Kinder vorerst nicht auf den süßen Geschmack verzichten können, mischen Sie Fruchtschorlen (ohne zusätzlichen Zuckerzusatz!), bei denen der Anteil des Wassers klar überwiegt (3:2). Reduzieren Sie den Fruchtanteil nach und nach, sodass im Idealfall ganz darauf verzichtet werden kann oder lediglich ein Schuss davon für den Geschmack übrig bleibt. Eine schöne fruchtige Alternative, die ganz ohne Zucker auskommt, ist Wasser mit ein paar Minzblättern oder ein paar Zitronenscheiben darin. Der Geschmack ist jedenfalls nicht mehr ganz so »langweilig« wie bei purem Wasser.

Schritt 2: Vermeiden Sie weitgehend Fertigprodukte

Wenn es einmal schnell gehen muss – o.k.! Aber im Normalfall sollten Sie möglichst nur frische und unverarbeitete Produkte verwenden. Es geht wie gesagt nicht darum, ganz auf Zucker zu verzichten.

Ein Trick könnte ein Zuckerstreuer sein, mit dem Sie selbst nachsüßen (z. B. den Naturjoghurt mit frischen Früchten). Für

Erwachsene sollten in den Wochenstreuer dann nicht mehr als 350 g passen; bei Kindern höchstens 88–100 g. Je mehr am Ende der Woche übrig bleibt, desto besser! Wäre Ihr Streuer zum Schluss noch zu einem Drittel gefüllt, dann wären Sie auf jeden Fall unter der empfohlenen 5-Prozent-Marke geblieben. Bedenken Sie auch den im Wachstum befindlichen Organismus Ihres Kindes. Alle Kalorien aus Industriezucker enthalten kaum bis keine Vitalstoffe, sondern sind pure, raffinierte Kohlenhydrate. Wertvolle Nährstoffe fehlen dann in der Gesamttagesbilanz.

Schritt 3: Lesen Sie die Angabenliste der Inhaltsstoffe
Lassen Sie sich nicht durch Zuckervarianten im »Begriffsdschungel« blenden. Hier erhalten Sie die Liste, hinter denen sich die wichtigsten Zuckerarten verbergen.

Schritt 4: Ersetzen Sie den nährstoffarmen weißen Haushaltszucker durch hochwertige Natursüße
Wenn Sie nur den von der Industrie extrahierten Zucker konsumieren, dann »vermisst« Ihr Organismus die Ballaststoffe, Vitamine und Mineralien, die normalerweise in der Zuckerrübe sind. Auch wenn vor allem Honig, Inulin, Fruchtsaftkonzentrat, Traubensüße, Gerstenmalz und Ahornsirup zur Gesamtfructose-Bilanz beitragen, so enthalten sie dennoch wenigstens wertvolle Zusatzstoffe und sind somit dem Haushaltszucker immer vorzuziehen.

Schritt 5: Werden Sie zum Vorbild
Kinder brauchen Vorbilder. Aber wir Erwachsene sind vom Zucker genauso eingenommen wie unsere Kinder. Natürlich wäre es am sinnvollsten, gemeinsam als Familie den Zuckerkonsum noch gezielter einzuschränken. Überfällt Sie dann doch einmal eine unbezwingbare Zuckergier, verzehren Sie Süßes lieber heimlich, damit wenigstens Ihre Kinder nicht zum Mitnaschen verleitet werden.

Einfach erkennbare Zuckerverwandte	Versteckte Zuckervarianten		Zuckeraustauschstoffe (zwar deutlich weniger kalorienbehaftet, aber dennoch in Maßen zu genießen)
Brauner Zucker	Ahornsirup	Inulin	Erythrit/E 968
Fruchtzucker	Apfelsüße	Joghurtpulver	Lactit/E 966
Invertzucker	Dextrin	Karamellsirup	Isomalt/E 953
Invertzuckercreme	Dextrose	Konzentrierte Fruchtsäfte	Maltrit/E 965
Invertzuckersirup	Dicksaft	Lactose	Maltitsirup
Karamellisierter Zucker	Fruchtextrakt	Magermilchpulver	Maltinol
Karamellzuckersirup	Fruchtpüree	Maltodextrin	Maltinol-Sirup /E 095
Malzzucker	Fruchtsaftkonzentrat	Maltose	Mannit/E 421
Milchzucker	Fruchtsüße	Malzextrakt	Sorbit/E 420
Raffinadezucker	Fructose	Molkenerzeugnis	Xylit/E 967
Rohrohrzucker	Fructose-Glucose-Sirup	Molkenpulver	
Traubenzucker	Fructose-Sirup	Oligofructose	
Vanille-/Vanillinzucker	Gerstenmalz	Oligofructosesirup	
Weißzucker	Gerstenmalzextrakt	Polydextrose	
Zucker	Getrocknete Früchte	Raffinose	
Zuckeralkohol	Getrockneter Glucosesirup	Rosinen	
Zuckerrübensirup	Glucose	Saccharose	
	Glucose-Fructose-Sirup	Süßmolkenpulver	
	Glucosesirup	Traubensüße	
	Honig	Vollmilchpulver	
		Weizendextrin	

Schritt 6: Lassen Sie Süßes zum besonderen Genuss werden

Wie hoffentlich deutlich wird, wollen wir Ihnen und Ihrem Kind auf keinen Fall die Freude am Essen nehmen – und dazu gehört schon ab und an auch Zucker. Denn zur Gesundheit gehört natürlich auch Genuss dazu. Wenn es für Sie also Hochgenuss bedeutet, sich im Sommer ein Eis in der Eisdiele zu gönnen – dann tun Sie dies auch. Erklären Sie Ihrem Nachwuchs jedoch kindgerecht, dass diese Events nicht zur täglichen Routine werden dürfen. Genau wie ein Kindergeburtstag auch nicht täglich gefeiert wird, sondern etwas Besonderes bleiben soll.

Schritt 7: Verabreichen Sie das Süße erst nach der Hauptmahlzeit

Ein kleiner Trick ist es, eine Süßigkeit, ein Dessert oder ein Eis in jedem Fall direkt nach einer vollwertigen Mahlzeit zu servieren. Der Vorteil: Man ist bereits gesättigt und schüttet nicht unnötigerweise zwischen den Mahlzeiten hohe Mengen an Insulin aus. Außerdem ist so der Magen schon genügend gefüllt und die Sättigungshormone beginnen zu wirken, sodass nicht zwangsläufig ein weiterer Nachschub an Süßem gefordert wird.

Die Milch macht's?

Milch pur oder als Joghurt, Quark oder Käse – Milch und Milchprodukte werden in großer Vielfalt angeboten und sind aus unserem täglichen Ernährungsplan kaum wegzudenken. Warum auch? Jahrelang wurde uns eingetrichtert, dass Milch ein durchweg gesundes Nahrungsmittel ist, das eine wichtige Rolle für die Nährstoffversorgung spielt, gut für die Knochen ist und jegliche Aufbauprozesse des Körpers unterstützt. Gänzlich falsch ist diese Aussage auch nicht, denn Milch- und Milchprodukte sind normalerweise leicht verdaulich und damit schnelle Energielieferanten mit reichlichen Mengen an Calcium, sie enthalten qualitativ hochwertige Proteine, bedeutende Mengen an Vitamin A und D sowie die B-Vitamine und Jod.

Die deutsche Gesellschaft für Ernährung (DGE) empfiehlt eine tägliche Dosis von 200–250 g fettarmer Milch oder eines Milchproduktes. Insbesondere für Säuglinge scheint Milch die beste Nahrung in den ersten 12 Lebensmonaten zu sein. Hier ist selbstverständlich Muttermilch gemeint und nicht Kuhmilch, da deren Eiweiß und Mineralstoffgehalt zu hoch ist und für Säuglinge zu wenig mehrfach gesättigte Fettsäuren enthält. Kleinkindern wird empfohlen, neben einer abwechslungsreichen und gesunden Ernährung circa 300 ml Milch täglich zu sich zu nehmen, und bei Heranwachsenden zwischen 13 und 19 Jahren scheinen 500 Milliliter Milch pro Tag die optimale Entwicklung zu unterstützen.

Ursprünglich war die Milch von Natur aus nur als Nahrung für den säugenden Nachwuchs gedacht, dies wird deutlich an der Rückbildung des Enzyms Laktase, welches für die Verdauung des Milchzuckers, der Lactose, zuständig ist. Dieses Enzym wird bei Säugetieren nach dem Abstillen gar nicht mehr oder nur in geringen Mengen vom Körper hergestellt, was im Erwachsenenalter zu einer Lactose-Unverträglichkeit führt. Der Mensch stellt hier eine Ausnahme dar, aufgrund von genetischen Mutationen ist die Bildung von Laktase auch über das Säuglingsalter hinaus möglich. Besonders in den Regionen der Welt, in denen Viehwirtschaft betrieben wurde, setzte sich diese genetische Mutation erfolgreich durch, dies erfolgte vor allem in Europa, Australien und Nordamerika. Jedoch ist der Großteil der menschlichen Bevölkerung im Erwachsenenalter nicht imstande, Laktase zu produzieren, was deren Milchkonsum stark einschränkt. Besonders in Asien ist das der Fall, dort wird vermehrt auf pflanzliche Milch gesetzt. Jede Säugetierspezies produziert eine Milch, die auf die Bedürfnisse ihrer Nachkommen in den ersten Wochen und Monaten nach der Geburt abgestimmt ist. Denn besonders in dieser Zeit muss ein starkes Wachstum stattfinden, für das die Milch alle wichtigen Bestandteile enthält. Der Mensch ist das einzige Säugetier, das »Säuglingsnahrung« bis ins hohe Alter konsumiert und neben der eigenen Muttermilch auch Milch anderer Säuger wie die von Kühen, Ziegen oder Schafen zu sich nimmt. Und gerade hier liegt das Problem, denn viele Milchprodukte beinhalten häufig große Mengen an Pestiziden und Medikamentenrückständen, wie Hormone oder Antibiotika, die dem Tier in der Massentierhaltung über verschiedene Wege zugeführt werden. Pestizide gelangen über das Futter in den Organismus des Tieres und finden so ihren Weg in die Trinkmilch. Diese unerwünschten Inhaltsstoffe scheinen die Entwicklung von Kindern und Jugendlichen ungünstig zu beeinflussen.

Wenn Milch krank macht

Neuere Studien untersuchen den Zusammenhang zwischen der Aufnahme von Milchprodukten und Gesundheitsstörungen. Eindeutige Ergebnisse in Bezug auf den menschlichen Organismus konnte die Wissenschaft bis jetzt jedoch noch nicht hervorbringen, aber zahlreiche Tendenzen bestätigen den Verdacht, dass Milch mit Vorsicht konsumiert werden sollte. Es scheint, dass Milch und Milchprodukte einen enormen Beitrag zu den stetig steigenden Gewichtsproblemen von Kindern und Jugendlichen leisten. Insbesondere die essentiellen Fettsäuren, die für die Entwicklung des Gehirns benötigt werden und im Kindesalter dem Körper unbedingt zugeführt werden müssen, werden meist allein durch den Milchkonsum schon gedeckt.

Milch weist allerdings nur einen relativ geringen Anteil dieser essentiellen Fettsäuren auf, dafür aber einen hohen Anteil an gesättigten Fettsäuren, die ausschlaggebend für die Entstehung von Übergewicht sind. Pflanzliche Quellen wären hier eine geeignete Alternative. Denn das Übergewicht, welches man sich im Kindesalter zulegt, hält sich meist bis ins Erwachsenenalter und stellt einen erheblichen Risikofaktor für die Entstehung von zahlreichen Herz-Kreislauf-Erkrankungen und Stoffwechselstörungen dar. Häufiger Milchverzehr im Kindesalter scheint auch die Entstehung von Allergien positiv zu beeinflussen. Ausschlaggebend dafür sind die körpereigenen Proteine der Kuh und die bereits erwähnten Schadstoffe in Form von Medikamentenrückständen und Pestiziden. Des Weiteren scheinen Milchprodukte ein Risikofaktor für zahlreiche weitere Gesundheitsprobleme zu sein, wie Hautprobleme, Asthma, Verdauungsbeschwerden, dazu zählen Blähungen, Verstopfung oder Durchfall.

Falls Ihr Kind unter einem der genannten Symptome leidet, verzichten Sie doch einmal bewusst vier Wochen lang auf Milchprodukte, um zu schauen, ob eine Verbesserung eintritt.

Diese Gesundheitsprobleme können unter anderem durch eine Laktoseintoleranz ausgelöst werden. In diesem Fall sollten Sie einen Arzt aufsuchen, um die weitere Vorgehensweise zu besprechen. Zusätzlich wird der Verzehr von Milchprodukten insbesondere mit der Entstehung von Brustkrebs, Eierstockkrebs und Prostatakrebs in Verbindung gebracht. Wissenschaftler vermuten, dass die Inhaltsstoffe der Milch bestimmte Signalwege im Organismus, die für das Zellwachstum und für die Steuerung des Zellzyklus notwendig sind, ankurbelt, aber gleichzeitig auch bestimmte Regulationsmechanismen unterdrückt, was sich zugunsten von Krebserkrankungen auswirken könnte. Studien, die sich auf die Blutwerte von Milchtrinkern fokussieren, zeigten, dass der im Milchzucker enthaltene Einfachzucker Galactose die Entzündungswerte im Blut erhöht und damit den oxidativen Stress im Körper verstärkt.

Diese Entzündungsprozesse scheinen auch Einfluss auf die Stabilität des Knochens zu haben. Obwohl immer gesagt wurde, dass die Milch aufgrund des hohen Calciumgehalts gesunde Knochen garantiert, bewiesen Studien das genaue Gegenteil. Diese Studien zeigen unter anderem, dass die Knochendichte von vegan lebenden Studienteilnehmern der von »normal« essenden Probanden gleicht. Die Milch scheint auch keinen Schutz vor Knochenbrüchen darzustellen, eine vermehrte Milchaufnahme im Jugendalter kann das Risiko von Brüchen im Hüftgelenk im späteren Verlauf des Lebens negativ beeinflussen, da durch entzündungsfördernde Zuckerbestandteile dem Knochen anscheinend Calcium entzogen wird. Zusätzlich lässt Milch den Insulinspiegel stark steigen, was unter anderem die Entstehung von Diabetes mellitus Typ 2 verstärken kann und Hautirritationen wie Akne begünstigt.

Auf alle Milchprodukte generell zu verzichten und sie aus dem Ernährungsplan zu verbannen ist nicht zwingend notwendig. Es ist nur wichtig, dass man beim Genuss von Tiermilch besonders auf die Qualität achtet, und es schadet nicht, sich bewusst nach Alternativen umzuschauen, die toll schmecken und alle wichtigen Nährstoffe enthalten. So wird die allgemeine Ernährung ausgewogener und gesünder.

Als Alternative zur Kuhmilch bieten sich verschiedene pflanzliche Milchsorten wie Reismilch, Mandelmilch, Sojamilch oder Hafermilch an. Versuchen Sie es auch einmal mit veganem Joghurt, der auf der Basis von Soja, Kokosnüssen oder Mandeln hergestellt wird. Auch Quark, Drinks und Puddings gibt es mittlerweile bei zahlreichen Discountern in veganer Ausführung.

Milch ist nicht gleich Milch

A1 oder A2 – solche Begriffe kennen Sie sicher nur als Autobahnnummern. Aber auch bei der Milch sind diese Bezeichnungen wichtig – nur in Deutschland redet leider niemand so richtig darüber. Viele andere Nationen und speziell Neuseeländer schwören auf die A2-Milch, die auch als »Urmilch« bezeichnet wird. Genetisch bedingt befinden sich in der Milch von Kühen entweder (»normale«) A1- oder aber (»bessere«) A2-Milcheiweiße. Der feine Unterschied liegt besonders in der Milcheiweißstruktur Beta-Kasein, welche sich aus exakt 209 unterschiedlichen Aminosäuren aufbaut und zusammensetzt. An Position 67 dieser langen Kette von Aminosäuren ist die entscheidende Stelle, die die A1- von der A2-Milch unterscheidet. An dieser Stelle sitzt bei der A2-Milch die Aminosäure Prolin, während es bei der A1-Milch die Aminosäure Histidin ist. Der Unterschied ist also winzig, jedoch ist wissenschaftlich gesichert, dass die Kette der A1-Milch-Aminosäuren im Körper aufgespalten wird, was bei der A2-Milch nicht geschieht. Und dies hat zur Folge, dass sich A1- und A2-Milch bei der Verdauung dann doch recht deutlich unterscheiden.

Ursprünglich gaben übrigens alle Rinder immer die A2-Milch, weshalb sie ja auch Urmilch genannt wird. Erst durch eine genetische Mutation hat sich speziell bei den europäischen Rinderrassen das A1-Beta-Kasein entwickelt. Und somit produziert der Großteil der deutschen Rinder die »mutierte« A1-Milch. Ausnahmen sind die Guernsey-Rinder mit einem Anteil von 96 Prozent an A2-Milch. Ziegen, Schafe und Büffel geben übrigens ebenso die »ursprüngliche« A2-Milch.

Wissenschaftlich widerlegt und eher unwahrscheinlich ist, dass der Unterschied A1/A2 eine Auswirkung auf eine Lactoseintoleranz hat, denn beide Milchtypen enthalten Lactose. Beide Milchtypen sind also bei einer Lactoseintoleranz wenig geeignet. Für alle anderen aber ist die A2-Milch die weit bessere Alternative, da sie »verträglicher« ist. Erste Studien zeigen, dass ihre etwas andere Verarbeitung für den Körper deutlich verträglicher ist.

Den Bauern kann es egal sein, denn die A2-Kühe brauchen keine andere Betreuung als die A1-Kühe. Und über eine genetische Analyse ist es leicht möglich, sogar gezielt A2-Kühe zu züchten. Das machen auch schon einige deutsche Bauern – in Neuseeland wird es gut vorgemacht, denn dort erzielt die »Urmilch« deutlich höhere Preise. Gerade Baby- und Kindernahrung wird bereits schon in vielen Ländern nur noch mit A2-Milch hergestellt. Bei uns achtet noch niemand so richtig darauf, auch weil die Molkereien bei uns A1- und A2-Milch immer noch zusammenpanschen. Da müssen wir Verbraucher wohl deutlich mehr Druck ausüben.

Und die »Vorzugsmilch«, die es heute wieder bei einigen Bauern direkt zu erwerben gibt – ist dies eine mögliche Zwischenlösung? Vorzugsmilch ist ja gar nicht neu, aber eben doch sehr selten. Vorzugsmilch ist die reine, naturbelassene Milch, die so verzehrt wird, wie sie den Euter der Kuh verlassen hat. Direkt nach dem Melken wird sie gefiltert und auf eine Temperatur von 4 Grad abgekühlt, wodurch die Nährstoffe der Milch erhalten bleiben, die sonst durch das »Erhitzen« zur Erhöhung der Haltbarkeit verloren gehen. Die Vorzugsmilch gilt auch als deutlich angenehmer und verträglicher für den kindlichen und jugendlichen Organismus, da bei dieser Milch durch das Fehlen der sonst »üblichen« Homogenisierung die Fette nicht aufgespalten werden. Auch die sogenannte »Rohmilch« vom Bauernhof ist Milch direkt aus dem Euter, jedoch fehlen hier die strengen »hygienischen« Kontrollen, weshalb an den modernen Milchtankstellen auch der Hinweis angebracht werden muss, dass die »Milch vor dem Verzehr abzukochen ist«. Gerade bei Kleinkindern sollte man daher auf die Rohmilch verzichten.

Und nun – was tun? Es ist schwierig, einen eindeutigen, wissenschaftlich qualifizierten Hinweis zu geben. Es scheint jedoch so, dass die A2-Milch für die Verträglichkeit deutlich besser ist und wir Verbraucher zunehmend auf diese Qualitätskriterien achten sollten. Die Nachfrage erhöht bekanntlich den Druck. Die Bauern wären in der Lage, dies umzusetzen, denn die grundsätzlichen Rahmenbedingungen sind heute vorhanden. Die Molkereien und der Handel müssen sich hier bewegen. Warum wir dann aber höhere Preise zahlen sollten, das erschließt sich mir nicht, denn nichts ändert sich – nur die Genetik der Kuh. Bis das dann aber bei uns umgesetzt ist, sollten wir vielleicht doch zu alternativen Milchquellen greifen.

Fette – die andere Seite des Bösen?

Neben den Anti-Zucker-Verfechtern stehen immer wieder auch unsere Fette unter Verdacht, das »Unheil über unsere Gesundheit« zu bringen. Einer der ersten bekannten »Fettgegner« war der amerikanische Physiologe Ancel Keys (1904–2004). Er gehörte zu den einflussreichsten Ernährungsforschern seiner Zeit. Was auch heute noch als Low-Fat-Diät geläufig ist, vertrat er schon: die These, dass ein zu hoher Cholesterinspiegel als Hauptursache für Herzerkrankungen anzusehen sei, die hohen Cholesterinwerte wiederum vor allem dem Verzehr von tierischen Fetten anzulasten seien und es diesen deshalb radikal einzuschränken gelte – zugunsten von Kohlenhydraten! Die Grundidee dahinter steckte in einer einfachen Rechnung: Ein Gramm Fett (mit 9 kcal) liefert im Gegensatz zu einem Gramm Kohlenhydrate (mit 4 kcal) gleich mehr als die doppelte Kalorienmenge und wird folglich im Übermaß im Fettgewebe gespeichert.

Fast 40 Jahre wurde dies propagiert. In den westlichen Industriestaaten hat man darauf reagiert, indem man Fleischprodukte durch Nudeln und Reis, Eier durch Müsli und Butter durch Margarine und pflanzliche Öle ersetzte. Und dennoch wurden die Menschen statt schlanker und gesünder weiterhin dicker und kränker – dies galt für alle Erkrankungen, die mit Übergewicht in Verbindung stehen. Doch was war schiefgelaufen?

Aus evolutionärer Sicht kam das Fett vor dem Zucker

So wie sich Dr. Lustig heute für die Aufklärung des gesundheitsschädigenden Potentials von Zucker einsetzt, warnte John Yudkin, Professor für Ernährung am Queen Elizabeth College in London, bereits 1972 in seinem Buch »Pur, weiß, tödlich« vor den Gefahren des Zuckers, fand aber kein Gehör – im Gegenteil: Er wurde regelrecht öffentlich angeprangert und von jeglichen Fachkongressen ausgeschlossen.

Seiner Ansicht nach ist Zucker erst seit 300 Jahren ein zentraler Teil der westlichen Ernährung; gesättigte Fette hingegen wurden in Form von Eiern, Fleisch und fettigem Fisch schon immer konsumiert (wir erinnern uns an die Zeiten der Sammler und Jäger). Selbst im naturreinsten Produkt – der Muttermilch – befinden sich Fette (4 Gramm/100 ml). Und das hat auch gute Gründe: Denn für die gesunde Entwicklung des gesamten Organismus vom Wachstum bis hin zur Energiebereitstellung benötigen Kinder Fett. Auf der anderen Seite heißt das aber natürlich nicht, dass Kinder sich vorrangig fettig ernähren sollten, auch hat vor allem die Auswahl der Fette eine zentrale Bedeutung.

Laut dem Forschungsinstitut für Kinderernährung (FKE) sollte der Gesamtanteil an Fetten bei Kindern ab 4 Jahren dabei nicht mehr als etwa 30 Prozent bis maximal 35 Prozent der gesamten Energiezufuhr ausmachen, bei Erwachsenen hingegen nur 25 Prozent und 30 Prozent. Ein grober Richtwert nach Alter kann dieser Tabelle entnommen werden:

Alter	Fettzufuhr pro Tag
1–4 Jahre	35–47 Gramm
4–7 Jahre	50–56 Gramm
7–10 Jahre	60–70 Gramm
13–15 Jahre	80–95 Gramm

Es kommt nicht nur auf die Menge an – zu beachten ist auch, dass Fette nicht gleich Fette sind! Fett liefert von allen Makro-Nährstoffen den höchsten Brennwert, sodass fetthaltige Nahrungsmittel auch verhältnismäßig viele Kalorien mit sich bringen. Allerdings schmecken uns fetthaltige Lebensmittel auch besonders gut, da sie als Träger vieler Geschmacks- und Aromastoffe dienen. Ein Grund dafür, warum wir Fette von Natur aus gerne konsumieren. Aber viel wichtiger ist: Fette sind im richtigen Verhältnis und Maß auch keinesfalls ungesund, sondern lebenswichtig. Damit der Organismus sie nutzen kann, werden sie innerhalb unseres Verdauungssystems zunächst so umgewandelt, dass sie wasserlöslich werden und somit in den Blutkreislauf eintreten können. Das Fett aus der Nahrung wird folglich nach der Verdauung im Dünndarm über die Lymphe ins Blut und so zu den verschiedensten Geweben transportiert.

Im Fettstoffwechsel werden die Fette von fast allen Körperzellen in unterschiedlichste Bausteine und Strukturelemente zerlegt, um dort die jeweiligen spezifischen Aufgaben übernehmen zu können. Ohne Fette hätten wir beispielsweise keine Haare und Nägel. Aber nicht nur das: Jede Zellschicht (Membran) wird aus einer bestimmten Fettart (Lipiddoppelschicht) synthetisiert. Darüber hinaus können die wichtigen fettlöslichen Vitamine A, D, E, K und Carotin nur mit ihrer Hilfe verwerte werden.

Damit sich im Organismus auch unabhängig vom Nahrungsangebot immer ausreichend Fette befinden, muss jedoch grundlegend zwischen essentiellen Fettsäuren und nichtessentiellen Fettsäuren unterschieden werden: Essentielle Fettsäuren sind dabei diejenigen, die der menschliche Körper nicht selbst synthetisieren kann und auf deren Zufuhr er dadurch mit der Nahrung notwendigerweise (essentiell) angewiesen ist. Dazu zählen vor allem die Linolsäure (= zweifach ungesättigte Omega-6-Fettsäure) sowie die Linolensäure (= dreifach ungesättigte Fettsäure, bestehend aus 18 Kohlenstoffatomen und zur Gruppe der Omega-3-Fettsäuren gehörend). Diese beiden Fettsäuren besitzen nämlich eine bzw. zwei Doppelbindungen hinter dem Kohlenstoff-Atom 9, für deren Synthese im menschlichen Organismus keine Enzyme vorliegen.

Sind im Umkehrschluss zu wenige essentielle Fettsäuren vorhanden, kann es mit der Zeit zu sichtbaren Symptomen in Form von Mangelerscheinungen kommen, worunter etwa Hautveränderungen, Haarausfall, generelle Infektionsanfälligkeit und auch – für unsere Kinder natürlich äußerst bedeutsam – Wachstumsstörungen fallen.

Um diese Unterschiede der jeweiligen Fette besser zu verstehen, hilft ein kleiner Exkurs in die Chemie:

Fette (Lipide) bestehen aus dem dreiwertigen Alkohol Glycerin (Propan-1,2,3-triol) mit drei, meist verschiedenen sogenannten aliphatischen geradzahligen und unverzweigten Monocarbonsäuren, wodurch sie auch als Triglyzeride bezeichnet werden. Oder anders ausgedrückt: Das mit der Nahrung aufgenommene Fett enthält drei Moleküle Fettsäuren, an dem je ein Molekül Glyzerol gebunden ist. Unterscheiden können sie sich jedoch zusätzlich durch ihre Länge an genau diesen Ketten an Kohlenstoffatomen (C-Atome). Sind diese mehr als 12 Kohlenstoffatome lang, zählen sie zu den langkettigen Fettsäuren, 6–12 Glieder Länge zählen die mittleren und alle kürzeren sind den kurzkettigen Fettsäuren zuzuordnen. Manche weisen auch sehr lange Fettsäuren mit mehr als 22 Kohlenstoffatomen auf.

Interessant sind diese unterschiedlichen Längenklassen allerdings nur bei den gesättigten Fetten (siehe unten), denn ungesättigte Fettsäuren kommen fast ausnahmslos als lange Ketten vor. Die einzelnen Eigenschaften und Bedeutungen der jeweiligen Kettenlänge konnten jedoch bis heute noch nicht vollständig geklärt werden.

Die »guten« und die »schlechten« Fette

Fettsäuren lassen sich je nach Aufbau auch noch in gesättigte, einfach ungesättigte oder mehrfach ungesättigte Fette unterteilen. Sie haben je nach Bewertung ein positives oder ein eher negatives Image. Bei der Recherche zeigt sich eindeutig, dass die Meinungen zu ein und demselben Produkt hier scherenartig auseinandergehen können. Dies macht deutlich, wie komplex das Thema nach wie vor ist und wohl auch bleiben wird.

Gesättigte Fettsäuren

Gesättigte Fettsäuren stellen die einfachste Form der Fettsäuren dar, die allerdings ebenfalls weiter in langkettige, mittelkettige und kurzkettige Fettsäuren unterteilt werden können, da sie mindestens zwei bis maximal 28 C-Atome aufweisen. Gesättigt bedeutet, dass sie die maximale Anzahl von C-Atomen binden. Ihr Vorteil für den Organismus: Sie reagieren eher langsam mit anderen chemischen Stoffen und beliefern den Organismus vor allem mit Energie, die in den Mitochondrien (auch »Kraftwerke der Zelle«) zur Energiegewinnung genutzt werden kann. Gesättigte Fettsäuren sind so ziemlich in jedem Nahrungsfett enthalten, jedoch verstärkt in tierischen Lebensmitteln wie Butter, Sahne, Fleisch, Schmalz oder Wurstwaren. Empfohlen wird, nicht mehr als 10 Prozent der gesamten Energieaufnahme daraus zu beziehen. Werden diese Fette nicht über die Nahrung zugefügt, können gesättigte Fettsäuren unter anderem aus Glucose oder Aminosäuren (Eiweiße) auch selbst gewonnen werden.

Kurzkettige gesättigte Fettsäuren wie aus dem Bestandteil der Butter (Buttersäure) können vom Körper selbst synthetisiert werden und werden daher nur in geringen Mengen benötigt. Sie verhelfen zur Bildung von Energie, aber helfen auch bei der Bildung von Schleimhäuten, um z. B. im Darm die Darmwände vor Schädlingen zu schützen, sind aber selbst auch Nährstoffe für gesunde Darmbakterien und tragen zur Aufnahme von Calcium und Magnesium bei. Mittelkettige gesättigte Fettsäuren sind die stärksten Vertreter zur Energiebildung, sodass sie kaum im Körper gespeichert werden, sondern schnell als Energie genutzt werden können. Sportler beziehen gerne viele dieser Fettsäuren.

Auch wenn gesättigte Fettsäuren in den Medien selbst von sogenannten »Ernährungsexperten« häufig noch alle über einen Kamm geschert und generell als negativ bewertet werden, so gewinnen diese spätestens durch den derzeitigen »Kokosnuss-Boom« in allen Varianten ein neues positives Image und Comeback. Denn: Genau diese Triglyceride sind leicht verdaulich und überaus gesund, da sie im Gegensatz zu den lang- und kurzkettigen Fettsäuren bei der Verdauung nicht groß modifiziert werden müssen, um vom Organismus aufgenommen und gespeichert werden zu können. Selbst Gallensalze müssen dazu nicht bereitgestellt werden. Man geht sogar davon aus, dass diese Fettsäuren die Nahrungseinnahme eher verringern und dadurch sogar dazu beitragen könnten, dass man überschüssige Fette gar nicht erst zu sich nimmt. Dennoch sollte gerade mit tierischen Produkten nicht übertrieben werden, da der Beweis, der eine Entwarnung auslösen könnte, noch aussteht. Auch bezüglich der langkettigen gesättigten Fettsäuren gehen die Meinungen noch stark auseinander.

Denn: Ungewissheit besteht scheinbar noch bezüglich des Einflusses auf den Cholesterinspiegel, vor allem bei dreien von ihnen: Laurinsäure (v.a. in Kokosfett und Palmkernöl), Myristinsäure (v.a. in Kokosfett, Palmkernöl, Butterfett, Muskatnussbutter und Milchprodukten) und Palmitinsäure (v.a. in tierischen Fetten und Ölen wie Rindertalg, Schweineschmalz, Butterfett und in Kakaobutter, Avocadoöl etc.). Bei ihnen streiten sich die Spezialisten. Die einen gehen davon aus, dass vor allem Laurinsäure und Myristinsäure eher zu einer Verbesserung des Cholesterinquotienten beitragen und lediglich die

Palmitinsäure zu einer etwas deutlicheren Anhebung des LDL-Cholesterins (low density lipoprotein) führen. Da aber auch die Palmitinsäure so gut wie nie in isolierter Form konsumiert wird, fällt auch dieser Aspekt kaum ins Gewicht – eher im Gegenteil. Heute weiß man, dass gesättigte Fettsäuren dem Cholesterinspiegel alles andere als schaden und nicht, wie gerne behauptet, zur Schädigung von Arterien und des Herzens beitragen. Neue Studien zeigen auch, dass sie keineswegs die Risiken zu Herz-Kreislauf-Erkrankungen oder Diabetes Typ 2 steigern, sondern zu einer allgemeinen Senkung der Blutfettwerte verhelfen. Die anderen Verfechter sehen sie hingehen im Verdacht, bei häufigem Verzehr nicht nur den Cholesterinspiegel zu erhöhen, sondern im Rahmen von Herz-Kreislauf-Problemen auch das Zusammenballen von Blutzellen und damit das Risiko für Thrombosen und Arteriosklerosen begünstigen zu können.

Die Befürworter der langkettigen gesättigten Fettsäuren argumentieren jedoch, dass bei dieser Annahme nicht berücksichtigt wurde, dass sie den Cholesterinspiegel zwar tatsächlich erhöhen – allerdings nicht nur den des LDL-Cholesterins (auch als »böses« Cholesterin bezeichnet), sondern auch des HDL-Cholesterins (»gutes« Cholesterin), wodurch sich im Endeffekt der Cholesterinquotient (Verhältnis zwischen LDL- und HDL-Cholesterin) sogar verbessert und nicht verschlechtert. Dabei gilt: Je höher der Wert des Quotienten ausfällt, desto höher ist demnach die Erkrankungswahrscheinlichkeit – denn dann würde im Verhältnis zum HDL das LDL deutlich überwiegen.

Zur Erläuterung: Das sogenannte HDL(high density lipoprotein)-Cholesterin besteht je zur Hälfte aus Eiweiß und Fett, wird in der Darmschleimhaut sowie in der Leber gebildet und transportiert überflüssiges Cholesterin zurück zur Leber. Vereinfacht ausgedrückt kann es damit auch gefährliche Fettablagerungen auf dem Weg zur Leber »einsammeln und beseitigen«, dort werden sie schließlich abgebaut und können anschließend über die Galle ausgeschieden werden. Frauen sind diesbezüglich, zumindest bis zu ihren Wechseljahren, hormonbedingt etwas im Vorteil, da Östrogene besonders viel HDL bilden.

LDL-Cholesterin ist sozusagen der Gegenspieler des HDLs und wird umgangssprachlich auch als schlechtes Cholesterin eingeordnet. Sein Fettanteil ist gegenüber dem des HDLs höher; gebildet wird dieses Eiweiß aber ebenfalls in der Leber. Seine Aufgabe besteht darin, Cholesterin aus der Leber zu den Zellen zu befördern. Gefährlich wird es allerdings nur, wenn davon zu viel im Blut zirkuliert und sich dadurch unter Umständen sogenannte Plaques in der Gefäßwand ablagern können. Dabei spricht man auch von einer »Gefäßverkalkung«. Durch den sich verengenden Gefäßdurchmesser erhöht sich insbesondere das Risiko für Bluthochdruck (Hypertonie) und im weiteren Verlauf auch von Angina Pectoris, Herzinfarkten und Schlaganfällen. Genügend HDL trägt daher ebenfalls dazu bei, gefährliche Ablagerung in den Gefäßwänden im Vorfeld erst gar nicht entstehen zu lassen.

Worauf Sie in jedem Fall achten sollten: Da der Körper gesättigte Fettsäuren bei Bedarf selbst herstellen kann, reichen kleine Mengen in der Nahrung – am besten in Kombination mit ungesättigten Fetten – völlig aus. Denn genau in dieser Kombination tragen diese Fette auch zur bestmöglichen Versorgung Ihrer gesamten Körperzellen bei. Bevorzugen Sie dabei Produkte mit möglichst hoher Qualität (am besten Bio) und aus artgerechter Haltung, da sie dann auch über sogenannte antibakterielle, antifungale und antivirale Eigenschaften verfügen, die Ihrer Immunabwehr und der Ihrer Kinder zugutekommen.

Spezialfall »Transfettsäuren«

Ein Spezialfall, der gerne den gesättigten Fettsäuren angelastet wird, sind die sogenannten Transfettsäuren. Diese sind das Resultat der industriellen Verarbeitung, genauer gesagt der chemischen Härtung von Fetten und Ölen, die allerdings einen besonders hohen Anteil an ungesättigten Fettsäuren aufweisen. So finden sich gehärtete Fette unter anderem in Süß- und Backwaren, Chips, Margarine, Blätterteigprodukten und vor allem aber in frittierten Speisen (wie Pommes etc.). Obwohl noch konkrete wissenschaftliche Beweise ausstehen, geht man nach bisherigem Kenntnisstand davon aus, dass sie auf alle Komponenten des Cholesterins negativen Einfluss ausüben und die Entstehung von Entzündungen fördern, die unter anderem auch Fehlfunktionen an der Zellmembran begünstigen. Zudem wird gemutmaßt, dass auch die gesunde Wirkung der Omega-3-Fettsäuren durch Transfette beeinträchtigt werden könnte. Aus diesem Grund sollten Fast Food und Fertigprodukte (besonders frittierte) nur sehr selten und sparsam Verwendung finden.

Selbst das vermeintlich gesunde Rapsöl und die darin enthaltenen Omega-3-Fettsäuren scheinen in Verdacht zu stehen, während des sogenannten Desodorierungsprozesses in Transfette umgewandelt zu werden – quasi als Nebenprodukt. In Tierversuchen soll dies – wie in mehreren Studien belegt werden konnte – einen Vitamin-E-Mangel verursacht haben.

Ungesättigte Fettsäuren

Aus chemischer Sicht haben sogenannte ungesättigte Fettsäuren mindestens eine Doppelbindung an unterschiedlich langen Kohlenwasserstoffketten und lassen sich wiederum in einfach und mehrfach ungesättigte Fettsäuren unterteilen. Wie der Name schon vermuten lässt, besitzen einfach ungesättigte Fettsäuren ausschließlich eine Doppelbindung und mehrfach ungesättigte Fettsäuren zwei oder mehr Doppelbindungen. Aus ihnen werden wichtige hormonähnliche Regulatorstoffe hergestellt, die viele unterschiedliche Funktionen im Stoffwechsel erfüllen. Bei den mehrfach ungesättigten unterscheidet man, je nach ihrem chemischen Aufbau, noch zwei »Familien«: die Omega-3- und die Omega-6-Fettsäuren. Die Position der Doppelbindung legt damit fest, ob sie zu den sogenannten

Omega-3- oder den Omega-6-Fettsäuren zuzuordnen sind. Ungesättigte Fettsäuren sind unter anderem wichtiger Bestandteil der Zellmembranen und verhelfen ihnen dazu, durchlässig und flexibel zu bleiben. Auch das Gehirn kann ohne diese Fettverbindungen, wie etwa vor allem der mehrfach ungesättigten Docosahexaensäure, nicht funktionieren. Sie haben nicht nur eine entzündungslindernde Wirkung, sondern dienen auch als Vorstufen von Hormonen und unterstützen in wesentlichem Maße eine reibungslose Zellteilung. Ungesättigte Fettsäuren wirken sich auch positiv auf das Herz-Kreislauf-System aus. Dieser Effekt ist umso höher, je mehr gesättigte Fettsäuren zugunsten von ungesättigten Fettsäuren ersetzt werden. Dann verringert sich nämlich wiederum das »schlechte« LDL-Cholesterin, während sich die Konzentration des »guten« HDL-Cholesterins erhöht. Durch eine niedrigere Gesamtcholesterinkonzentration im Blut senkt sich folglich auch unser Risiko für Herz-Kreislauf-Erkrankungen wie etwa einen Herzinfarkt. Man spricht den ungesättigten Fettsäuren sogar eine vorbeugende Schutzwirkung gegenüber bestimmten Krebserkrankungen wie vor allem Brust-, Darm-, Prostatakrebs zu.

Den Großteil der ungesättigten Fettsäuren stellt der Körper praktischerweise selbst her, so etwa die wichtigste der einfach ungesättigten Fettsäuren, die Ölsäure, welche der Organismus aus gesättigten Fettsäuren umbaut. Darüber hinaus lassen sich auch aus bestimmten Nahrungsbestandteilen, etwa Glucose und Aminosäuren, ungesättigte Fettsäuren bilden. Die sogenannte Alpha-Linolensäure (Omega-3) und die Linolsäure (Omega-6) hingegen müssen über die Nahrung bezogen werden, wodurch sie zu den essentiellen mehrfach ungesättigten Fettsäuren zählen.

Hochwertige Lieferanten für ungesättigte Fettsäuren stellen Fleisch, Getreide und Kartoffeln, aber auch Fisch, pflanzliche Öle, Nüsse und Avocados dar. Beispielsweise besteht Olivenöl etwa zu einem Großteil aus der einfach ungesättigten Fettsäure Ölsäure, punktet aber auch durch die Kombination aus Omega-3- und Omega-6-Fettsäuren, allerdings nur, wenn es nur bei niedrigen Temperaturen Verwendung findet (bis maximal 180°) und keine billigen Mineralöle beigemengt wurden. Auch Erdnuss-, Raps- und Distelöl enthalten reichlich gute Ölsäure.

Auf die Mischung kommt es an

Der Anteil an ungesättigten Fettsäuren sollte nach den Empfehlungen der Deutschen Gesellschaft für Ernährung (DGE) bei 7–10 Prozent der täglichen Gesamtenergiezufuhr liegen. In der Regel besteht allerdings ein Ungleichgewicht zwischen der durchschnittlichen Aufnahme von gesättigten und ungesättigten Fettsäuren. Im Klartext: Wir essen meist zu viele gesättigte und zu wenige ungesättigte Fettsäuren.

Im Rahmen einer gesunden Ernährung spielt also neben der generellen Fettzufuhr besonders die richtige Gewichtung der unterschiedlichen Fettsäurearten eine bedeutende Rolle. Als Faustregel sollte das Verhältnis von ungesättigten zu gesättigten Fettsäuren bei etwa 2:1 liegen.

Grob vereinfacht können Sie also in der Regel bei pflanzlichen Produkten (z. B. Ölen) davon ausgehen, dass sie eher ungesättigte Fettsäuren beinhalten und gesättigte Fettsäuren vermehrt in tierischen Nahrungsmitteln vorkommen. Allerdings zeigen aktuellste Forschungen auch, dass nicht nur das Verhältnis zwischen gesättigten und ungesättigten Fettsäuren häufig nicht stimmig ist, sondern dass auch das richtige Verhältnis von Omega-3- zu Omega-6-Fettsäuren, das einen hohen gesundheitlichen Stellenwert einnimmt, vielfach vernachlässigt wird. Idealerweise sollte man etwa zwischen 2–7 g Linolsäure (Omega-6) (etwa in Sonnenblumenöl, Sojaöl und Maiskeimöl enthalten) sowie 0,8–1,1 g Alpha-Linolensäure

(Omega-3) (etwa in Walnussöl oder Rapsöl) mit der Nahrung aufnehmen.

Verzehrt man nun zum Beispiel lediglich größere Mengen an Sonnenblumenöl oder auch Margarine, wie es uns nun seit Jahrzehnten aufgrund der Warnung vor gesättigten Fettsäuren empfohlen wurde, nimmt man jedoch mit großer Wahrscheinlichkeit nun zu viele Omega-6-Fettsäuren, dafür aber zu wenige Omega-3-Fettsäuren auf. Das Sonnenblumenöl zum Beispiel bietet ein sehr ungünstiges Verhältnis der beiden Omega-Fettsäuren, nämlich 128 Omega-6-Anteile zu nur einem Omega-3-Anteil. Im Idealfall wäre allerdings etwa 3–5 zu 1 anzustreben.

Ein längeres starkes Überwiegen der Omega-6-Fettsäuren steht daher im Verdacht, die Omega-3-Fettsäuren sogar abschwächen zu können, was in Folge die Entwicklung von chronischen Entzündungen fördert, dick macht und scheinbar ebenfalls eine Fettleber und Diabetes verursachen könnte. Auch der Konsum einer höheren Menge an gesättigten Fettsäuren kann diesen Mangel an Omega-3-Fettsäuren wohl nicht ausgleichen.

Praktische Tipps

— *Kokosöl ist nicht nur hoch erhitzbar und zum Braten ideal, sondern enthält auch wertvolle gesättigte Fettsäuren. Ähnliches gilt auch für Ghee, die ayurvedische Butter, bei uns auch Butterschmalz genannt.*
— *Zum Kochen und für Rohkostsnacks (Salate etc.) kann ein hochwertiges extra natives Olivenöl verwendet werden; bei lediglich kalten Speisen und vor allem kühl gelagert (!) sind auch Hanf- oder Leinöl besonders wertvoll an Omega-3-Fettsäuren. (Etwas unbekanntere Formen sind Krillöl und DHA-Algenöl.)*
— *Seltener und nicht ausschließlich sollten hingegen das Omega-6-reiche Sonnenblumenöl, Sojaöl, Distelöl und Traubenkernöl eingesetzt werden. Omega-6-Fettsäuren verstecken sich meist auch*

reichlich in Fertigprodukten (Dressings, Fertiggerichten, Saucen etc.) und stellen überdies die Hauptfettquelle in Getreide! Bei hohen Mengen an Getreide kann es dadurch auch ohne zusätzliche Verwendung spezieller Pflanzenöle zu einer schlechten Omega-6-Omega-3-Balance kommen, sodass eine zusätzliche Beigabe kleiner Omega-3-Fettsäuren dann wieder als sinnvoll zu erachten ist.
— Zum Backen oder als Brotaufstrich eignet sich (Bio-/Rohmilch-/Weide-)Butter.
— Öle können gentechnisch verändert sein wie z. B. Raps-, Soja-, Mais- und Baumwollsamenöl, da sie aus GMO-Produkten (Genetically Modified Organisms) gewonnen werden und gesundheitsschädigendes Potential haben, somit womöglich auch Krebs verursachen können. Aktuell in den Medien sind die besonders in Palmöl enthaltenen Substanzen Glycidol und Monochlorpropandiol, die bei der industriellen Verarbeitung durch das Erhitzen auf bis zu 240 °C entstehen, in die Kritik geraten. Besonders besorgniserregend: Palmöl wird von nahezu allen bekannten Herstellern von Muttermilch-Ersatz-Produkten verwendet. Im Tierversuch löst es vor allem bei längerer Anwendung Mutationen und somit auch Krebs aus. Auch in vielen anderen Produkten, die bei Kindern äußerst beliebt sind (Brezeln, Keksen etc.) wird nach wie vor auf das äußerst billige Palmöl/Palmfett zurückgegriffen. Achten Sie daher beim Kauf von Produkten auf deren Inhaltsstoffe! Bei kalt gepressten Ölen dagegen besteht in der Regel Entwarnung.
— Es gibt viele gesunde, hier unbekannte Öle, die in Bio-Qualität zum Teil einzigartige Inhaltsstoffe aufweisen, wie etwa, neben dem bereits erwähnten Hanföl: Walnussöl, Avocadoöl, Kokosöl, Macadamiaöl, Sesamöl, Kürbiskernöl, Mandelöl, Pekannussöl und Leinsamenöl. Kleiner Nachteil: Sie sind häufig kühl zu lagern, schnell aufzubrauchen und haben einen höheren Preis.
— Generell auf »versteckte« Fette in Wurst, Käse, Kuchen und (Salat-)Soßen achten.
— Setzen Sie verstärkt auf ungesalzene und ungeröstete Ölsaaten (Kürbis- und Sonnenblumenkerne, Mohn, Leinsamen, Erdnuss und

Sesam), Schalenfrüchte (Walnuss, Cashew, Kokosnuss, Mandel, Paranuss, Pekannuss und Pistazien) und echte Nüsse (Haselnuss, Maronen und Macadamianuss). Neben vielen weiteren gesundheitsförderlichen sekundären Pflanzenstoffen enthält vor allem auch die Walnuss viel der eher raren Omega-3-Fettsäuren.

Low-Fat und Low-Carb – Segen oder Teufelszeug?

Selbst wenn man Fachzeitschriften aufschlägt, erhält man unterschiedliche Empfehlungen, wie eine gesunde Ernährung im Idealfall auszusehen hat. Low-Carb oder etwa doch Low-Fat? Wie Sie bereits lesen konnten, sind Ernährungsvorgänge so komplex, dass wir ihre Wechselwirkungen noch lange nicht durchdrungen haben. So viel aber scheint klar: Solche Diätvorschläge oder extremen Ernährungsvarianten können schnell zu einer zusätzlichen Stressquelle mutieren und so den bekannten Jo-Jo-Effekt begünstigen.

Da es schon immer sowohl Kohlenhydrate (kein Zucker!) als auch Fette (und Eiweiße) gab, kann – allein schon vom logischen Menschverstand ausgehend – eigentlich auch weder das eine noch das andere Extrem das »Gelbe vom Ei« sein. Fette und Kohlenhydrate (wie natürlich auch Eiweiße) gehören daher in jedem gesunden Stoffwechsel zusammen. Ein Beispiel: Fette führen im Allgemeinen dazu, dass die Aufnahme von Glucose in das Blut verlangsamt wird und somit der Blutzuckerspiegel nicht zu schnell wieder absinkt. Verzichten Sie hingegen vollständig auf Kohlenhydrate und stellen die Ernährung ausschließlich auf Fett und Eiweiß um, so wird der Organismus nach kurzer Zeit auf eine fast vollständige Verbrennung von Fett umschalten (Ketose). Dies ist bei der Low-Carb-Bewegung natürlich auch so erwünscht. Doch wenn keine oder nur wenige Kohlenhydrate erlaubt sind, werden Sie auf der anderen

Seite wiederum mehr Fette – eventuell auch ungünstige – aufnehmen müssen, um überhaupt Ihren Tagesbedarf an Energie zu decken.

Genauso verhält es sich mit angeblich fettreduzierten Produkten, vor denen selbst die Stiftung Warentest prinzipiell abrät. Obwohl Zucker und Fette darin um mindestens 30 Prozent gemindert werden, kommen quasi als »neue Füllstoffe« zum Ersatz Fruchtzucker, Sirupe und andere Kohlenhydrate in das Produkt – mit all ihren unerwünschten Bestandteilen. Bei den Testungen stellte sich außerdem heraus, dass in der Summe so gut wie keine Kalorien eingespart werden. Es fiel sogar ein als »light« bezeichnetes Kakaogetränk auf, das dem Original in puncto Kalorien sogar überlegen war. Bei Light-Chips beliefen sich die Einsparungen ebenfalls nur auf schlappe 10 Prozent. In zuckerreduzierten Butterkeksen waren hingegen Ersatzzutaten wie Maismehl und Invertzuckersirup beigemischt und dies alles bei ebenfalls nur 4 Prozent weniger Kalorien als beim Original. Darüber hinaus sind kalorienreduzierte Lebensmittel meist sogar teurer. Und so beliebte Kinderprodukte wie der Ketchup auf den Pommes werden in der Regel nur in kleinen Mengen verzehrt.

Wenn Kohlenhydrate nun gleich Kohlenhydrate wären, könnte man an dieser Stelle nun einen Punkt machen. Wäre da nicht wieder der Zucker …

Denn die Kombination aus Fetten und Zucker nimmt scheinbar eine gesonderte Rolle ein. Es muss mehr dahinterstecken, warum wir uns von dieser Stoffkombination nur so ungerne freiwillig trennen.

Viele Forschungen beziehen sich dabei auf die Suchtkomponente des Zuckers. Ja, Sie haben richtig gehört – es handelt sich tatsächlich bereits bei einer Vielzahl von Menschen und leider auch Kindern um eine Form von Sucht. Selbst im gesunden Organismus sind wir neurochemisch bereits von klein auf auf den süßen Geschmack getrimmt – denn dieser signalisiert dem Gehirn: Greif zu, süß ist nicht giftig und schafft Vorrat für schlechtere Zeiten. Erste Beweise liegen in diversen Tierversuchen vor. Beispielsweise durch Versuchsreihen unter der Leitung des Psychologie-Professors Sclafani, der am Brooklyn College in New York Mäusen Zucker in weißer Pulverform, gelöst in einer wässrigen Lösung, in Gelform und in Form von handelsüblichen Softdrinks und Ähnlichem (z. B. Frühstücksflocken) anbot und ihre Reaktionen darauf studierte. Alle Gemische, die noch eine Fettkomponente beinhalteten, wurden dabei deutlich bevorzugt. Das normale Futter hingegen rührten die Tiere kaum an. Die Mäuse kannten auch kaum noch ein Sättigungsgefühl, sie nahmen nach einer Woche bereits nachweislich an Gewicht zu und erkrankten im Gegensatz zu normal gefütterten Mäusen häufiger an Diabetes und Krebs.

Eine weitere kleine Studie am Connecticut College aus den USA führte einen ähnlichen Versuchsaufbau mit Oreo-Keksen durch. Diese Kekse bestehen ebenfalls vor allem aus einer Kombination von Fett und Zucker. In einem Labyrinth hatten ihre Ratten die Wahl zwischen Oreos auf der einen und Reiswaffeln auf der anderen Seite. Nun wurde sowohl das bevorzugte Nahrungsmittel als auch die Verweildauer registriert. Auch in diesem Versuch gaben die Tiere den Keksen den klaren Vorzug. Im Anschluss wurden diese Daten sogar noch mit einer weiteren Untersuchung verglichen, in der Ratten auf der einen Labyrinthseite eine Salzlösung gespritzt wurde und auf der anderen Seite Kokain oder Morphin, also Substanzen mit nachgewiesenem Suchtpotential. Das Erstaunliche: Die Tiere zeigten unabhängig davon, ob sie Kokain, Morphin oder Oreos erhielten, die gleiche Verweildauer auf der jeweiligen Laybrinthseite.

Und noch erstaunlicher: Ein immunologischer Marker für die Neuronenaktivität, das Protein C-Fos, rief dabei innerhalb des Nucleus accumbens (Belohnungssystem des zentralen Nervensystems) noch stärkere Reaktionen hervor als Kokain.

Im Klartext: Zucker löst im Gehirn dieselben Aktivitätsmuster wie süchtig machende Drogen aus. Aber das Tückische am Zucker ist: Es macht noch mehr Appetit! Denn im Gegensatz zu Fetten, Eiweißen und komplexeren Kohlenhydraten, gelangt Zucker direkt ins Blut und muss nicht erst aufwendig aufgespalten oder umgewandelt werden. Und der oben beschriebene Kreislauf kommt erneut in Gang: Der Blutzuckerspiegel schnellt förmlich in die Höhe, fällt durch die Hilfe des Insulins aber auch viel zu schnell wieder ab – und der Hunger kommt zurück. Auch wenn von Oreos im Gegensatz zu den genannten Drogen keine akuten tödlichen Gesundheitsgefahren ausgehen, so stellen sie aber durch ihre ständige Verfügbarkeit bei gleichzeitig verhältnismäßig günstigem Preis ein allgemeines Risiko dar (Studie, siehe: https://www.conncoll.edu/news/news-archive/2013/student-faculty-research-suggests-oreos-can-be-compared-to-drugs-of-abuse-in-lab-rats.html#.WW4YIPnyhaR).

So stellte bereits der Kinderarzt Dr. Lendon Smith (1921–2001) vom University of Oregon Medical Hospital die These auf: »ADHD (attention deficit hyperactivity disorder) is not a disease, it is a nutricional deficiency«, was übersetzt so viel bedeutet: ADHS (Aufmerksamkeitsdefizit-/Hyperaktivitäts-Störung) ist keine Krankheit, sondern ist ein Nährstoffmangel.

In seinen Untersuchungen stellte sich heraus, dass Kinder, die sich während der Schulpausen vorrangig von Zucker und/oder Weißmehlprodukten ernährten, deutlich größere Lern- und Konzentrationsprobleme in der Schule aufwiesen. Und hier kommt wieder die Suchtkomponente des Zuckers ins Spiel: Die Schlussfolgerung war naheliegend, dass der Blutzuckeranstieg auch bei Kindern zu kurzzeitiger, fast schon überreizter Hyperaktivität führen und der sich daran anschließende Abfall des Blutzuckers in Konzentrations- und Lernschwächen, in manchen Fällen aber auch emotionaler Instabilität und/oder anderen Verhaltensstörungen äußern könnte. Weitere Studien werden zukünftig zeigen, ob tatsächlich ein klarer Zusammenhang zu dieser am stärksten anwachsenden psychischen Störung im Kindes- und Jugendalter (eben ADHS) besteht.

Fazit für die Praxis
Obwohl sich große Lebensmittelkonzerne schon seit dem Jahr 2007 selbst dazu verpflichtet haben, das Marketing für »Kinderprodukte«, die die Kriterien einer ausgewogenen Ernährung nach den WHO-Empfehlungen nicht erfüllen, drastisch zu reduzieren, ist – wie die Verbraucherschutzorganisation »Foodwatch« in einer Studie veröffentlichte – in der Praxis bisher nur wenig passiert. Unsere Kinder sind also mehr denn je auf unsere aufmerksame Hilfe bei der Nahrungsauswahl angewiesen – und glücklicherweise sind wir ja diejenigen, die für sie einkaufen. Wenn man bedenkt, dass Fette und Zucker nur einen Teil der ungünstigen Nahrungsmittelbestandteile (wie etwa Füll-/Süß- und Farbstoffe usw.) ausmachen und die in ihren Wechselwirkungen noch längst nicht alle erforscht sind, so hoffen wir inständig, dass wir Sie zumindest ein wenig für dieses heikle Thema sensibilisieren konnten. Scheuen Sie keine Veränderungen, denn Sie können nur gewinnen ... und im Idealfall zugleich die Neugier Ihrer Kinder auf die möglichst naturreine Kost neu entfachen. Am Ende des Buches finden Sie außerdem einfache Tricks, wie Sie vollwertige Nahrungsmittel verstärkt auf den Teller bringen können – im Notfall auch zunächst versteckt!

Was Fertigprodukte so alles anrichten

Schnell, unkompliziert und einfach zubereitet – das zeichnet Fertigprodukte, sogenanntes Fast Food, aus. Doch die Geschmacksvielfalt von einer gesunden selbstgekochten Mahlzeit kann durch ein Fertiggericht oft nicht erreicht werden. Auch wichtige Vitamine, Nährstoffe und Spurenelemente sind vornehmlich nur in einer ausgewogenen Frischkost zu finden. Trotzdem ist der Fast-Food-Verzehr besonders bei Kindern beliebt. Während bei frischem Gemüse wie Spinat, Brokkoli oder Blumenkohl gestreikt wird, ist die Freude bei Pommes, Pizza und Burgern meist umso größer.

Fertiggerichte wie Tiefkühlkost, Konserven, Instant-Produkte und Fast-Food-Gerichte bekannter »Restaurant-Ketten« werden schnell mit einer ungesunden Ernährung gleichgesetzt. Laut dem Forschungsinstitut für Kinderernährung in Dortmund sind ein bis zwei Portionen Fast Food pro Woche in Kombination mit sonst ausgewogener Ernährung und ausreichend körperlicher Aktivität akzeptabel. Ein häufiger Verzehr dieser Produkte steht dann aber schon in engem Zusammenhang mit der Prävalenz von Übergewicht und den daraus resultierenden Zivilisationskrankheiten wie Bluthochdruck, Diabetes mellitus, Adipositas oder Stoffwechselkrankheiten.

Der Grundstein zur Entwicklung dieser Krankheiten wird in der Kindheit gesetzt, denn hier eignen sich Kinder Essgewohnheiten an, die dann im Erwachsenenalter etabliert werden. Also ist es wichtig, Kinder schon früh an eine gesunde Ernährung zu gewöhnen und sie aktiv in den Prozess des Kochens und Einkaufens mit einzubeziehen.

Jeder Mensch hat natürlich eigene Vorlieben und Bedürfnisse, was den Genuss von Lebensmitteln angeht, durch einen häufigen Fast-Food-Verzehr wird der Spielraum einer individuell abgestimmten Ernährung aber stark eingegrenzt. Das heißt: Wer das selbstständige Zubereiten von Mahlzeiten aufgibt, überlässt den Lebensmittelkonzernen allein das »Kochen« und hat kaum noch Einfluss darauf, wie viel Fett, Salz, Zucker und Kalorien er eigentlich zu sich nimmt.

Auch befinden sich zahlreiche Aromen, Geschmacksverstärker, Säuerungsmittel, Emulgatoren und Zusatzstoffe in Fertigprodukten, diese sind notwendig, um die Qualität und den Geschmack der künstlich bzw. chemisch hergestellten Gerichte zu sichern. Sie geben dem Gericht das gewünschte Aroma, die gewünschte Farbe und Konsistenz. Dass eine Instant-Tomatensuppe auch wirklich nach Tomate schmeckt, verdankt sie demnach nicht der namensgebenden Substanz, sondern vielmehr Lebensmittelchemikalien. Das eigentliche Gemüse mit seinen wichtigen Spurenelementen, Nährstoffen und Vitaminen ist, wenn überhaupt, nur in minimalen Mengen enthalten.

Forscher der Universität in Bristol fanden in einer Langzeitstudie heraus, dass besonders die Ernährung vor dem Erreichen des dritten Lebensjahres ausschlaggebend für die Hirnentwicklung und demnach für die spätere Intelligenz ist. Je mehr industriell verarbeitete Fertigprodukte den Kindern im Alter bis zu drei Jahren zugeführt wurde, desto geringer war ihre Intelligenz bei einem weiteren Test im Alter von 8,5 Jahren. Am besten schnitten die Kinder ab, die von klein auf mit gesunder Kost auf pflanzlicher Basis aufwuchsen.

Die Auswirkungen der Essgewohnheiten auf das Gehirn konnten selbst nach Umstellung des Essverhaltens im späteren Alter nicht mehr ausgeglichen werden. Es scheint demnach, dass die ersten drei Lebensjahre einen großen Einfluss auf die Gesundheit haben und eine gute Ernährung in dieser Lebensphase den Grundstein für die Entwicklung des Gehirns legt.

Die Inhaltsstoffe von Fertiggerichten scheinen also schädlich für die Hirnentwicklung zu sein und könnten auch zahlreiche weitere negative Auswirkungen auf den Organismus haben. Fertigprodukte enthalten nämlich viel ungesundes Fett, da sich dieses hervorragend als Geschmacksträger eignet. Es lagert sich aber auch sehr gut an den Hüften an und ist demnach schädlich für die Gesundheit, weil es Übergewicht fördert.

Neben dem hohen Fettanteil sind Fertigprodukte meist auch stark mit Zucker »angereichert« – was viele Verbraucher oft gar nicht wissen. Er sorgt nicht nur für Übergewicht, sondern schwächt auch unser Immunsystem enorm. Bei einem Blutzuckerspiegel von 120, der keine Seltenheit darstellt, insbesondere nach der Aufnahme von Kuchen, Süßigkeiten oder Softdrinks, wird die Fähigkeit der weißen Blutkörperchen stark eingeschränkt. Weiße Blutkörperchen sind die Abwehrzellen unseres Körpers und ein wesentlicher Bestandteil des Immunsystems. Nimmt man viel Zucker zu sich, wird das Immunsystem beeinträchtigt und der Körper ist besonders anfällig für Infektionskrankheiten. Nach vielen Jahren des regelmäßigen Zuckerkonsums ist die Gefahr, Folgekrankheiten wie Diabetes oder Osteoporose zu entwickeln, groß. Und das auch schon bei Kindern. Zudem fördert Zucker unter anderem auch Magen- und Darmbeschwerden.

Doch aufgepasst! Oft wird auf der Verpackung von Fertigprodukten Zucker als Inhaltsstoff gar nicht aufgelistet. Ist Zucker selbst nicht im Produkt, sind jedoch mit großer Sicherheit Ersatzstoffe vorhanden. Süßstoffe oder Zuckerersatzstoffe wie Aspartam, Saccharin und Cyclamat werden häufig verwendet und haben eine ähnliche Auswirkung auf den Körper wie Zucker. Zusätzlich können diese Stoffe aber auch noch zu Verdauungsproblemen führen.

Der Salzgehalt von Fertigprodukten ist zudem meist viel zu hoch. Laut der Deutschen Gesellschaft für Ernährung sollte die tägliche Salzzufuhr sechs Gramm nicht überschreiten, da Salz bei zu hoher Aufnahme dem Körper Flüssigkeit entzieht und somit Bluthochdruck und Nierenprobleme fördern kann. Ein einziges Matjesbrötchen enthält schon acht Gramm Salz und überschreitet somit den kompletten Tagesbedarf. Das oft verwendete Jodsalz scheint zusätzlich zu einer vermehrten Jodunverträglichkeit im späten Jugendalter oder Erwachsenenalter zu führen, weil einfach zu früh zu viel zugeführt wird.

Weitere Zusatzstoffe, die in Fertiggerichten verwendet werden, sind Konservierungsstoffe, Antioxidationsmittel und chemische Farbstoffe. Diese Inhaltsstoffe findet man nicht in frischen Lebensmitteln, sie dienen dazu, ein langes Mindesthaltbarkeitsdatum zu garantieren und das Aussehen der Fertigprodukte zu gewährleisten.

Die Konservierungsstoffe E 310, E 311, E 312, E 320, E 321 sollen bei Kindern Verhaltensstörungen wie Hyperaktivität, Konzentrationsstörungen, Lernschwächen und Schlafstörungen auslösen. Zusätzlich beeinflussen sie den Blutzucker- und Cholesterinspiegel negativ.

E 200, E 202, E 203, E 210–E 213 scheinen Ursache für Allergien und für Überempfindlichkeitsreaktionen zu sein.

Sulfite, die häufig in Chips oder auch in Pommes enthalten sind, lösen bei Kindern oft Bauch- und Kopfweh aus und sollten demnach auch nur mit Vorsicht genossen werden.

Farbstoffe sind »dringend« nötig, damit die Optik der Fertigprodukte nicht leidet. Doch für den menschlichen Körper sind diese Stoffe nicht gesund. Viele Lebensmittelfarbstoffe unterstützen die Entstehung von Allergien und Hautekzemen, insbesondere Neurodermitis, aber auch Aufmerksamkeitsstörungen bei Kindern sollen durch diese verstärkt ausgelöst werden.

Manche Farbstoffe können auch aluminiumhaltig sein. Aluminium steht im Verdacht, im Alter Demenzerkrankungen wie Alzheimer oder Parkinson zu fördern, und sollte demnach gemieden werden.

Ein neuer Trend scheinen auch speziell für Kinder entwickelte Fertigprodukte zu sein. Dazu zählen Junior-Menüs,

Kindermilch oder auch Knabbergebäck speziell für Kleinkinder, die aber keinen gesundheitlichen Vorteil im Vergleich zu einer ausgewogenen Frischkost aufweisen. Die angepriesenen Zusätze an Ballaststoffen, Mineralstoffen oder Vitaminen, welche die Entwicklung des Kindes angeblich besonders fördern, sind auf die Deckung des Tagesbedarfs ausgelegt und so oft überdosiert oder überflüssig. Diese Angaben lenken den Verbraucher vielmehr von der Tatsache ab, dass die Produkte viel Zucker, Fett, Salz und gesättigte Fettsäuren enthalten und demnach alles andere als gesundheitsfördernd sind.

Trotz der ganzen gesundheitsschädlichen Nebenwirkungen erfreut sich Fast Food besonders bei Jugendlichen großer Beliebtheit, denn beim Fast-Food-Verzehr kann auf Regeln und Normen, wie etwa auf den Gebrauch von Besteck und Geschirr, verzichtet werden, es kommt zu einer Abgrenzung gegenüber der erwachsenen Esskultur und das finden Jugendliche grundsätzlich gut.

Vor allem Jungen im Alter von 16–17 Jahren sind Hauptzielgruppe von Fast-Food-Unternehmen, im Mittel verspeisen sie pro Woche 5,1 Portionen an Fertiggerichten. Generell nehmen Jugendliche im Durchschnitt 191 kcal pro Tag allein über den Konsum von Fast-Food-Produkten zu sich. Tendenziell muss man nicht grundsätzlich auf Fast Food verzichten. Richtig ausgewählt und bewusst verwendet, können Fertiggerichte auch in den Speiseplan für Kinder mit aufgenommen werden. Grundlage hierbei ist eine Kombination aus Fast Food, Frischkost und ausreichend Bewegung.

Eine Fertigsuppe oder eine Tiefkühlpizza schmecken mit frischem Gemüse und Kräutern gleich viel besser und auch frisches Obst im Milchreis oder Pudding sorgen für zusätzliche Vitamine und ein tolles Geschmackserlebnis.

Wichtig ist, dass nach einer üppigen Mahlzeit die restlichen Tagesmahlzeiten angepasst werden. Ein Mittagessen bestehend aus Fertiggerichten geht demnach ab und an völlig in Ordnung, wenn ein gesundes Frühstück und ein ebensolches Abendessen serviert werden. Worauf jedoch weitgehend bei Kindern verzichtet werden sollte, sind ungesunde, stark zuckerhaltige Softdrinks – diese sollten lediglich als Ausnahme getrunken werden. Generell für alle Mahlzeiten gilt: bewusst und in Ruhe genießen. Auch wenn es Fast Food heißt, muss man sich Zeit nehmen und entspannt essen.

Wenn ich so durch die Regalreihen der Supermärkte gehe, dann beginnt der Kundenrundweg auffälligerweise meist mit der Obst-Gemüse-Salat-Abteilung. Die meisten halten sich dort jedoch gar nicht lange auf, denn sie haben ja andere Pläne und sowieso keine Zeit. Man rauscht also einfach durch den »Grünzeug-Früchte-Urwald« des Supermarktes und landet ganz schnell in der bequemen Abteilung, dort wo die Fertigprodukte lagern. Und das ist ein richtiger Dschungel voller Verführungen: Dort prangen uns die Slogans von »gesund«, »fit«, »leicht« und »frisch« in großen Lettern entgegen. Erinnern Sie sich noch daran, wie die einzelnen Obst- und Gemüsesorten in der Eingangsabteilung beworben wurden? Da wurde nichts als »light« angepriesen, oder? Und oft kennen wir nicht mal die Namen aller Früchte und Gemüsesorten. In den Fertigkostabteilungen ist das ganz anders. Dort werden wir »informiert« – oder sollten wir besser sagen, manipuliert?

E-Nummern, die Eltern kennen sollten

Um den Warenverkehr innerhalb Europas transparenter zu gestalten, haben sich die Verantwortlichen der EU bei Lebensmittelzusatzstoffen auf gemeinsame Bezeichnungen in Form von E-Nummern (E = Europa) geeinigt. Damit werden industriell hergestellte Zusatzstoffe beschrieben, die in Lebensmitteln zur Geschmacksverstärkung, Farbgebung oder Konservierung dienen. Einige dieser Zusatzstoffe sind durchaus nicht unbedenklich – Utopia hat eine Liste von 22 E-Nummern herausgegeben, die auf jeden Fall gemieden werden sollten.

E 102 – Tartrazin

Die E-Nummer E102 kommt in Senf, Puddingpulver, Schmelzkäse sowie Getränken und Süßigkeiten vor. Tartrazin ist ein künstlicher gelber Farbstoff mit hohem Allergiepotenzial besonders bei Menschen, die auf Aspirin oder Benzoesäure empfindlich reagieren. Auch für Personen mit Asthma oder Neurodermitis ist E102 bedenklich. Tartrazin wird mit gesundheitlichen Auswirkungen wie Atemschwierigkeiten, Hautausschlägen oder verschwommenem Sehvermögen in Verbindung gebracht und kann Aktivität und Aufmerksamkeit von Kindern beeinträchtigen. In Norwegen ist der Farbstoff E102 verboten. In Deutschland und Österreich wurde das Verbot im Rahmen der EU-Gesetzesangleichung aufgehoben. Die Verbraucherzentralen raten vom Verzehr größerer Mengen ab.

E 104 – Chinolingelb

Götterspeise, Brausepulver, Kaugummi, Räucherfisch und Obstweine – nur für solche Lebensmittel ist die E-Nummer E104 überhaupt noch zugelassen, und auch das nur in geringen Mengen. Der gelbe Farbstoff Chinolingelb steht unter Krebsverdacht und ist in den USA, Japan und Norwegen verboten. E104 kann allergieauslösend wirken und die Aktivität sowie die Aufmerksamkeit von Kindern beeinträchtigen.

E 110 – Gelborange S

Der Farbstoff E110 färbt Produkte wie Weingummi, Lachsersatz oder Käse gelborange. In Tierversuchen führte der Zusatzstoff zu Nierentumoren. Vermutlich ist Gelborange S ein Auslöser für Asthma und Neurodermitis und gilt als allergieauslösend für Menschen, die empfindlich auf Aspirin und Benzoesäure (E210) reagieren. Der Farbstoff E110 kann die Aktivität und die Aufmerksamkeit von Kindern beeinträchtigen. Die Verbraucherzentralen raten vom Verzehr größerer Mengen ab.

E 122 – Azorubin (Carmoisin)
Der rote Farbstoff E122 kommt in Fertigprodukten und Fertigsuppen vor, aber auch in Getränken und Süßigkeiten. Azorubin kann Allergien auslösen, speziell bei Menschen, die empfindlich auf Aspirin und Benzoesäure reagieren. Außerdem kann der rote Farbstoff E122 die Aufmerksamkeit und die Aktivität von Kindern beeinträchtigen. Die Verbraucherzentralen raten vom Verzehr größerer Mengen ab.

E 123 – Amaranth
Mit Amaranth sind hier nicht die Körner gemeint, sondern der rote Farbstoff E123. Amaranth ist nur für Spirituosen, Aperitifweine und Kaviar zugelassen. In den USA ist er sogar verboten, da er unter Krebsverdacht steht. In Tierversuchen führte E123 zu Kalkablagerungen in den Nieren. Auch dieser Farbstoff ist besonders bedenklich für Menschen mit Aspirin- oder Benzoesäureallergie und könnte ein Auslöser für Neurodermitis und Asthma sein.

E 124A – Chochenillerot A
Der rote Farbstoff Chochenillerot A oder auch E124A ist das, was den Lachsersatz so schön rot färbt. Er steckt auch in Chorizo-Wurst, Fruchtgelee und anderen Süßwaren. E124A gilt als allergieauslösend und kann die Aktivität sowie die Aufmerksamkeit von Kindern beeinträchtigen. Die Verbraucherzentralen raten vom Verzehr großer Mengen ab.

E 127 – Erythrosin
Der rote Farbstoff ist nur für Cocktailkirschen, kandierte Kirschen oder Obstsalat mit Kirschanteil zugelassen. Die E-Nummer E127 kann Jod an den Körper abgeben und die

Schilddrüsenfunktion beeinträchtigen. Menschen mit Schilddrüsenerkrankungen sollten Lebensmittel mit Erythrosin nicht essen, also Cocktailkirschen und kandierte Kirschen aller Art meiden. Der Farbstoff E127 kann die Aufmerksamkeit bei Kindern stören und Allergien auslösen.

E 129 – Allurarot AC

Über diesen roten Farbstoff wissen wir noch recht wenig: Es wurden kaum Untersuchungen veröffentlicht, die Auswirkungen von E129 sind daher noch nicht abschließend bewertet. In Deutschland findet man den Farbstoff in Süßwaren, Desserts und Getränken. In Dänemark, Schweden, Belgien, Frankreich und der Schweiz ist die E-Nummer E129 verboten. Menschen mit Aspirin- oder Benzoesäureallergie, Asthma oder Neurodermitis sollten sie meiden. Allurarot AC kann die Aktivität und die Aufmerksamkeit von Kindern beeinträchtigen.

E 142 – Grün S

Pfefferminzbonbons oder Dosenerbsen, aber auch Getränke, Kosmetika, Wolle, Leder und Papier werden mit dem grünen Farbstoff E142 gefärbt. Man darf sich schon fragen, warum Erbsen noch grüner gefärbt werden müssen. Obwohl der Körper die E-Nummer innerhalb von 7 Stunden größtenteils unverändert ausscheidet, ist E142 in den USA, Kanada, Japan und Norwegen verboten. Der Zusatzstoff Grün S steht im Verdacht, Alzheimer zu begünstigen, und hat im Tierversuch zu Erbgutschäden geführt.

E 150C – Ammoniak-Zuckerkulör

Ammoniak – ist das nicht giftig? Als »Ammoniak-Zuckerkulör« nicht direkt. E150C haben Sie bestimmt schon zu sich genommen: Es steckt nämlich zum Beispiel in Cola, Whiskey und Senfsaucen und macht da die braune Farbe. Ammoniak-Zuckerkulör wird mit Hilfe von Ammoniak aus Zuckerverbindungen hergestellt, dabei kann genveränderter Mais verwendet werden. Nebenprodukte der E-Nummer führten im Tierversuch zu Krämpfen und beeinträchtigten das Immunsystem. In den USA steht der Farbstoff E150C unter Krebsverdacht. Verbraucherzentralen raten vom häufigen Verzehr ab.

E150D – Ammoniumsulfit
In CocaCola steckt übrigens anstelle von E150C der Farbstoff E150D, damit die hübsche braune Farbe entsteht. Leider ist der Zusatzstoff Ammoniumsulfit-Zuckerkulör nicht viel besser als Ammoniak-Zuckerkulör: In den USA steht ein schwer vermeidbares Nebenprodukt von E150D unter Krebsverdacht: 4-Methylimidazol (Quelle: Bundesamt für Risikobewertung). Die E-Nummer kann eine giftige Verbindung enthalten, die in Tierversuchen zu Blutveränderungen und Krämpfen führte.

E151 – Brillantschwarz BN
Kaviar-Ersatz, Lakritz, aber auch Shampoos oder flüssige Seifen werden mit dem Farbstoff E151 violett, braun oder schwarz gefärbt. Brillantschwarz BN gilt als allergieauslösend bei Menschen, die auf Aspirin und Benzoesäure empfindlich reagieren, und sollte auch von Personen mit Asthma oder Neurodermitis gemieden werden. Verbraucherzentralen raten vom Verzehr großer Mengen ab.

E154 – Braun FK
Die E-Nummer E154 kann zur Schädigung innerer Organe durch Ablagerungen führen. Verbraucherzentralen raten vom Verzehr großer Mengen ab. Die gute Nachricht: Der Farbstoff Braun FK steckt sowieso nur in geräucherten Heringen aus England (Kippers), für alles andere ist er nicht zugelassen. Braun FK sollte von Personen mit Aspirin- und Benzoesäureallergie, Asthma oder Neurodermitis vermieden werden.

E 155 – Braun HT
Der rötlich braune Farbstoff E155 wird vor allem zum Färben von Süßigkeiten wie Kuchen, Keksen, Eis oder Schokolade verwendet. Verbraucherzentralen raten jedoch vom Verzehr ab, da die E-Nummer insbesondere für Menschen mit Neurodermitis, Asthma und Aspirin- oder Benzoesäureallergie bedenklich ist.

E 173 – Aluminium
Aluminium kennen wir als Zutat in Deodorants. Aluminium steht im Verdacht, Alzheimer, Demenz und Brustkrebs auszulösen, deshalb suchen zum Beispiel viele Konsumenten Deo ohne Aluminium. Als silbergrauer Farbstoff ist E173 allerdings für Überzüge von Zuckerwaren und Dekorationen von Kuchen und Gebäck zugelassen. Der Körper speichert Aluminium teilweise. Die E-Nummer E173 sollte von Menschen mit Nierenerkrankung vermieden werden.

E 180 – Litholrubin BK
Der rote Lebensmittelfarbstoff E180 ist nur für Käserinde zugelassen – allerdings sogar dann, wenn sie mitgegessen werden kann. Bedenklich ist der Zusatzstoff Litholrubin BK besonders für Menschen mit Pseudoallergien (z. B. Asthma oder Neurodermitis) und Menschen, die allergisch auf Aspirin oder Benzoesäure reagieren.

E 239 – Hexamethylentetramin
Der Konservierungsstoff Hexamethylentetramin kann Allergien auslösen. Verbraucherzentralen raten vom häufigen Verzehr ab. Aber keine Sorge: E239 ist ohnehin nur für die italienische Käsesorte Provolone zugelassen. Die E-Nummer tötet Mikroorganismen ab und verhindert, dass der Käse sich »aufbläht«. Der Konservierungsstoff wird aber auch in Arzneimitteln und Kosmetika verwendet.

E 284 – Borsäure

Borsäure, auch als E284 bekannt, führte in der Vergangenheit zu Vergiftungen – das Konservierungsmittel ist daher nur noch für Kaviar zugelassen. Traditionell wird Kaviar mit Salz konserviert, für eine längere Haltbarkeit setzten Hersteller Borsäure hinzu. Die E-Nummer kann nicht abgebaut werden und reichert sich im Körper an. Bei häufigem Verzehr verursacht E284 Durchfälle und innere Organschäden – die Wahrscheinlichkeit dafür ist im Alltag aber eher gering.

E 285 – Natriumtetraborat (Borax)

Der Konservierungsstoff E285 ist eine Variante der Borsäure und ebenfalls nur für Kaviar zugelassen. Borax kann nicht abgebaut werden und reichert sich im Körper an. Bei langfristiger Aufnahme verursacht diese E-Nummer Durchfälle und innere Organschäden.

E 385 – Calcium-dinatrium-ethylen-diamin-tetraacetat (Calcium-dinatrium-EDTA)

Das Antioxidationsmittel E385 ist nur für Dosen, Glaskonserven, Margarine und gefrorene Krebstiere zugelassen und verhindert die Verfärbung der darin verpackten Lebensmittel. Da Calcium-dinatrium-EDTA Mineralstoffe bindet, kann diese E-Nummer den Stoffwechsel stark beeinflussen. Aber der Zusatzstoff ist nicht immer schlecht: E385 wird nämlich auch als Medikament zur Behandlung von Schwermetallvergiftungen eingesetzt.

E 425 – Konjak

Konjak wird aus der »Teufelszunge« gewonnen: Die Wurzel der asiatischen Pflanze wird zu Mehl verarbeitet. Verwendet wird Konjak in Glasnudeln und fernöstlichen Spezialitäten. Die E-Nummer E425 kann nicht vom Körper aufgenommen werden. Soweit harmlos, doch E425 vergrößert den Darminhalt und behindert die Aufnahme wichtiger Nährstoffe. In der EU ist die Verwendung von E425 immerhin schon in Gelee-Süßwaren verboten, weil das Verdickungsmittel sich im Rachenraum festsetzen kann und bei Kindern zu Erstickungsanfällen geführt hat.

E512 – Zinn-II-Chlorid

Zinn-II-Chlorid wird als Antioxidationsmittel und Farbstabilisator verwendet. Die E-Nummer E512 ist nur in Dosen- und Glaskonserven zugelassen und wird beispielsweise eingesetzt, um die helle Farbe des Spargels im Glas zu erhalten. In hohen Konzentrationen hat die E-Nummer E512 einen metallischen Beigeschmack und führt zu Übelkeit und Erbrechen.

E999 – Quillajaextrakt

Die E-Nummer E999 wird aus der Rinde des Quillaja-Baumes gewonnen und ist nur für Getränke wie beispielsweise Ginger Ale oder Cidre zugelassen. Es ist ein Schaummittel, das den Schaum im Getränk stabilisiert. Der Quillajaextrakt enthält Blutgifte (Saponine): Saponine schmecken bitter, bilden Schäume und sind giftig, wenn sie in die Blutbahn gelangen. E999 wurde erst durch die EU-Gesetzesangleichung in Deutschland zugelassen. Bereits eine tägliche Aufnahme von 1,75 Litern Ginger Ale bei einem Körpergewicht von 70 Kilogramm entspricht der zugelassenen Tagesdosis.

Frühstücken wie ein Kaiser

Kaum aufgestanden, reibt man sich morgens noch müde die Augen und schon bricht in den meisten Familien die morgendliche Hektik aus. Was dadurch leider häufig auf der Strecke bleibt, ist ein ausgewogenes und entspanntes Frühstück, sodass jedes siebte Kind in Deutschland morgens das Haus verlässt, ohne etwas gegessen zu haben (Forsa-Umfrage der Techniker Krankenkasse). Zudem wurde angegeben, dass jedes vierte Kind morgens keinen Appetit verspüre. Noch erschreckender ist: 33 Prozent der ebenfalls bei der benannten Studie befragten Eltern gaben sogar an, dass am frühen Morgen einfach keine Zeit für ein Frühstück sei. Doch ein gesundes Frühstück stellt die Grundlage für einen guten Start in den Tag dar.

Nehmen Sie also den Kampf gegen die Uhr auf und versuchen Sie, selbst kleine »Frühstücksmuffel« nicht mit leerem Magen aus dem Haus gehen zu lassen – »Frühstücken wie ein Kaiser, Mittagessen wie ein König und Abendessen wie ein Bettler«. Dieses deutsche Sprichwort trifft es genau, denn vor allem Kinder benötigen ein ausgewogenes Frühstück, um ihren Körper auf den Tag vorzubereiten. Das liegt daran, dass der Körper nachts, während die Kleinen sich erholen und schlafen, auf Hochtouren arbeitet. Regenerationsprozesse sorgen dafür, dass sich der Körper in der Nacht von anstrengenden Tagen erholt, Zellen werden aufgebaut, Viren und Bakterien bekämpft und auch Wachstumsprozesse finden statt. Der Körper und alle lebenswichtigen Organe sind nachts also besonders aktiv.

Am Morgen braucht der Körper dann wieder Energie. Früh am Tag wird die Grundlage für den Stoffwechsel-Rhythmus gelegt und da kann ein gutes Frühstück für schnelle Energie sorgen.

Nach dem Aufstehen sind die »Aktivierungshormone« Serotonin und Adrenalin bereit, den Körper energievoll in den Tag starten zu lassen. Mit leerem Magen sind Kinder oft sehr reizbar und nervös, da eignen sich gerade Kohlenhydrate als gutes »Futter« für die Hormonproduktion und sorgen dafür, dass Kinder ausgeglichen und entspannt den Tag beginnen. Auch die Konzentrationsfähigkeit kann durch ein Frühstück gestärkt werden und hilft Kindern, geistig wach und aufmerksam durch den Schultag zu kommen.

Außerdem kommt es nachts zu einem starken Flüssigkeitsverlust, daher sollte direkt am Morgen ausreichend getrunken werden, um den Flüssigkeitshaushalt zu regulieren. Früchtetee, Saft oder auch Kakao kommen bei Kindern besonders gut an, achten Sie aber bitte darauf, dass Sie hochwertige Produkte wählen, die nicht allzu zuckerhaltig sind, denn die stark zuckerhaltigen Getränke fördern nicht nur Übergewicht, sondern haben auch einen hohen glykämischen Index. Zur Erinnerung: Dies ist das Maß zur Bestimmung der Wirkung eines kohlenhydrathaltigen Lebensmittels auf den Blutzuckerspiegel. Lebensmittel oder Getränke mit einem niedrigen glykämischen Index halten den Blutzuckerspiegel konstant, und das ist entscheidend, um Heißhungerattacken zu verhindern. Die Angaben zum glykämischen Index finden Sie bei vielen Lebensmitteln auf der Verpackung.

Stark zuckerhaltige Getränke haben einen hohen glykämischen Index und sorgen zwar für einen schnellen Energiekick, der jedoch genauso schnell wieder schwindet, wie er kam. Diese Nahrungsmittel versorgen den Körper nicht optimal mit Energie und geben keine lang anhaltende Kraft und Konzentration.

Ein Frühstück ist aber nicht nur wichtig, um Körper und Geist zu aktivieren, sondern kann auch als festes tägliches

Ritual des familiären Zusammenseins Kindern Stabilität und Struktur im Alltag vermitteln. Ein fest eingeplantes Frühstück mit der Familie verbindet und gibt dem Kind ein Gefühl von Geborgenheit. Achten Sie darauf, dass möglichst in harmonischer Atmosphäre gefrühstückt wird, und vermeiden Sie Diskussionen und Streitereien, die Ihr Kind innerlich aufwühlen könnten. So gewöhnen sich Kinder schon früh an einen strukturierten Alltag.

Mein Tipp: Decken Sie den Frühstückstisch schon abends, so müssen Sie für ein Frühstück am Morgen weniger Zeit einplanen und verfallen nicht noch mehr in Hektik.

Was Schulkinder brauchen

Morgens vor der Schule so lange wie nur möglich im Bett bleiben, schnell fertig machen und zur ersten Stunde hetzen – so sieht der Alltag vieler Schüler aus. Das Frühstück steht bei ihnen in starker Konkurrenz mit der wertvollen Schlafzeit und wird deshalb oftmals gerne ausgelassen. Dabei hilft ein vollwertiges Frühstück, Konzentrationsschwächen und Leistungstiefs während des Unterrichts vorzubeugen, und sollte ein fester Bestandteil der morgendlichen Routine sein.

Doch wie motiviert man Frühstücksmuffel zum Essen und was macht ein gutes Frühstück überhaupt aus? Das ideale oder perfekte Frühstück gibt es nicht, wichtig ist, dass das Frühstück individuell auf die Wünsche des Kindes abgestimmt sein sollte und gerne auch mal variieren darf – denn was nicht schmeckt oder auf Dauer langweilt, wird auch nicht gegessen.

Wünschenswert für Schulkinder ist ein vollwertiges Frühstück, das man in entspannter Atmosphäre zu Hause einnimmt, gefolgt von einem zweiten Frühstück, das die Kinder als Zwischenverpflegung in der Schule während der Pausen »snacken« können.

Damit Ihr Kind optimal versorgt ist, sollte das Frühstück zu Hause mit der Pausenverpflegung abgestimmt sein. Frühstückt Ihr Kind morgens reichhaltig zu Hause, darf die Pausenverpflegung ruhig etwas kleiner ausfallen. Bekommt Ihr Kind am Morgen allerdings keinen Bissen runter, ist eine energiereichere Pausenverpflegung wünschenswert.

Ein ausgewogenes Frühstück für Ihren Nachwuchs enthält eine Kombination aus Vollkorn, frischem Obst und Milchprodukten, da diese Lebensmittel eine lang anhaltende Energieversorgung garantieren. Achten Sie auf hochwertige Zutaten und meiden Sie Weißbrot, Nougat-Aufstriche oder auch fettreiche Wurst. Diese Produkte weisen einen hohen Zucker- und Fettgehalt auf und verfügen demnach über reichlich Kalorien, doch bringen sie keine echte Power, da ihnen wichtige Nährstoffe und Mineralien fehlen.

Wählen Sie stattdessen lieber ein Vollkornbrot, dünn bestrichen mit Butter, Frischkäse oder Margarine, belegt mit fettarmer Wurst wie Putenbrust-Aufschnitt, Lachsschinken oder auch Hart- oder Schnittkäse mit frischer Paprika, Tomaten und Gurken oder ein ungesüßtes Müsli mit frischen Obststückchen – Beachten Sie dabei immer, dass es Ihrem Nachwuchs schmecken muss!

Als Zwischenverpflegung sollten Sie Ihrem Kind auch immer frisches Obst und Gemüse der Saison mitgeben.

Ist Ihr Kind morgens gar nicht für ein Frühstück zu begeistern, versuchen Sie, es einfach 10 Minuten früher zu wecken. Kinder brauchen am frühen Morgen oft mehr Zeit, um munter und hungrig zu werden, 10 Minuten können da helfen, um den Appetit zu wecken.

Falls trotzdem kein Hunger aufkommt, empfiehlt sich zumindest ein Glas Milch, Kakao oder Saft vor Unterrichtsbeginn zu trinken.

Außerdem eignen sich Smoothies oder pürierte Früchte für Frühstückmuffel, diese müssen nicht mal gekaut werden und versorgen den Körper trotzdem mit den nötigen Nährstoffen, um frisch in den Tag zu starten.

Wird morgens also nur wenig gegessen, darf die Pausenverpflegung ruhig energiereicher ausfallen.

Richten Sie das Frühstück und die Zwischenmahlzeit schön an, indem Sie es in mundgerechtes Fingerfood schneiden, so kommt der Appetit von ganz alleine. Zusätzlich lässt sich das Frühstück ganz einfach abwechslungsreich gestalten, indem man Brotsorten, Belag sowie das Gemüse und Obst variiert. Petersilie, Schnittlauch oder auch Basilikum geben dem Pausenbrot zusätzlich die richtige Würze.

Was nichts in einem gesunden Frühstück verloren hat, sind Süßigkeiten wie z. B. Schokoriegel; diese sollten, wenn überhaupt, als Ausnahme gelten. Diese Lebensmittel enthalten kaum Vitamine, Mineral- und Ballaststoffe. Sie haben ebenfalls wie die zuckerhaltigen Getränke einen hohen glykämischen Index und lassen den Blutzuckerspiegel rasch in die Höhe schießen und so schnell wieder abfallen, dass er teilweise unter das Normalniveau sinkt. Hunger, Unaufmerksamkeit und Müdigkeit können Folgen davon sein. Vollkornprodukte hingegen halten den Blutzuckerspiegel konstant und sorgen für eine kontinuierliche und längere Versorgung des Gehirns mit Energie, was zu erhöhter Leistungsfähigkeit führt.

Zu einem ausgewogenen Frühstück gehören natürlich auch Getränke. Kalorienarme, energiefreie Getränke wie Wasser oder ungesüßte Früchte- und Kräutertees eignen sich ideal, um den Körper mit genügend Flüssigkeit zu versorgen.

Schnelle Tipps für ein gutes Frühstück

Auch Kinderaugen essen mit
Schneiden Sie Brote, Gemüse und Obst in kreative oder lustige Formen, das macht das Essen spannend und lenkt von der eigentlichen Nahrungsaufnahme ab.

Lassen Sie Ihr Kind mitbestimmen
Fragen Sie Ihr Kind, was es gerne zum Frühstück essen würde, und geben Sie mindestens zwei bis drei Auswahlmöglichkeiten. Binden Sie Ihr Kind auch aktiv schon in den Prozess des Einkaufens mit ein. Denn wenn Kinder selbst entscheiden dürfen, schmeckt ihnen das Frühstück meist umso besser!

Abwechslung ist wichtig
Jeden Tag das Gleiche essen langweilt! Seien Sie kreativ und überraschen Sie Ihr Kind. So wird das Frühstück zu einem angenehmen Erlebnis.

Die wichtigsten Tipps zum Thema Ernährung

Säuglingsernährung	Stillen bei vielfältiger Lebensmittelauswahl der Mutter
Beruhigung von Kleinkindern/Belohnung	Non-Food-Artikel oder andere Zuwendung anstatt Essen
Neue Lebensmittel	Kindern diese regelmäßig, aber ohne Zwang anbieten
Verknappung/Verbote	Zum Management des Überflusses untauglich
Abschreckungspädagogik	Drohung mit Schaden in der Zukunft ist keine hilfreiche Erziehungsmethode
Begriffe »gesund« und »Ernährung«	Nicht geeignet, um Kindern Lust auf besseres Essen zu machen
Gesundheit	Der beste Weg, um Kindern andere Lebensmittel schmackhaft zu machen, sind die Begriffe Genuss und Geschmack und nicht die Thematisierung von Gesundheit
Essen in Schule und Kindergarten	Am besten unter der Mitplanung der Kinder, mit einem guten Speisenangebot, guten Rahmenbedingungen, mitessenden Lehrern und Erziehern. Das sorgt für günstigen Einfluss auf das kindliche Essverhalten.
»Gute« und »schlechte« Lebensmittel	Diese einstufende Bewertung ist kontraproduktiv
Portionen	Energiereiche Speisen in kleinen Portionen verteilen. Eher einen Nachschlag geben
Wissen über Ernährung	Ist für Kinder in der Praxis kaum relevant

Ernährungsbildung	Fokus auf praktische Fähigkeiten (selber machen)
Kontrolle beim Essen	Rigide Kontrollen können zu Essstörungen führen
Körperliche Inaktivität	Kein Fernseher im Kinderzimmer. Begrenzung der Nutzung von Medien
Imitationslernen	Eltern und auch andere Vorbilder sollten vielfältige Lebensmittel selbst mit Genuss essen

Quelle: Institut für Ernährungspsychologie Göttingen, Jahrestagung Dt. Adipositas Gesellschaft 2011, »Essverhalten im Kindes- und Jugendalter«

Außerdem:
— Geduldig sein, gesundes Essverhalten vorleben!
— Kinder lieben Rituale! Gemeinsam essen, regelmäßige Essenszeiten, Mahlzeiten sollten einen Anfang und ein Ende haben. Studien belegen: Kinder, die oft mit den Eltern essen, probieren öfter etwas Neues aus.
— Essen sollte positiv empfunden werden. Keine Ablenkung wie Fernseher, Radio oder Handy zulassen. Keinen Streit, keine schlechte Laune oder unangenehme Themen aufkommen lassen. Lieber Austausch ohne Anklage. Nicht nebenbei essen. Ein bisschen Spaß wäre auch nicht schlecht!
— Für alle das gleiche Essen, aber es dürfen Essenswünsche geäußert werden. Jeder darf Lebensmittel ablehnen, jeder nimmt sich so viel, wie er möchte.
— Kein Zwang, der fördert Abneigung und Essstörungen. Kinder sollten nicht ständig essen. Der Hunger entscheidet und nicht die Langeweile.
— Aus dem Thema Essen kein Schlachtfeld machen. Auch mal »ungesunde« Wünsche erfüllen. Drei Mahlzeiten am Tag sind gut. Auch kleine Zwischenmahlzeiten sind erlaubt.
— Phasen mit einseitiger Ernährung (immer nur Kartoffelpüree mit Sauce) gehen vorbei, wenn man sie nicht so wichtig nimmt.

— Kinder essen mit Gefühl und allen Sinnen. Essen sollte demnach im Idealfall appetitlich aussehen, gut riechen, sich auch toll anfühlen (im Mund) und natürlich lecker schmecken.
— Kinder möchten klare Strukturen. Auch auf dem Teller. Also kein Chaos. Mischen tun sie es im Zweifelsfall schon selber.
— Schneiden Sie Obst und Gemüse für die Kleinsten klein.
— Gesundheit ist für Kinder und Jugendliche kein Grundbedürfnis. Sie denken nicht an die Zukunft und an die Folgen ungesunder Ernährung. Deshalb vermeiden Sie bitte Verbote und das Wort »gesund«.
— Vermeiden Sie Erklärungen und Abhandlungen über das Essen. Das führt eher zu negativen Einstellungen.
— Essen soll nicht erziehen helfen.
— Wie wäre es mal mit einem Lob?!
— Erweitern Sie die Fertigkeiten Ihrer Kinder, bringen Sie diese in die Lage, ihre Wünsche auch selber umzusetzen. Pizza kann man auch selber machen!

Die Quellen kindlicher Entwicklung

Herbert Renz-Polster und Gerald Hüther führen uns zu den Quellen, von denen eine gelungene Entwicklung unserer Kinder abhängt. Zu finden sind diese Quellen – in der Natur!

Natur ist dort, wo Kinder Freiheit erleben, Widerstände überwinden, einander auf Augenhöhe begegnen und dabei zu sich selbst finden. Aber ist Natur nur das »große Draußen«: Wiesen, Wälder und Parks, Spielstraßen und Hinterhöfe? Oder lässt sie sich auch drinnen finden – zum Beispiel in der großen weiten Welt hinter den Bildschirmen? Anschaulich und eindrucksvoll entwickeln die beiden Bestsellerautoren eine neue Balance zwischen Drinnen und Draußen, zwischen realer und virtueller Welt.

»Wer über kindliche Entwicklung redet, muss auch über Natur reden: Wie die Kleinen groß werden. Wie sie widerstandsfähig werden. Wie sie ihre Kompetenzen für ein erfolgreiches Leben ausbilden.«
Herbert Renz-Polster & Gerald Hüther

Herbert Renz-Polster • Gerald Hüther
Wie Kinder heute wachsen
Natur als Entwicklungsraum. Ein neuer Blick auf das kindliche Lernen, Denken und Fühlen
gebunden, 264 Seiten
ISBN 978-3-407-85953-2

Der Stress mit dem Essen

Die Grenzen zwischen normalem Essverhalten, extremen Ernährungs-Trends und schwerwiegenden Essstörungen sind fließend.

Dieses Buch bietet Orientierung für alle, denen die Frage nach der »richtigen« Ernährung dauerhaft Kopfzerbrechen bereitet. Aus jahrelanger Erfahrung in der Behandlung essgestörter Patientinnen zeigen die renommierten Ärzte Dr. Monika Gerlinghoff und Dr. Herbert Backmund und die Ernährungstherapeutin Cordula Obermeier Möglichkeiten auf und geben Anleitungen, wie das eigene Essverhalten analysiert werden kann und wie sich Essstörungen überwinden lassen. Die Erfahrungsberichte von Patientinnen und diagnostischen Kriterien zu Magersucht und Bulimie werden ergänzt durch Essenspläne und leicht umsetzbare Rezepte, auch für Vegetarier und Veganer.

»Das Buch geht auf eine Initiative von Patientinnen und Patienten zurück, die für die Zeit nach ihrer Therapie eine Richtschnur für ›richtiges‹ Essen haben wollten. Wir wenden uns aber auch an Menschen, die, ohne an einer Essstörung zu leiden, mit ihren täglichen Ernährungsgewohnheiten durcheinander gekommen sind und den Wunsch haben, Orientierung zu finden.« Monika Gerlinghoff, Herbert Backmund

Monika Gerlinghoff,
Herbert Backmund,
Cordula Obermeier
Essen will gelernt sein
Bei Essstörungen und
auch sonst
Broschur, 184 Seiten
ISBN 978-3-407-86489-5

www.beltz.de

Gut genug ist perfekt

Kinder brauchen keine perfekten Eltern, aber sie brauchen Eltern, die wie Leuchttürme sind: Mütter und Väter, die ihnen Orientierung bieten und die respektvoll ihre Verantwortung in der Familie ausfüllen.

Ist Gleichberechtigung der Schlüssel zu einem freundlichen Familienklima? Wie viel Freiheit und wie viel Führung brauchen Kinder? Wie finden Paare und Alleinerziehende im täglichen Umgang mit den Kindern ihr Gleichgewicht im Leben? Entscheidend ist nicht nur die liebevolle Beziehung zwischen Eltern und Kindern, sondern auch Raum und Zeit für sich selbst und den Partner zu haben.

»*Elterncoaching* macht Lust und Mut, Probleme in der Familie anzupacken und sich auf den eigenen Weg zu begeben.« *Eltern.de*

Jesper Juul
Elterncoaching
Gelassen erziehen
gebunden, 336 Seiten
ISBN 978-3-407-86429-1

www.beltz.de